한국어 동사 의미 교육 연구

# 한국어 동사 의미 교육 연구

김 용

역락

이 책은 1부와 2부로 나뉘는데 1부는 저자의 박사학위 논문을 수정·보완한 것이고 2부는 학술지에 게재된 논문 3편을 수정·보완한 것으로 이들 모두 동사 교육에 관한 것이다.

1부는 동사의 다의 교육에 대해 다룬다. 인간은 자신의 무한한 경험 세계를 묘사하기 위해 제한된 수의 낱말에 다양한 의미를 부여하면서 다의어가 생성된다. 이러한 다의어는 언어생활을 풍요롭게 하므로 이에 대한 교육은 언어능력 향상에 필수적으로 요구되는데 체계적인 다의어 교육을 위해서는 우선 다의어에 대한 범주적 인식이 필요하다. 따라서 여기서는 다의어를 원형범주로 간주하여 다의들의 공통성이 추상화된 의미를 원형의미로 설정하고 구체적인 다의들은 이 추상적인 원형의미와의 유사관계에 의해 하나의 다의 범주를 구성하는 것으로 본다.

다음, 특정 동사의 목표 의미를 설정하고 이들에 대해 의미의 추상성 정도와 학습자 모국어와의 대조분석에 근거하여 등급화를 실시한 후 직접 교수법에 따른 의미 수업을 설계한다. 이 교수법은 교사가 학습 목표를 명확히 설정하고 교육 내용을 잘 구조화하여 학습자들에게 명시적으로 가르친다는 점에서 직접적이나 이러한 의미 전달 과정이 진행된 후에는 학습자들의 자기주도형 학습을 유도하는 점이 특징이다.

2부는 특정 부류의 동사 교육에 대해 다룬다. 동사는 문장 구성의 중추적 요소로 이에 대한 교육은 어휘나 문항 차원의 교육에서 매우 중요한 위치를 차지한다. 특히, 동사의 의미 정보는 통사 정보를 포함하므로 효율적인 동사 교육을 위해서는 그 의미구조에 대한 파악이 필요한데 여기서는 동사의 의미구조를 전반적으로 보여 주는 이론적 도구에 기초한 교육 방안에 대해 논의한다.

끝으로 서투른 원고를 보기 좋은 책으로 엮어 주신 도서출판 역락에 감사의 인사를 드린다.

2019년 3월

김 용

# 2부 – 한국어 동사 교육 방안 연구

1부

———

# 한국어 다의 동사
# 교육 연구

# I. 다의 범주 교육 연구의 목적과 방법

## 1. 다의 범주 교육 연구의 목적

인간은 대상 세계를 표현하기 위해 언어를 사용하는데 그 대상 세계가 무한한 만큼 이를 나타내는 언어 표현도 무한하다고 할 수 있다. 우리가 이렇듯 무한한 언어 표현을 이해하고 사용함에 있어서 그 언어 표현을 구성하는 낱말에 대한 이해는 기본이 된다고 할 수 있다. 그러나 언어 표현의 무한성에 비해 이에 사용되는 낱말의 수는 매우 제한되어 있다.[1] 따라서 제한된 낱말로 무수히 많은 언어 표현을 생산하기 위해서는 하나의 낱말 형태에 여러 가지 의미가 부여될 수밖에 없는데 그 결과 낱말은 다의성을 띠게 되는 것이다. 여기서 다의성이란 한 낱말이 서로 관련된 여러 의미를 지니게 됨을 뜻하는 것으로 그 낱말은 상황에 따라 다양한 의미로 사용됨으로써 다양한 대상 세계를 묘사할 수 있게 된다. 즉, 하나의 낱말은 문자적 의미로 사용되는 경우도 있지만 경우에 따라서는 비유적 의미, 관용적 의미로 사용되는 경우도 허다한바 이러한 의미들 모두가 그 낱말의 의미를 구성하는데 이들 의미를 실제 언어생활에서 이해하고 사용할 수 있는 언어 능력은 어휘의 질적 능력의 중요한 부분을 차지한다.

이처럼 낱말의 다의에 대해 해당 언어의 모국어 화자들은 일상적인 언어생활 속에서 자연스럽게 익힐 수가 있지만 그 언어를 접하는 외국인 화자들은 이러한 다의를 학습하는 것이 어려울 수밖에 없다. 실제로 외국어

---

[1] 한국어 어휘 수의 경우, 『표준국어대사전』에 수록된 표제어 수는 총 44만여 개이고, 여기에 부표제어 6만 8천여 개를 합하면 총 50만 8천여 개가 된다(정호성, 2000: 57-58).

로서의 한국어 교육 현장에서 사용하고 있는 교재들만을 살펴보더라도 낱말의 다의 교육은 그 기본의미를 위주로 이루어지고 있는 실정인데[2] 이는 어휘의 질적 능력 향상을 추구하는 교육적 입장에서 본다면 분명히 교육상의 한계로 지적할 만한 사항이다. 또한, 기존의 다의 교육에서의 의미 설명은 그 기본의미를 시작으로 낱말의 의미가 단계적으로 확장된다는 방식으로 이루어졌는데 이는 낱말의 다의성을 일종의 규칙으로 보고 낱말의 의미가 그 규칙에 의해 기본의미에서 점차적으로 의미가 확장된다고 간주한다. 이러한 관점은 낱말의 다의성을 체계적으로 설명하는 데에는 유용할지 모르나 다의 교육의 입장에서 보면 특정 낱말의 다의 간의 의미적 관련성을 포착하기 어려울 수 있다는 점에서 문제시될 수 있다. 즉, 낱말의 특정 의미와 그 의미에서 여러 단계를 거쳐 확장된 의미 간의 관련성을 포착하는 일이 쉽지 않다는 것이다. 예컨대, 동사 '가다'의 경우에 그 확장의미로 사용된 '맛이 가다'의 의미를 단계적 확장의 방식으로 설명하는 것은 어려운 일로 그 이유는 해당 의미로 확장되기 전 단계의 의미를 설정하기 어렵기 때문으로 볼 수 있는데 설사 그 전 단계의 의미를 설정하였다고 하더라도 한국어 학습자가 이들 간의 의미적 관련성을 지각·인지하기에는 여전히 어려움이 따르게 된다.

앞서 언급한 바와 같이 다의어는 하나의 낱말이 서로 관련된 다양한 의미를 지니는 것으로 이는 특정 낱말이 다양한 상황에 쓰이면서 그 적용의 범위가 확대되어 생기는 언어 현상이라 할 수 있는데, 한 언어의 낱말들 중 대부분의 낱말이 이러한 다의어라 할 수 있다.[3] 이처럼 낱말의 다의성

---

2) 실제로 한국어 교재에서의 다의 분포 양상을 살펴보기 위해 중국에서 출판된 세 종류의 한국어 교재의 본문 어휘와 보충 어휘를 중심으로 조사해 본 결과, 세 종류의 교재 모두에서 특정 낱말의 의미가 그 기본의미를 위주로 제시되었고, 확장의미는 매우 제한적으로 나타남을 확인할 수 있었다. 이에 대한 구체적인 내용은 본고의 Ⅲ장 4.1.에서 제시하기로 한다. 또한, 문금현(2005: 157-158)도 세 종류의 한국어 교재를 분석하였는데, 이들 교재 모두에서 낱말 다의에 대한 교육 내용은 반영되지 않았다고 지적한 바 있다.

3) 이와 관련하여 천시권(1977: 1)은 다의어란 일반적으로 하나의 낱말에 여러 개의 의미가

은 언어 보편적인 현상으로서 인간이 제한된 낱말을 사용하여 무한한 의미의 언어 표현을 생산할 수 있는 한 가지 중요한 수단이 된다. 따라서 이와 같은 낱말의 다의성은 언어 표현의 다양성을 추구하는 입장에서 교육의 대상으로 삼을 만하다. 특히, 앞서 지적한 바와 같이 모국어 화자들은 낱말의 다의성을 일상생활에서 자연스럽게 습득하는 것과 달리 한국어 학습자들은 이러한 다의성을 교육과정 내에서 학습하지 않으면 이를 습득하는 것이 어렵게 된다. 그러나 실제 교육 현장에서 사용되는 한국어 교재에는 낱말의 다의성에 대한 교육 내용이 충분히 반영되어 있지 않은데 교재에서의 다의어는 그 기본의미를 위주로 비교적 제한된 수의 확장의미만이 제시되어 있다. 또한, 그 제시된 의미들 간의 관계에 대한 설명이 구체적이면서도 체계적으로 이루어지지 않고 있어 학습자들이 이들 의미를 습득하는 데에 어려움이 예상된다.

이처럼 다의어의 다양한 의미들이 교재에 제한적으로 제시되다 보니 지금까지의 다의어에 대한 교육은 자의적이거나 교사의 재량에 따라서 이루어질 수밖에 없었는데 그 주된 교수 방법은 먼저 기본의미를 가르치고 나중에 확장의미를 기본의미와의 비교 속에서 설명하며 어느 정도 다의 교육이 이루어지고 난 다음에 각 다의 간의 의미 차이를 설명하는 방식으로 이루어지는 것이 일반적이었다(문금현, 2005: 74). 그러나 이러한 다의어의 교수 방법은 앞서 지적한 바와 같이 학습자들이 그 기본의미와 확장의미 간의 관계를 파악하기 어렵다는 점과 더불어 확장의미 간의 의미 차이도 구분하기 어렵다는 점이 문제시될 수 있다.[4] 이는 다의어의 의미

---

대응되어 있음을 말하는 것인데, 그것이 몇 개이냐 하는 문제를 기계적으로 발견한다는 것은 매우 어려운 일이므로 이를 검토하기 위해서는 어떤 가설하에 시행착오를 거듭하면서 해결하는 수밖에 없을 것 같다고 하였다. 또한, 어떤 언어이든 하나의 어휘 항목에 하나의 의미가 대응된다면 가장 이상적이겠으나 이는 자연언어에 있어서는 현실적으로 받아들이기가 곤란하다. 그러므로 자연언어에서 다의성을 인정하지 않으면 안 된다는 것은 거의 상식화된 사실이며 보편적인 특징의 하나라고 생각할 정도라고 하였다.

4) 실제로 학습자들을 대상으로 다의어 학습에 관한 설문조사를 실시한 결과 다의어 학습에

확장 경로가 단일하지 않고 다양하기 때문에 학습자들이 그 확장 경로를 제대로 파악하는 것이 쉽지 않다는 데에서 비롯되는 문제일 수 있다. 또한, 다의어를 연쇄적 의미 확장의 규칙을 통해 교수하는 것은 학습자들이 그 규칙을 과잉 일반화하는 오류를 범할 수 있다는 점에서 문제가 된다.

이 같은 다의어 교육의 내용과 방법에 존재하는 문제점과 관련하여 아직까지 다의어의 의미 항목이 교재에 제대로 반영되어 있지 않고 다의어의 교육 내용과 방법이 체계적으로 마련되어 있지 않은 상황에서 다의어의 기본의미를 시작으로 그 의미 확장 경로에 따라 형성되는 각각의 확장 의미를 단계별로 교수할 것을 제안하는 기존 다의어 교육 방안의 실효성에 의문이 드는 것이 사실이다. 그리고 다의어의 다양한 확장의미들은 규칙적으로 예측된다기보다 인지적 원리 또는 기제에 의해 생성되는 경우가 많기에 다의어의 여러 확장의미들을 연쇄적 의미 확장의 관점에서 학습자들에게 기계적으로 교수하는 것은 분명 한계가 있을 것으로 본다.

따라서 다의어의 의미 교육 내용을 선정하고 이들 교육 내용을 효율적으로 교수·학습하기 위한 방안을 마련하기 위해 먼저, 다의어의 의미 확장 원리로 개념적 은유를 채택하고 이에 기초하여 다의어의 사전의미를 재분류하고자 한다. 그리고 이렇게 재분류된 의미들은 이들 의미를 포섭하는 추상적인 원형의미를 중심으로 그 주변에 방사상으로 연결되어 하나의 원형 범주를 구성하는 것으로 간주하고자 한다. 또한, 개념적 은유에

---

서 어떤 점이 가장 어렵게 느껴지는지에 대한 질문에 응답자 96명 중 32명이 무슨 이유로 특정 의미가 해당 낱말의 의미가 되는지를 이해하기 어렵다고 답하였다. 이는 다의어의 학습에서 학습자가 진정 궁금해 하고 학습자에게 실질적으로 필요한 교육 내용과 방법은 다의 간의 의미 구분과 관련되는 문제라기보다는 서로 유사하면서도 구분되는 여러 의미들이 무엇 때문에 한 낱말의 의미로 범주화되는지에 대한 문제임을 시사한다고 할 수 있겠다. 또한, 다의어의 교수 목적이 학습자로 하여금 다의어의 여러 의미를 사용하여 상황에 맞는 다양한 언어 표현을 생산하도록 하는 데에 있기에 다의들 간의 의미를 구분하는 방식의 교육보다는 여러 다의들이 하나의 의미 범주로 구조화됨을 보여 주는 방식의 교육이 보다 유용할 것으로 생각된다.

의해 구분된 개개의 의미들은 다의어의 의미 교육 내용으로 삼을 수 있다. 이처럼 다의어에 대한 개념적 은유의 접근 방식은 다의어의 다양한 의미들이 서로 다른 의미 확장 경로에 따라 복잡하게 구조화되어 있다고 보는 것이 아니라 개개의 구체적인 의미들이 개념적 은유에 의해 추상적인 원형의미와 유사관계를 보이면서 한 낱말의 의미로 범주화됨을 보여준다. 이러한 관점은 다의어의 구성 원리인 개념적 은유에 의해 재구분된 의미를 그 교육 내용으로 삼을 수 있어 보다 구체적이고 명시적인 다의어 교육을 진행할 수 있다는 점에서 의의가 있다고 하겠다. 그러므로 이 책은 다의어 교육의 중요성을 새삼 불러일으키고 개념적 은유의 원리를 적용하여 다의어의 교육 내용을 선정하여 이를 효율적으로 교수·학습할 수 있는 방안을 모색하는 것에 그 목적을 두고자 한다. 이러한 연구 목적은 다음과 같이 세 가지로 요약할 수 있다.

첫째, 다의어는 추상적인 원형의미를 인식의 기준점으로 하고 그 구성 원리인 개념적 은유에 의해 구체적인 의미가 생성되는 낱말임을 밝히고자 한다.

둘째, 다의어의 의미 교육 내용을 선정하기 위해 다의어의 의미 구성 원리인 개념적 은유에 의해 다의성이 높은 동사의 의미를 구분하고자 한다.

셋째, 학습자들이 실제 언어생활에서 다의어의 다양한 의미를 원활하게 사용할 수 있도록 개념적 은유를 활용한 동사의 의미 교육 방안을 모색하고자 한다.

## 2. 다의 범주 및 다의 범주 교육에 대한 선행 연구

다의어 교육의 방향성을 잡기 위해 연구사를 다의어에 대한 연구와 다의어 교육에 대한 연구로 나누어 검토하고자 한다. 먼저, 다의어의 연구사를 검토하는 것은 다의어를 바라보는 관점을 제시하는 데에 이론적 근거를 마련하기 위함이고 다음, 다의어 교육의 연구사를 검토하는 것은 기존의 연구의 장점과 한계를 제대로 파악하여 다의어 교육의 올바른 방향과 방법에 기여하기 위함이다.

## 2.1. 다의어에 대한 연구

울만(Ullmann, 1962)은 다의어란 하나의 낱말이 두 개 이상의 구별된 의미들로 쓰일 경우에 붙여진 명칭인데 이는 언어의 기본 구조에 있는 고유한 의미 보편소(semantic universal)로 만약 어떤 언어에 다의 현상이 존재하지 않는다면 인간이 이야기하고자 하는 모든 가능한 주제들에 대한 독립된 명칭들의 수많은 낱말들을 우리의 기억 속에 저장해야 함을 의미하고 그 언어는 은유가 없기 때문에 많은 표현력과 유연성을 상실할 것이라고 하였다.

천시권(1977)은 다의어는 일반적으로 하나의 낱말에 여러 개의 의미가 대응되는 것을 말하는데 언어 보편적으로 낱말의 다의성이 인정된다고 하면서 이러한 낱말의 다의성을 바라보는 견해로 '용법설', '기본의미설', '다의성설'을 들고 있다. 여기서 '용법설'은 하나의 낱말이 구체적인 사용 문맥에 따라 서로 다른 의미를 나타내므로 그 낱말은 무한한 수의 의미를 지닐 수 있다는 견해이다. 이는 낱말 의미의 고정성을 부정하고 그 유동성을 인정하는 입장으로 새로운 문맥에 나타나는 의미는 전에 경험한 그 어떤 의미와도 다르다는 것이다. 따라서 이처럼 실시간으로 형성되는 새로운 의미를 일일이 모두 습득한다는 것은 현실적으로 거의 불가능하기에 이러한 다의어의 '용법설'은 타당한 견해로 받아들이기 어렵다. 그리고 '기본의미설'은 '용법설'과 정반대의 견해로 낱말은 모든 문맥에 공통되는 하나의 의미인 기본의미를 지니고 이 기본의미가 문맥에 따라 약간 수정

되면 그것이 그 낱말의 구체적인 의미가 된다는 관점이다.5) 이러한 견해
는 일어일의(一語一義)의 원칙에 부합하여 의미 기술의 명확성에는 도움이
될 수 있으나 실제로 특정 낱말은 그 기본의미를 추출하기가 어려운 경우
가 존재하는데 이는 문맥의 다양성과 불확정성에 의해 기인되는 것으로
볼 수 있다. 마지막으로 '다의성설'인데 이는 한 낱말이 의미적으로 서로
관련된 두 가지 이상의 의미를 지닌다고 보는 견해로 앞선 '용법설'과 달
리 무한한 다의성을 인정하지 않고 또 '기본의미설'과 같이 모든 문맥에
공통되는 의미를 인정하는 것이 아니라 전체 문맥 중에서 일정한 범위의
문맥에서 사용되는 의미를 하나의 다의로 본다는 점에서 '다의성설'은
'용법설'과 '기본의미설'을 절충한 견해라 할 수 있다.

홍승욱(1984)은 다의의 생성 원인과 방법을 공시적 입장에서 고찰하고
있는데 다의의 생성 원인으로 단어의 의미 자체가 애매모호하고 부정(不
定)한 것이기 때문에 그 개념구조 자체가 잠재의미의 덩어리로서 다의 생
성의 원인이 된다는 것이다. 또한, 다의의 생성 방법으로 은유를 들고 있
는데 만약 두 의미 사이에 공통 속성이 발견된다면 그들 의미는 서로 다
의가 될 수 있다고 하면서 이러한 은유에 의해 생성되는 다의는 인간이
유한 수의 낱말로 무한 수의 대상을 표현하기 위한 언어경제상 필수불가
결한 방편이고 은유는 이러한 다의를 창조하는 수단이라고 하였다. 이 연
구는 낱말이 다의성을 지닐 수밖에 없는 원인이 낱말의 의미 자체가 지니
는 부정성(indefiniteness)과 모호성(vagueness)에 기인함을 밝힌 점과 다의의
생성 방법이 공통 속성에 근거한 은유6)임을 밝혔다는 점에서 의의가 있

---

5) 이러한 견해는 음운론에서의 음소와 이음의 관계와 유사한데 낱말의 기본의미를 그 값이
   항상 변하지 않는 고정체로 보고 여기에 문맥에 따른 부가적인 의미 요소가 추가되는 것
   을 해당 낱말의 구체의미로 보는데 그 구체의미들은 문맥에 따라 서로 구분된다.
6) 이러한 은유는 두 대상 간의 유사성을 뜻하는 것으로 하나의 대상을 지칭하던 낱말이 그
   대상과 유사성을 지니는 다른 대상에도 적용됨으로써 해당 낱말은 그 적용 범위를 넓혀
   가게 된다.

다고 하겠다.

강기진(1985)은 다의어의 연구에서 전통적으로 알려진 울만(Ullmann, 1962)의 다의관에 대해 이의를 제기하였는데 기존의 다의어는 하나의 낱말이 두 가지 이상의 의미를 가지는 것으로 본 반면 여기서의 다의어는 하나의 추상적인 기본의미에서 의미적 유연성에 의해 여러 의미가 파생된 구조로 보는 관점을 취하고 있는데 그 의미 파생의 근거가 되는 의미적 유연성에 대해 기본의미의 추상성의 정도를 의미한다는 다소 모호한 해석을 하고 있다.[7] 그러나 다의어의 의미구조가 하나의 구체적인 의미에서 확장되어 구성된다고 보는 전통적인 관점과 달리 그 의미구조가 추상적인 의미에서 구체적인 의미로 파생된다는 새로운 관점을 제시하고 있다는 점에서 의의가 있다. 단, 이러한 의미의 파생을 일으키는 원인에 대해 의미적 유연성이라는 막연한 용어로만 설명하고 있어 그 의미 파생의 원인을 구체적으로 밝히지 못하였다는 점에서 아쉬움이 남는다.

이기동(1992)은 다의어를 서로 관련된 여러 가지의 뜻을 가진 낱말로 규정하고 이러한 다의어의 여러 가지 의미가 서로 관련되는 방법에는 도식 관계와 의미 확대의 두 가지 방법이 있다고 하였다. 여기서 도식 관계는 한 낱말이 의미¹을 가지고 또 이 의미와 관련된 다른 의미²를 가진다고 할 경우, 의미²가 의미¹보다 추상적이거나 도식적이면 의미¹과 의미²는 도식 관계에 있다는 것이다. 다음, 의미 확대는 한 낱말이 서로 관련된 의미¹과 의미²를 지닌다고 할 경우, 의미²는 의미¹을 확대 해석하여 얻은 것으로 보는 경우를 말한다고 하였다. 또한, 이러한 의미 관련 방식을 구체적으로 보이기 위해 동사 '지다'와 '맞다'를 예로 들어, 동사 '지다'의 경우 해당 동사는 어떤 구체적인 개체가 위에서 아래로 움직이는 과정을 나타내는데 이 원형적인 과정이 형판이 되어 여러 가지의 경험 영역에 확대

---

7) 여기서 말하는 기본의미의 추상성의 정도는 특정 낱말의 의미적 포괄성을 뜻하는 것으로 낱말의 다의관계의 포괄성이 클수록 그 낱말의 기본의미가 보다 추상적이라는 것이다.

적용되면서 여러 가지의 의미를 가지게 됨을 살펴보았다. 그리고 동사 '맞다'의 경우 이 동사의 개념 바탕이 통사적으로 여러 가지의 문형에 쓰이면서 서로 관련된 의미를 지니게 되는 것으로 보았다. 이 연구는 다의어의 의미들 간의 관계를 포착해 내는 방법론을 제시하고 있다는 점에서 의의가 있으나 낱말의 개별성에 따라 그 다의 간의 관계가 일관성 있게 분석되기 어렵다는 점은 여전히 문제로 남는다.

남기심(1995)은 다의어의 중심의미8)와 전이의미9)는 문법적 특성에 차이가 있다고 하면서 그 중심의미에 비해 전이의미는 통어적 공기 제약10)과 형태·통사적 제약11)이 크다는 점을 지적하였다. 또한, 한 낱말의 전이의미 획득은 (1)특수한 연어적 환경에서 즉, 특정한 낱말과의 공기관계에서, (2)일정한 문법적 형태를 띠고서, 그리고 (3)일정한 문법적 위치에서 이루어지며, 이렇게 하나의 전이의미를 획득한 낱말이 그 전이의미를 가지고 쓰일 때는 (가)다른 어휘와의 심한 공기 제약이 있는 동시에, (나)여러 가지 형태적 제약이 있을 수 있으며, (다)널리 통용되는 통사 규칙의 적용을 거부할 수 있다는 것이다. 그리고 위에서 기술한 (1), (2), (3)의 조건 하에 획득된 전이의미의 지위가 확고해져 그 쓰임의 폭이 커지면 그 정도에 따라 즉, 중심의미의 지위에 가까워질수록 (가), (나), (다)의 제약이 완화되어 그 쓰임이 차츰 자유로워진다는 것이다.12) 이 연구는 낱말의 다의와 그것

---

8) 여기서 중심의미는 한 낱말의 기본이 되는 의미로 이를 출발점으로 의미가 조금씩 확대, 전이 또는 변형되어 파생의미가 생성된다는 것이다.

9) 여기서 전이의미는 중심의미에서 그 의미 영역이 확장 또는 축소되거나 아니면 전용되어 이루어진 모든 의미를 포괄하여 일컫는 것이다.

10) 여기서 통어적 공기 제약이란 한 낱말이 주어진 문장 안에서 그 앞뒤에 어떤 특정한 낱말이 함께 쓰여야 하는 조건을 지칭하는 것이다.

11) 여기서 형태적 제약은 명사의 경우, 전이의미로 쓰일 때 격조사와의 결합에 있어 제약을 보임을 말하고 통사적 제약은 동사의 경우, 전이의미로 쓰일 때 그 활용형이 제한되는 것을 말한다.

12) 이와 관련하여 남기심(1995: 177-8)은 한 낱말이 특수한 공기 제약, 형태적 제약, 통사적 제약 속에서 전이의미를 획득해 가는 현상이 있는 한, 모든 문법적 규칙은 한계가 있을

이 사용된 구조 간의 관계에 대해 논의하면서 낱말의 전이의미는 그 중심 의미에 비해 문법적 제약이 크다는 점을 밝히고 있다는 점에서 의의가 있다. 특히, 동사의 선택제약은 그 동사의 관용적 용법을 의미하는 것으로 모든 낱말의 그 쓰임은 관용적이라고 보면서 낱말의 사용에 있어 그 개별성을 인정하고 있는데 이는 낱말의 여러 의미에 대응하는 서로 다른 문법적 특성을 기술하고 나아가 이들에 대한 교육에 많은 시사점을 던져 준다.

이기종(1995)은 한 낱말이 가지는 여러 의미들 사이의 공통 속성을 추출하여 이를 핵심의미로 삼을 수 있는데 이 핵심의미가 실제 상황에서 인간의 인지·추리능력에 의해 어떻게 구체의미로 확장되는지를 설명할 수 있다고 하면서 이러한 역할을 수행하는 핵심의미의 영상화를 위해 동사 '떨어지다'의 의미를 분석하였다.13) 이를 통해 다의어의 구체적인 의미는 이러한 영상에 부과된 구체적인 모습으로 설명될 수 있는데 다의어의 여러 의미들은 그 영상을 인식의 기준점으로 확대·도식 관계에 의해 망상 구조를 이룬다. 그리고 이러한 다의어의 의미구조는 인간의 인지능력 즉, 서로 다른 상황을 유사하게 인식하는 인간의 인지능력이 반영된 인지구조라 할 수 있다. 이 연구는 낱말의 의미를 분석하기 위해 지각·인지심리학적 개념인 영상을 도입하였다는 점에서 그 의의가 있으나 이러한 다의어의 의미에 대한 영상도식적 분석이 공간적 의미를 나타내는 낱말이 아닌 추상적 의미를 나타내는 낱말에도 적용되어 그 방법이 일반화될 수 있는지에 대해서는 의문이 남는다.

이종열(1998)은 동사 '가다'의 의미를 인지의미론적 관점에서 분석하였

---

수밖에 없다고 하였다. 또한, 일반적으로 통사 규칙은 중심의미로 쓰이는 용례들을 대상으로 하여 파악한 것으로 거기에다 보편성을 부여하고자 해 왔던 것이 사실이라고 지적하면서 전이의미의 현상을 무시할 수 없는 한, 예외가 없는 문법 규칙을 세우기 어렵고 이것이 언어 이론이 직면한 가장 풀기 어려운 숙제일 수밖에 없다고 하였다.

13) 여기서 동사 '떨어지다'의 의미는 그 구성 요소인 동사 '떨다'와 '지다'의 영상이 통합되어 형성된 하나의 영상으로 나타낼 수 있는데 그 구체적인 의미는 이러한 영상을 개념 바탕으로 서로 다른 윤곽이 부여되어 생성된다고 볼 수 있다.

는데 동사 '가다'의 다의성을 동사 자체의 의미 확장에 초점을 두지 않고 문맥에서 선택되는 현저한 이동체의 특성에 따라 파악하고자 하였다. 또한 '가다'의 기본의미는 모든 문맥에 공통으로 존재하는 추상적인 의미이고 그 원형의미는 이러한 기본의미를 바탕으로 하여 구체적인 원형적 문맥에서 파악되는 의미로 보았다. 그리고 '가다'의 의미는 우리의 머릿속에 영상의 형태로 존재하는데 그 영상의 인지적이고 심리적인 변환에 따라 '가다'의 여러 가지 개별의미가 생성된다고 보고 이러한 구체적인 의미들은 기본의미에 대응하는 기본도식을 바탕으로 변형되는 의미도식을 통해 표상할 수 있다. 이 연구는 낱말의 다의성을 의미 확장의 관점이 아닌 추상적인 기본의미를 설정하여 그 기본의미가 문맥을 통해 구체적인 의미로 된다는 견해를 보인 점에서 앞선 이기종(1995)과 그 맥을 같이한다고 하겠다.

임지룡(2001)은 다의어를 범주화의 원형이론에 근거하여 분석하고 있는데 다의관계(polysemy)는 하나의 낱말이 둘 이상의 관련된 의의를 지닌 것으로 다의관계를 이루는 것을 '다의어(polysemous word)'라 하면서 전형적인 다의어, 단의어, 동음어 각각은 정체가 뚜렷하지만 수많은 낱말과 그들의 다양한 용법에서 다의어와 단의어, 그리고 다의어와 동음어의 구별이 모호한 경우가 허다함을 지적하였다. 또한, 다의어의 문제는 전통적으로 사전편찬과 언어 교육의 주요 관심사였고 '어휘의미론'이 해명해야 할 기본적인 과제의 하나로 인식되어 왔다고 하였다. 이 연구는 '인지의미론(cognitive semantics)'의 시각에서 다의어를 분석하는 관점을 소개하고 이 관점이 갖는 우월성을 검증하는 데 목적을 두었다.[14] 이는 기존의 다의어에 대한 고전 범주화 분석의 한계에서 벗어나 원형을 중심으로 하는 다의어 연구의 새로운 방법론을 제시하고 있다는 점에서 그 의의가 있다.

---

14) 여기서는 동사 '사다'와 '팔다'를 중심으로 그 다의적 특성을 분석하였는데 이들 낱말의 다양한 용법들은 그 원형의미를 중심으로 방사상 구조를 지닌 다의관계를 이룬다.

이민우(2008)는 지금까지의 다의어에 대한 연구는 대부분 기본의미를 설정하고 그 의미가 확장되어 나가는 과정을 추론하는 것에 집중되어 온 점에 대해 만약 다의어가 단일하고 고정된 원형의미에서 방사상으로 의미 확장이 이루어지는 것이 아니고 각각의 의미들이 존재하고 그 의미들이 하나의 범주 속에서 인식된다면 그렇게 인식되는 의미적 유사성 혹은 인과성이 무엇인지 살피는 것에 중점을 둘 필요가 있다고 지적하였다.[15] 이는 낱말 의미의 발생상의 순서를 추론해 가는 것에 비해 보다 객관적으로 의미들의 관련성을 포착할 수 있는 방법이 될 수 있는데 하나의 범주로 묶이는 의미들의 관계를 설명하는 것을 통해 발생상의 선후나 관계 속에서의 위치가 자연스럽게 파악될 수 있다고 하였다.

또한, 의미의 생성과 사용은 언어 사용 주체에 의해 이루어지는데 구조 언어학 연구 체계 내에서는 언어 사용 주체에 대한 실질적인 연구가 없이 직관적인 추론에 의해 연구가 이루어졌기에 다의적 의미에 대한 연구 또한 사전에 기록된 의미 기술과 의미에 따른 예문을 확인하는 정도에 머무를 수밖에 없었다고 지적하였다. 따라서 언어 주체의 개념을 분석하기 위한 방법으로 실제 언어 사용자의 인식을 파악하려고 시도하였는데 이러한 파악을 통해 의미들 사이의 관계를 추론할 수 있다고 가정하였다. 그리고 의미 변화의 경향은 언중들의 사용에 기인하고 그 언어 사용은 언중들의 현재의 인식에 따르며 새로운 인식을 반영하는 새로운 변화 가능성이 항상 열려 있다고 보아야 한다고 하였다. 이 연구는 낱말의 의미를 범주화하는 화자의 인식적 측면을 엿볼 수 있다는 점에서 의의가 있으나 낱

---

15) 여기서는 동사 '지다'의 의미들 간의 관계를 분석하여 각 의미들 간의 상호 관련성을 파악하는 것에 목적을 두고 있는데 이를 위해 먼저, '지다'의 사전적 의미와 실제 사용된 말뭉치를 비교, 분석하여 그 의미를 추출하고 다음, 화자들이 다양한 의미로 해석되는 '지다'의 의미들 간의 관계를 어떻게 이해하는지 알아보기 위해 설문조사를 진행하였는데 그 결과 화자들은 주어진 의미들을 토대로 각 의미들 간의 관계를 분류하고 있는 것으로 나타났다.

말 의미의 공시적인 성격만을 다루고 그 통시적인 성격에 대해서는 논의하지 못하였다는 점에서 한계가 있다.

이상으로 다의어에 대한 이론적 견해에 대해 살펴보았는데 기존의 다의어에 대한 관점은 크게 전통적 관점과 인지적 관점으로 구분할 수 있다. 먼저, 전통적 관점에서 다의어는 그 기본의미를 시작으로 일련의 확장 경로를 따라 점차적으로 확장되는 것으로 보는 반면, 인지적 관점에서 다의어는 그 원형의미를 기준으로 이와의 의미적 관련성에 의해 확장의미가 형성되는 것으로 본다. 여기서 이른바 원형의미의 성격에 대해 서로 상반된 견해가 존재하는데 하나는 전통적 관점에서 지칭하는 기본의미와 거의 일치하는 구체적인 의미로 보는 것이고 다른 하나는 전통적 관점에서 지칭하는 공통의미 또는 핵심의미와 유사한 개념의 추상적인 의미로 보는 것이다. 이 책에서는 다의어가 추상적인 원형의미에 구체적인 문맥이 적용되어 각각의 구체적인 의미가 생성되는 것으로 보고자 하는데 이는 다의어를 확장의 관점에서 보기보다는 파생의 관점에서 보는 것에 가깝다고 할 수 있다. 그럼 아래에 이러한 다의어에 대한 이론적 관점을 바탕으로 이루어진 다의어 교육의 연구 현황에 대해 알아보기로 한다.

## 2.2. 다의어 교육에 대한 연구

문금현(2005)은 한국어 다의어에 대한 연구 현황과 교육 현황을 나누어 살펴보고 그 문제점을 지적하였는데 한국어 다의어 교육의 현황에 대해서는 학생 교육과 한국어 교사 양성 교육으로 나누어 살펴보았다. 먼저, 학생 교육은 한국어 교재에 대한 분석과 교사를 대상으로 한 설문조사를 통해 교육 현장에서 이루어지고 있는 교육 내용을 파악하고자 하였다. 다음, 한국어 교사 양성을 위한 다의어의 개념 정의와 생성 기제 및 다의어의 유형 등 다의어의 기본 사항들을 살펴보고 다의어와 관련지어 논의할 수 있는 다른 영역들과의 관계에 대해서도 언급함으로써 다의어에 대한 국어학적 지식을 체계적으로 정리하였으며 다의어의 학습 목록과 내용을 단계별로 제시하였다. 또한, 문금현(2006)은 위의 연구에서 제시한 다의어의 교육 내용과 단계별 교육 내용의 틀을 바탕으로 동사 '보다'를 구체적인 예로 삼아 다의어의 학습 내용과 교수법 및 학습 모형을 제시하였다.

고경태(2008)는 한국어 학습자들이 기본적으로 올바른 동사를 사용할 줄 아는 능력을 가지는 것이 필요하다고 보고 다의적으로 쓰이는 동사 교육은 '동사의 다의성 교육'이라기보다는 '다의성 동사의 교육'이 되어야 함을 강조하였다. 또한, 그 교육 내용으로는 동사의 다의성에 영향을 미치는 선행 명사와의 어휘적 덩어리, 즉 '명사+동사'의 형태가 되는 것이 바람직함을 논의하였다. 그리고 이러한 논의를 바탕으로 동사 '보다'의 의미 교육 내용을 '활용도'16)라는 기준에 의해 선정할 것을 제안하였다.

정수진(2009)은 그간 이루어진 다의어에 대한 국어학적인 연구를 바탕으로 다의어의 교육에 적용될 수 있는 의미 특성 및 의미 확장의 원리를 모색하고 이를 바탕으로 실제 수업에서 활용할 수 있는 다의어의 교육 방법의 일면을 제시하였다. 다의어의 의미가 원형의미에서 확장의미로 확대되는 과정을 이해함으로써 학습자는 이미 학습한 의미와 새로운 의미 사이의 연계를 형성할 수 있고 이를 통해 체계적이고 연계적인 어휘 지식의 확장을 기대할 수 있으며 의사소통 상황에서 낱말 선택의 어려움을 느낄 경우 학습자가 알고 있는 쉬운 낱말을 활용하는 데에도 도움이 될 것으로 보았다.

박수경(2010)은 한국어 학습자들이 어려워하는 다의어 교육에 주목하였

---

16) 여기서 '활용도'는 다의어의 교육 내용이 되는 '명사+동사'가 교육적으로나 실생활에서 활용될 가능성의 정도를 가늠하는 기준으로 활용 가능성이 높은 '명사+동사'를 우선적으로 교육 내용에 포함한다는 것이다. 그러나 이 연구는 '활용도'라는 기준에 대해 구체적인 설명은 하지 않았다.

는데 특히, 인지언어학적으로 분석된 동사 '잡다'를 대상으로 전신반응교수법(TPR)을 적용한 다의어의 교육 모형을 제시하고자 하였다. 이를 위해 동사 '잡다'의 의미를 인지언어학적으로 기술하고 그 결과에 기초하여 구체적인 다의어의 교육 방안을 제시하였다는 점에서 의의가 있다.

이유경(2011)은 한국어 교육용 기본 어휘로 선정된 어휘들은 사용 빈도가 높을 뿐만 아니라 다의성 또한 높다고 하면서 기존의 한국어 교육에서는 이러한 다의어에 대한 교육이 체계적으로 이루어지지 않았다고 하였다. 또한, 학습자의 인지 능력을 고려한 의미 확장상의 특징을 반영하지 않은 채 기본 의미를 중심으로 다의어의 교육이 이루어졌기에 고급 학습자들조차 다의어의 다양한 의미를 사용하지 못하거나 사용하더라도 오류를 범하게 된다고 하였다. 따라서 이 연구는 의미 빈도 사전을 분석하여 낱말의 의미 빈도상의 특징을 살피는 한편 낱말의 의미 확장 원리에 근거하여 그 의미 확장상의 특징을 기술하고 이를 토대로 한 낱말 의미의 등급화를 제안하였다.

이민우(2012)는 다의어 교육에서 의미 변별은 가장 기본적인 지시 범주의 차이를 확인하는 것으로 시작해야 하고 '결합, 사용, 지식'이라는 세 가지 층위의 문맥을 단계별로 구분하여 제시해야 하는데 이들 중 가장 중요하고 기본적인 층위는 '결합' 문맥이라고 하였다. 따라서 이제까지 낱말 교육은 이를 중심으로 이루어져 왔으나 실제 의사소통에서 언어 사용자가 접하는 문맥은 이보다 훨씬 다양하므로 의사소통 능력을 향상하기 위해 학습자들이 낱말의 다양한 문맥을 적절히 구분하여 사용할 수 있도록 교육해야 한다는 것이다. 따라서 '사용'과 '지식'이라는 문맥을 추가적으로 제시하였는데 이들 문맥은 의미를 명확하게 구분하여 주기 때문에 낱말의 특정 의미를 제대로 파악하기 위해서는 이러한 문맥의 동원이 필요하다고 하였다. 그리고 낱말 의미의 사용을 제시하기 위해서는 해당 낱말의 상·하위어, 대립어, 동의어와 같은 계열 관계나 다른 낱말과의 결합

관계를 이용하는 것이 유익한데 이는 낱말이 인간의 머릿속에 저장되는 방식과 일치하기 때문이라고 하였다. 이처럼 낱말의 다의들 간의 계열 관계와 결합 관계의 범주적 차이를 보여 줌으로써 학습자들이 그 각각의 의미의 사용 범위를 분명히 인지할 수 있도록 하는 것이 중요하다고 하였다.

이상으로 다의어 교육의 연구 현황에 대해 살펴보았는데 전체적으로 다의어는 그 기본의미를 위주로 제한된 수의 확장의미를 용례의 제시와 함께 교육하는 것이 일반적임을 알 수 있었다. 이는 아직까지 다의어에 대한 체계적인 교육 내용과 효율적인 교육 방법이 마련되어 있지 않음을 시사한다. 따라서 다의어에 대한 구체적이면서 체계적인 교육이 이루어지기 위해서는 무엇보다도 단계별 교육 내용의 선정과 함께 학습자 중심의 인지적 교육 방법의 모색이 필요하다. 그럼 아래에 다의어의 선정과 이들의 교육 내용 및 방법을 제시하기 위한 연구 절차에 대해 논의하기로 한다.

## 3. 다의 범주 교육 연구의 대상과 방법

앞선 논의에서 다의어의 교육 내용 선정을 위해 다의어의 의미 구성 원리인 개념적 은유에 근거하여 낱말의 의미 유형을 구분하고 그 구분된 의미를 개념적 은유의 제반 특성을 통해 효율적으로 교수·학습할 수 있는 방안을 모색하는 것에 그 목적이 있음을 언급하였다. 따라서 이러한 연구 목적의 실현을 위해 먼저 연구 대상인 다의어의 선정 작업이 필요한데 다의어는 품사 기준으로 보면 명사, 동사, 형용사, 부사 등으로 구분된다. 이들 중 문장 구성의 중추적인 역할을 하는 동사는 기본적으로 사건을 나타내는 낱말로 이러한 사건은 단순 사건과 복합 사건으로 구분할 수 있는데 여기서는 단순 사건을 나타내는 동사에 초점을 두고자 한다. 이는 특정한

의미 범주의 구조화에서 그 기본층위가 지각적·인지적 측면에서 현저성
을 나타내기에 이러한 기본층위의 사건을 나타내는 동사는 실제 언어생
활에서 매우 활발한 쓰임을 보일 뿐만 아니라 그 의미 내용인 다의성 또
한 풍부하다. 그러므로 이러한 다의성이 높은 동사를 다의어 교육의 대상
으로 선택하는 것은 적합한데 이러한 동사들은 대체적으로 그 언어의 기
본어휘에 해당된다고 볼 수 있다. 그럼 아래에 기존에 제시된 기본어휘의
목록을 토대로 본고가 분석 대상으로 삼을 동사의 선정 절차에 대해 알아보
기로 한다.

　기본어휘에 대한 논의는 다양한 연구 분야에서 이루어져 왔는데 한국
어 교육 분야에서 이루어진 기본어휘의 선정과 관련된 연구 목록을 보이
면 다음과 같은 것들이 있다.

> (1) 최길시(1998), 『외국인을 위한 한국어 교육의 실제』, 태학사.
> (2) 조현용(2000), 『한국어 어휘교육 연구』, 박이정.
> (3) 임칠성(2002), 『초급 한국어 교육용 어휘 선정 연구』, 국어교육학연
> 　　구 14.
> (4) 조남호(2003), 『한국어 학습용 어휘 선정 결과 보고서』, 국립국어연
> 　　구원.
> (5) 김광해(2003), 『등급별 국어교육용 어휘』, 박이정.
> (6) 서상규(2013), 『한국어 기본어휘 연구』, 한국문화사.

　이상의 한국어 교육 분야에서 진행된 기본어휘 선정 연구들의 방법론
을 살펴보면 (1)은 각종 어휘 빈도 조사 자료와 어휘 연구 자료를 참고로
하고 외국인을 위한 한국어 교육 현장의 경험을 바탕으로 기본어휘 2,000
개[17]를 선정하였고 (2)는 기존의 한국어 교육용 기본어휘 목록으로 제시

---

17) 이들 선정된 기본어휘 2천 개의 품사별 분포 구성을 보면 체언이 1,202개로 전체 어휘
　　수의 60.1%를 차지하고 용언이 656개로 전체 어휘 수의 32.8%를 차지하며 보조용언이

된 자료들을 비교하여 이들에 공통된 어휘를 위주로 하고 그 외에 첨가해
야 할 어휘의 기준18)을 설정하여 추가하는 방식을 택하여 총 725개의 목
록을 제안하였으며 (3)은 기존에 구축된 말뭉치에서 나타나는 고빈도 어
휘와 초급용 한국어 교재들에 출현하는 어휘에 대한 계량 분석, 그리고
이 두 과정을 통해 얻어진 어휘를 바탕으로 어휘의 체계를 검토한 어휘의
보충, 누락된 학습자들의 생활 어휘와 학습을 위한 어휘 및 한국문화의
이해를 위한 어휘를 보충하여 최종적으로 총 1,038개의 기본어휘를 선정
하였다.19) 또한, (4)는 대규모의 어휘 빈도 조사 결과를 바탕으로 하고 이
와 더불어 한국어 교육 전문가들의 경험에 의한 선정 결과를 수합하여 최
종적으로 총 5,965개의 기본어휘를 선정하였는데 이들을 단계별로 품사를
구분하여 총 3등급으로 제시하였다.20) 그리고 (5)는 총 7등급으로 평정된

---

17개로 전체 어휘 수의 0.85%를 차지하고 수식언이 125개로 전체 어휘 수의 6.25%를
차지하는 것으로 나타났다.

18) 조현용(2000: 77-85)은 어휘 선정의 추가적인 기준으로 다음과 같은 여섯 가지를 들었다.

첫째, 한국어 교재의 색인에 누락된 어휘
둘째, 자료에 대한 분석 기준의 차이로 인해 누락된 어휘
셋째, 어휘장을 기준으로 그 체계의 빈 부분에 해당하는 어휘
넷째, 생존에 필요한 어휘
다섯째, 개인 학습이 아닌 공식 교육에 필요한 어휘
여섯째, 한국문화를 이해하는 데 필수적인 문화 어휘

또한, 조현용(2000: 86-95)은 기존의 기본어휘 목록들 간의 공통성을 위주로 위와 같이
자체로 설정한 추가적인 선정 기준에 의해 총 725개의 어휘를 품사별, 빈도수별, 상황별
로 제시하였다.

19) 이에 대한 상세한 내용은 임칠성(2002: 355-385)에서 볼 수 있다.

20) 조남호(2003: 15-153)는 최종적으로 선정한 5,965개의 학습용 어휘 목록을 A, B, C 세 등
급으로 구분하여 제시하였는데 A등급에는 982개, B등급에는 2,111개, C등급에는 2,872
개가 포함되어 있다. 또한 그 부록에서는 '단어 판정표'를 통해 이들 목록들이 어떻게 최
종적으로 선정되었는지를 알 수 있는 정보도 함께 제시하고 있다. 그러나 이러한 어휘
목록 선정 및 평정의 방법론에 대한 문제점도 함께 지적하고 있는데 그 구체적인 문제점
으로 기본어휘 선정에 관한 연구가 충분히 축적되어 있지 않아 선정의 원칙을 정하지 못
하였기에 전문가들이 일차적으로 선정한 어휘에 편차가 컸다는 것이다. 따라서 이에 대
해 회의 등을 통해 보완하기는 하였으나 여전히 문제점이 남아 있을 것으로 보았다.

국어교육용 어휘 238,010개의 어휘들 중에서 1등급에 포함된 1,845개의 어휘가 한국어 교육용 기본어휘에 해당한다고 보았다. 마지막으로 (6)은 계량 분석을 통해 기존의 기본어휘 목록과 학습 사전에 수록된 표제어 목록에 공통된 총 1,977개의 기본어휘 목록을 작성하였다.

　이상의 한국어 교육용 기본어휘 목록의 선정 결과를 통해 그 기본어휘의 수를 대체적으로 1,000~2,000개 정도로 잡고 있음을 알 수 있는데 이 목록들에 출현하는 기본동사의 수와 이들이 각 목록의 전체 어휘 수에서 차지하는 비율을 보이면 다음의 표와 같다.

<표 I-1> 기본어휘 목록에 포함된 동사의 수와 그 비율

| 연구물 | 전체 어휘 수(개) | 동사 수(개) | 동사 비율(%) |
|---|---|---|---|
| 최길시(1998) | 2,000 | 453 | 22.65 |
| 조현용(2000) | 725 | 154 | 21.24 |
| 임칠성(2002) | 1,038 | 216 | 20.81 |
| 조남호(2003) | 5,965 | 155 | 15.78 |
| 김광해(2003) | 1,845 | 393 | 21.30 |
| 서상규(2013) | 1,977 | 666 | 33.69 |

　이상의 어휘 목록에 대한 연구 결과에서 볼 수 있듯이 이들 목록에서 동사가 차지하는 비중은 대체적으로 20% 정도임을 알 수 있는데 여기서는 다의어 교육의 대상으로 삼을 동사를 선정하기 위해 먼저, 앞서 제시한 6개의 어휘 목록에서 출현한 모든 수의 동사를 집계하였는데 총 780개로 확정되었다. 다음, 이들 목록을 토대로 아래와 같은 기준을 적용하여 최종적으로 그 연구 대상을 추출하였다.

　　(1) 6개의 기초어휘 목록에서 3번 이상 출현한 동사
　　(2) 사전에 제시된 의미 항목 수가 5개 이상인 동사

(3) 사전에서 동음이의어로 처리되지 않은 동사
(4) 합성어나 파생어가 아닌 단일 형태의 동사

이상의 기준을 차례대로 적용한 결과 중복도 3이상인 동사는 총 346개로 집계되었고 이들 중에서 <표준국어대사전>의 의미 기술 내용을 기준으로 의미 항목 수가 5개 이상인 동사는 총 179개로 집계되었으며 앞선두 기준을 적용하여 얻은 동사 목록 중 사전에서 동음이의어로 처리되지않은 동사는 총 143개로 집계되었고 마지막으로 이 동사 목록에서 단일형태의 동사는 총 34개로 확정되었는데 그 목록을 보이면 다음과 같다.

가다, 가지다, 내리다, 넣다, 놀다, 놓다, 다니다, 닦다, 돕다, 떠나다, 만나다, 만들다, 바꾸다, 받다, 배우다, 벗다, 보내다, 보다, 사다, 살다, 생각하다, 씻다, 앉다, 알다, 오다, 오르다, 읽다, 잊다, 자다, 주다, 지내다, 찍다, 찾다, 팔다

이제 구체적으로 분석할 동사를 선정하기 위해 위의 34개 동사들 중에서 의미상 서로 대립 관계를 보이는 동사의 쌍을 추출하고자 하는데 이러한 기준을 적용하는 이유는 특정 낱말의 의미를 교육함에 있어서 그 낱말을 고립적으로 제시하는 것보다 해당 낱말과 의미적 관련성, 특히 대립관계를 보이는 낱말을 함께 제시하는 것이 학습자들의 의미 습득에 유용할 것으로 판단하였기 때문이다. 따라서 이러한 대립 관계의 기준에 의해최종적으로 4쌍의 서로 대립되는 동사 8개를 얻을 수 있는데 이들 대립쌍을 제시하면 다음과 같다.

가다-오다, 오르다-내리다, 주다-받다, 사다-팔다

이 책에서는 이상과 같이 선정된 총 8개 동사에 대해 의미 분류를 진행

하고 의미의 추상성 정도와 중국어와의 대응관계에 의해 의미 등급화를
실시하고자 한다. 이에 대한 상세한 내용은 Ⅲ장에서 다루기로 한다.

또한, 동사의 의미에 대한 효율적인 교수·학습 방안을 마련하기에 앞
서 다의어 교육의 현황을 살펴보기로 하였다. 이를 위해 교사와 학습자
그리고 교재에 대한 분석이 필요하다고 보고 이들에 대한 조사를 진행하
였다.

먼저, 교재에 대한 분석을 통해 현재 학습자들이 사용하고 있는 한국어
교재들에 동사의 의미들이 어느 정도 수록되어 있고 이들 의미가 수업에
서 어떤 방식으로 가르쳐지고 있는지를 알아보고자 하였다. 이를 위해 다
음과 같은 3종의 한국어 교재를 그 분석의 대상으로 삼았다.[21]

<표 Ⅰ-2> 다의 분포 조사에 사용된 한국어 교재 목록

| 교재명 | 권 수 | 출판사 및 출판 연도 |
|---|---|---|
| 韓國語閱讀(A) | 3 | 世界圖書出版公司, 2007 |
| 韓國語(B) | 4 | 民族出版社, 2008 |
| 標準韓國語(C) | 6 | 北京大學出版社, 2002 |

위에 제시된 3종의 한국어 교재들을 각각 A, B, C로 표시하고 이들 교
재에 나타나는 동사들의 다의 분포 상황을 알아보고자 앞서 선정한 동사
들의 목록 중 이 3종의 교재에 공통으로 출현하는 동사들을 추출하고 이
들 중 <표준국어대사전>의 의미 기술에서 의미 항목이 5개 이상인 동사
들에 대하여 다의 분포를 조사하였는데 다음과 같은 총 10개의 동사들이
조사 대상에 포함되었다.

---

21) 이상 3종의 한국어 교재는 중국 대학교에서 일반적으로 사용하고 있는 교재들로 이러한
   교재들을 대상으로 다의 분포 상황을 조사하는 것은 실제 수업에서 이루어지고 있는 다
   의 교육의 현황을 파악하는 데에 유용하다.

가다, 가지다, 내리다, 받다, 보다, 사다, 살다, 알다, 오다, 주다

이들 동사의 교재 내 다의 분포 상황은 III장 4.1.에서 자세히 보기로
한다.

다음, 실제 한국어 교육 현장에서 이루어지고 있는 다의어 교육의 현황
을 알아보기 위해 교사들을 대상으로 설문조사를 진행하였는데 그 설문
내용에는 다의어 교육의 필요성 문제, 다의어 교육의 여부 문제, 다의어
교육의 방법 문제, 은유적 설명에 의한 다의어 교육의 효용성 문제 등이
포함되었다. 본 조사는 2014년 3월 10~16일 사이에 이루어졌고 이에 참
여한 교사는 총 20명22)으로 이들의 구체적인 분포 상황을 보면 다음의 표
와 같다.

<표 I-3> 설문조사에 참여한 교사들의 분포 상황

| 대학명 | 5~10년 경력(명) | 10년 이상 경력(명) | 대학별 인원(명) |
|---|---|---|---|
| 연변대학교 | 5 | 3 | 8 |
| 복단대학교 | 3 | 3 | 6 |
| 절강월수 외국어대학교 | 4 | 2 | 6 |
| 합 계 | **12** | **8** | **20** |

이들 교사에 대한 설문조사의 상세한 내용은 III장 4.2.에서 다루기로
한다.

그리고 다의어 교육에 대한 학습자들의 반응을 살펴보기 위한 설문조
사도 진행하였는데 그 조사 내용에는 다의어 학습의 필요성 여부 및 그
이유, 다의어 학습의 난이도 여부 및 그 이유, 다의어 교수 방법의 효용성,

---

22) 이들은 중국 대학교 한국어학과에서 한국어를 가르치고 있는 교사들로 모두 5년에서 15
년 정도의 교수 경력을 가지고 있다.

다의어 교수에 대한 만족도 및 요구 사항, 학습자 개인의 다의어 학습 방법 등이 포함되었다. 본 조사는 2014년 3월 18-24일 사이에 진행하였고 이에 참여한 학생은 총 104명인데 이들은 모두 중국 대학교에서 한국어 교육 정규과정을 밟고 있는 3, 4학년 학생들로 한국어능력시험(TOPIK)의 등급이 3-6급인 중·고급 학습자에 해당된다고 볼 수 있다.[23] 이들의 구체적인 분포 상황을 보이면 다음의 표와 같다.

<표 I-4> 설문조사에 참여한 학습자들의 분포 상황

| 대학명 | 3학년 학습자(명) | 4학년 학습자(명) | 대학별 학습자(명) |
|---|---|---|---|
| 연변대학교 | 21 | 19 | 40 |
| 복단대학교 | 18 | 16 | 34 |
| 절강월수 외국어대학교 | 16 | 14 | 30 |
| 합 계 | **55** | **49** | **104** |

이들 학습자에 대한 설문조사의 상세한 내용은 III장 4.3.에서 보이기로 한다.

이상의 교재, 교사, 학습자에 대한 설문조사를 통해 기존의 다의어 교육은 그 내용 면에서뿐만 아니라 방법 면에서도 체계적이지 못함을 알 수 있다. 따라서 다의어 교육이 제대로 이루어지기 위해서는 무엇보다도 그 내용과 방법이 우선적으로 마련되어야 하는데 이를 위해 다음과 같은 절차로 그 논의를 진행하고자 한다.

먼저, II장에서 다의어의 기본 개념을 알아보기에 앞서 다의어에 대한 개념적 접근을 보이고자 한다. 이 개념적 접근법은 낱말의 의미를 기호화

---

23) 설문조사에 참여한 104명 학습자들의 한국어능력시험 등급을 보면 3급 10명, 4급 20명, 5급 20명, 6급 35명이고 한국어능력시험에 참가하지 않은 학습자들이 19명이다.

된 개념으로 보는 관점으로 여기서의 개념은 공통 속성을 지닌 대상들로
부터 추상화된 일반적인 관념을 의미한다. 낱말의 의미는 그 원형을 중심
으로 구조화되는데 이러한 원형 범주에서의 원형은 바로 앞서 언급한 추
상화되어 일반적인 성격을 지니는 개념을 가리킨다. 따라서 이 책에서는
다의어가 추상적인 원형의미를 중심으로 그 주변에 구체적인 의미들이
배치되는 방사상 구조를 지닌 것으로 간주한다. 이러한 원형 범주는 그것
의 인지적 특성으로 말미암아 비대칭성을 보이는데 구체적으로 그 구조
적·빈도적·인지적 비대칭성에 대해 논의하고자 한다. 또한, 다의 범주
의 구성 원리인 개념적 은유를 그 정의, 특성, 유형을 통해 살펴보고자 한
다. 이러한 다의어에 대한 이론적 논의는 다의어 교육을 위해 유용한 방
침을 제공해 줄 수 있다는 점에서 의의가 있다.

다음, Ⅲ장에서는 다의어의 교육 내용을 선정 및 배열하기 위한 기초
작업으로 변화 범주에 속하는 동사의 의미를 그 구성 원리인 개념적 은유
에 의해 분류하는 작업을 진행하였고 이렇게 구분된 의미들을 그 의미의
추상성 정도와 학습자 모국어와의 대응관계에 따라 등급화를 실시하였다.

그리고 Ⅳ장에서는 동사 의미의 교수·학습 목표를 설정하였는데 그것
은 새롭고 난해한 개념을 일반화 기능, 명료화 기능, 경험적 상관성에 의
해 보다 용이하게 이해하고 사용하는 것이다. 또한, 동사 의미의 교수·
학습 내용을 은유의 본질, 특성, 원리에 따라 제시하였고 이를 교수·학
습하기 위한 방법으로 목표의미와 원형의미 간의 유사성 인식하기, 목표
의미와 기본의미 간의 연관성 인식하기, 은유의 경험적 상관성 인식하기
를 제안하였다. 마지막으로 이러한 동사 의미의 교육 내용과 방법에 대한
논의를 바탕으로 실제 수업을 설계하였는데 구체적으로 직접 교수법을
적용한 수업 모형을 채택하여 수업 절차와 방법을 마련하고자 하였다. 이
직접 교수법이 적용된 수업 모형의 장점은 수업 초반에는 교사가 잘 구조
화된 교육 자료를 활용하여 수업을 주도적으로 이끌어 가지만 수업 후반

으로 가면서 학습의 주도권이 점차적으로 학습자에게로 이양되어 학습자 중심의 수업 활동이 진행될 수 있다는 점에서 의의가 있다.

끝으로 Ⅴ장에서는 이 책의 핵심 내용을 요약하는 것으로 결론을 대신하고자 한다.

# II. 다의 범주 교육을 위한 이론적 논의

본 장에서는 다의 범주 교육을 위한 이론적 토대를 마련하고자 다음과 같은 순서로 논의를 진행하고자 한다. 먼저, 낱말의 의미에 대한 개념적 접근을 이해하기 위해 개념의 정의와 특성을 살펴보고 이에 기초하여 낱말의 의미와 개념 간의 상관성에 대해 논의한다. 다음, 다의 범주의 내적 구조와 인지적 특성에 대해 살펴보며 마지막으로 다의 범주를 구성하는 원리로서 개념적 은유의 개념, 특성, 및 그 유형에 대해 기술하기로 한다.

## 1. 다의 범주에 대한 접근법

낱말의 다의성을 이해하기 위해서는 무엇보다도 개념에 대한 이해를 분명히 할 필요가 있는데 이는 개념 자체를 통해 낱말의 의미에 접근할 수 있기 때문이다.24) 이러한 개념은 줄곧 철학, 심리학, 언어학의 중요한 연구 대상이 되어 왔는데 최근 인지언어학에서도 이 개념에 대한 연구가 새롭게 조명되면서 주관주의적 개념, 개념화, 개념적 은유, 도식 등에 대한 연구가 이루어지게 되었다. 이러한 연구들은 인지의미론(cognitive semantics)으로 귀결되는데 여기서는 언어적 의미를 언어외적 개념으로부터 분리할 수 없다는 기본적인 입장을 취한다. 따라서 인지의미론은 낱말의 의미가 본질적으로 백과사전적(encyclopedic)이기에 언어적 의미와 비언어적 의미를

---

24) 낱말의 의미 연구에서 개념의 중요성에 대해 레이코프(Lakoff, 1996: 4)는 인간은 사고하는 동안 정교한 개념체계를 사용하나 우리는 일반적으로 이러한 개념들이 무엇인지 그리고 이들은 어떻게 함께 어울려 하나의 체계에 통합되는지에 대해서는 제대로 인식하지 못하고 있다고 하였다.

구분할 근거가 없다고 하면서 언어는 자율적 영역 속에서 존재하는 것이 아니라 인간의 인지체계 내에서 개념적 내용의 조직을 환기함으로써 존재한다고 주장한다. 그러므로 언어의 의미 특히, 낱말의 의미를 분석함에 있어서 개념은 근본적인 역할을 수행한다고 볼 수 있는데 아래에서는 이러한 낱말의 의미에 대한 개념적 접근에 대해 살펴보기로 한다.

## 1.1. 다의 범주에 대한 개념적 접근

### 1.1.1. 개념의 정의

여기서는 낱말의 의미 분석에서 개념이 지니는 접근성에 주목하여 개념 자체를 낱말의 의미 분석의 수단으로 간주하는데 낱말의 의미를 제대로 분석하기 위해서는 이 개념에 대한 분명한 이해가 선행되어야 한다. 이와 관련하여 라이언즈(Lyons, 1977)는 개념의 중요성을 부각하기 위해 개념론(conceptualism)이라는 용어를 사용하였는데 이 개념론은 언어 연구 특히, 의미 연구가 인간의 심리를 중심으로 이루어질 필요가 있음을 강조하였다. 또한, 자켄도프(Jackendoff, 1983)는 개념적 의미론(conceptual semantics)을 주장하였는데 이는 언어의 의미를 생성의미론적 시각에서 연구하는 동시에 인간의 인지를 강조하는 입장으로 볼 수 있다. 이러한 개념에 대한 연구는 일종의 심리주의 의미론(mentalistic semantics)인데 언어 표현과 그 의미는 우리의 마음속에 있는 개념이 연결시켜 준다고 믿는 견해로 이는 개념 연구의 기틀을 마련해 준다는 점에서 의의가 있다. 이처럼 개념에 대한 언어학적 연구는 이러한 인지주의 이론에 기초하여 이루어져 왔는데 아래에서는 이러한 개념에 대한 구체적인 이해를 도모하기 위해 관련 연구의 논의를 언급하고자 한다.

먼저, 김봉주(1988)의 개념론(conceptology)에 대해 알아보기로 한다.

일반적으로 언어의 의미를 분석하기 위해 낱말의 의미를 그 분석의 단위로 삼는데 이는 낱말의 의미가 형성되기 전의 단계인 개념의 존재를 간과하고 있는 것이다.25) 이에 대해 김봉주(1988)는 낱말 의미의 전 단계인 개념의 존재를 강조하면서 이러한 개념이 존재할 수 있는 토대로 상념의 개념을 제시하였다. 여기서 상념은 개념이 형성되기 이전의 상태를 일컫는 것으로 인간이 대상 또는 현상을 지각함에 있어 순간적으로 느끼는 것을 의미한다. 이에 비해 개념은 대상이나 현상을 보다 깊이 인지하는 것을 의미한다.

전통적 관점에서 개념은 '특정 대상이나 현상이 나타내는 여러 관념들 중에서 공통된 요소들을 추상화하여 종합한 일반적인 관념'으로 정의되는데 그 형성 과정은 표상, 분석, 비교, 추상, 총괄, 그리고 명명의 단계를 거치는 것으로 본다. 이러한 개념의 일반적 정의를 토대로 김봉주(1988: 26)는 언어학적 관점에서 개념을 '동일 속성을 가진 대상들로부터 추상화한 일반화된 관념'으로 정의하였다.

이처럼 동일 속성의 대상들을 추상화하기 위한 첫 단계는 개별적인 대상에 대한 표상이라 할 수 있는데 이 개별적인 표상은 지각, 기억, 및 심상에 의해 인간의 인지구조에 존재하는데 이를 통해 공통된 속성을 추상화하여 종합한 하나의 심리적 통일체가 바로 개념인 것이다. 그리고 이를 기호화하여 어휘화된 것이 낱말이다.26) 따라서 개념은 언어의 의미와 동일시할 수 있는데 예컨대, 낱말 '나무'의 경우 이는 어떤 특정한 나무를 가리키는 것이 아니라 '나무' 부류에 대한 일반적인 관념을 가리키는 것이다. 즉, 인간의 관념 속에서 '나무'의 개념은 실제 세계에 존재하는 모

---

25) 우리는 어떤 특정 대상이나 현상에 대해 이를 표현할 수 있는 낱말이 즉각 떠오르지 않는 경우 낱말이 아닌 구나 문장으로 표현하게 되는데 이는 개념의 존재를 확인할 수 있는 대목이라 할 수 있다.

26) 이러한 개념에 대한 기호화의 결과로 나타나는 것은 낱말뿐만 아니라 구나 절, 심지어 문장과 담화까지도 포함된다.

든 나무들이 가지는 속성들 가운데에서 공통된 요소들만을 추상화하여 종합한 것이라 할 수 있다.[27)]

요컨대, 이상에서 논의한 개념론은 낱말 의미의 토대로 작용하는 개념의 존재와 함께 그것의 전 단계인 상념의 존재를 지적하고 있다는 점에서 낱말의 의미 구조와 관련된 언어적 범주화의 논의에 시사하는 바가 크다고 하겠다. 그럼 아래에 이러한 개념과 낱말의 관계에 대해 살펴보기로 한다.

개념과 낱말의 관련성에 대해 이현근(1999: 164)은 다음과 같은 도식으로 설명하고 있다.

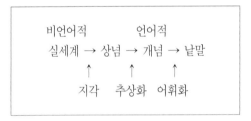

<그림 Ⅱ-1> 개념과 낱말의 관계

여기서 실세계(real world)는 비언어적 세계를 말하는데 이는 오그덴과 리차즈(Ogden & Richards, 1923)의 의미 삼각형에서의 지시물과 같은 것이고 상념은 특정 대상이나 현상을 보고 인식하는 수준이다. 개념은 실세계를

---

27) 이러한 개념이 언어학에 도입되어야 하는 이유에 대해 이현근(1999: 163)은 다음과 같이 설명한다.

첫째, 언어 생성이 그러한 과정을 갖기 때문인데 언어는 처음으로 만들어질 때를 가정하면 단어가 갑자기 튀어나온 것이 아니라 인간의 머릿속에 해당 개념이 먼저 자리 잡고 있기에 가능하다.

둘째, 인간의 인지 처리과정이 그러하기 때문이라는 것인데 우리가 사물을 보고 말을 하는 과정을 느린 동작으로 분석해 보면 사물 또는 현상을 보고 그것이 무엇인지 지각한 후 갈무리된 단어를 찾아 말로 표현하게 되는데 그 과정이 너무 순간적이므로 이러한 순서를 인식하지 못하거나 당연한 것으로 여긴다.

반영하는 것이기는 하나 사람의 머릿속에 존재하는 것으로 이는 실세계와 같지 않을 수 있다. 실세계를 지각하여 형성되는 상념은 주관적인 데 비해 상념을 추상화한 개념은 상대적으로 객관적이라 할 수 있는데 특정 개념이 단어로 기호화되면 이는 의사소통에 사용된다. 이러한 개념의 형성 및 사용이 이루어지기 위해서는 실세계가 상념화될 경우에는 지각 작용28)이, 상념이 개념화될 경우에는 추상 작용29)이, 개념이 낱말로 될 경우에는 어휘화 작용30)이 일어나게 되는데 여기서 상념은 인식론에서 다루는 사물이나 현상에 대한 사고의 층위이고 개념은 개념론에서 다루는 심리학적 층위이며 낱말은 어휘론에서 다루는 언어학적 층위이다. 위의 <그림 II-1>에서 실세계에 가까울수록 비언어적이고 낱말에 가까울수록 언어적이라 볼 수 있다. 따라서 개념은 인식론과 의미론 즉, 인지와 언어의 중간 정도에 위치하여 이들과 밀접한 관계를 지니는데 이 개념은 낱말의 의미를 형성하는 토대로 작용하게 된다.

이러한 개념은 범주화와 밀접한 관련성을 지니는데 이 범주화는 다양성 속에서 유사성을 파악하는 능력으로 우리가 경험하는 사물이나 현상을 낱말이라는 언어 단위로 분류하여 이해하는 방식을 뜻한다. 따라서 인간은 어떤 사물을 보고 추론하거나 어떤 행동을 하고 사건을 경험하는 경우에 범주화를 수행하는데 그 범주화의 결과로 얻어지는 것이 범주이다. 이러한 범주는 일반적으로 개념의 표상이라 할 수 있는 낱말로 나타내기에 낱말의 의미와 개념은 동일한 것으로 간주할 수 있다.

---

28) 여기서 지각 작용은 시각에 의한 단순한 작용만을 가리키는 것이 아니라 오감을 포함한 포괄적인 경험을 의미한다. 이와 관련하여 인지언어학에서는 지각을 보는 것에만 국한하지 않는데 스윗처(Sweetser, 1990: 13)는 인간은 경험을 통해 실세계에 접근하는바 이러한 경험은 본질적으로 신체적이라 하였다.

29) 추상 작용은 형식의미론의 성립에 중요한 근거를 제공하는데 인지언어학에서 이 추상 작용은 개념화와 동일시된다.

30) 어휘화 작용은 실세계에 대한 추상적인 인식 작용을 거쳐 형성된 개념이 기호화되는 과정을 일컫는다.

그럼 아래에 이러한 개념의 제반 특성에 대해 살펴보기로 한다.

## 1.1.2. 개념의 특성

앞서 논의한 개념에 대해 김봉주(1988: 44-50)는 그 특성으로 정수성(精髓性), 군집성(群集性), 대표성, 부정성(不定性), 객관성, 보편성 및 특수성을 들었는데 아래에 이들 각각의 특성에 대해 알아보기로 한다.

먼저, 개념의 정수성과 관련하여 개념은 한 부류의 대상들에서 그 이질적 징표들을 제외하고 동질적 징표들만을 추상화하여 형성된 것이라는 점에서 정수적이라 하였는데 이는 역으로 말하면 특정 개념이 최대한으로 추상화된다고 해도 가장 근본적인 정수는 남아 있다고 보는 견해로 이는 외연의 그 어떤 대상이든 모두 최대공약수를 가지고 있다는 수학적 사실과 같은 것이다. 여기서 개념의 가장 기본이 되는 징표는 그 개념이 형성될 때 부여되는 것으로 일차적이라 할 수 있다. 또한, 하나의 개념이 형성되었다는 것은 그 개념이 기호화되었음을 뜻하는데 이러한 기호화된 개념은 사회성을 지니고 전수되기에 원칙상 불변적이고 고정된 것으로 간주한다.[31] 따라서 개념의 고정된 내포와 외연은 정의의 대상이자 기준이 되는 관계로 그 개념의 핵심이 된다고 볼 수 있는데 예컨대, 개념 '나무'가 지시하는 모든 외연들을 포괄할 수 있는 고정된 내포인 공통적 징표는 '가지가 달린 구조물' 정도로 설정할 수 있다는 것이다.

이와 같은 개념의 정수성에 대한 논의는 개념을 관찰·분석함에 있어서 그것의 모든 외연에 공통으로 포함되는 속성들을 바탕으로 하는 추상적인 원형의 개념을 설정할 필요가 있고 또 이에 기준하여 개념의 구조를

---

31) 이러한 개념은 상념들의 추상화 과정을 거쳐 형성된다고 볼 수 있는데 일반적으로 개념이 기호화되면 그것은 낱말로 표현할 수 있고 개념이 기호화되지 않으면 그것은 인간의 머릿속에만 존재하는 것으로 간주한다.

파악할 수 있음을 시사한다.

다음, 개념의 군집성과 관련하여 개념은 외연 대상들의 집합과 내포 징표들의 총합으로 이루어져 있기 때문에 그 자체로 군집을 이루고 있는 것으로 볼 수 있다. 이러한 개념은 언어 운용에서 그 각각의 대상과 징표에 의해 구체적인 의미로 실현되므로 그 효용성이 매우 크다. 이처럼 특정 개념이 다양한 문맥에 사용되어 그 개념이 기호화된 낱말이 여러 의미를 지니게 되는 것은 바로 그 개념의 군집성에서 비롯되는 것이라 할 수 있다.32)

또한, 개념이 보편성을 지닐 수 있는 것은 개념 자체가 동일한 징표들을 추상화하여 형성된 것이고 그 추상화의 행위는 사람들마다 서로 유사하기에 가능하다는 것이다.33) 이 개념의 보편성은 언어의 보편성으로 나타나게 되는데 이는 인간의 사고와 관련하여 우리의 시각 및 심리 작용이 대체적으로 유사하다는 사실을 보여 준다.

그리고 개념의 대표성과 관련하여 개념은 특정 부류의 수많은 대상들로부터 추상화된 것으로 그 개념은 추상화의 근원이 되는 대상들을 대표한다고 볼 수 있는데 이 대표성은 바꾸어 말하면 상징성이라 할 수 있다. 따라서 낱말은 상징적인 표현 수단이 되는데 일반적으로 특정 낱말은 어떤 구체적인 대상을 가리키는 것이 아니라 단지 어떤 집합체를 추상적으로 대표할 따름이다. 즉, 낱말은 하나의 추상적인 상징이지 구체적인 사물이 아니므로 이러한 대표적인 성격의 개념을 포함하는 언어는 대상 세계의 세세한 부분까지 일일이 표현하지 못하고 개략적으로 표현할 수밖에

---

32) 개념의 군집성은 의미론적 입장에서는 다의성으로 볼 수 있고 개념론적 입장에서는 동일 속성들을 지닌 모든 대상이 같은 부류에 속하게 되어 하나의 범주로 묶이는 현상으로 간주할 수 있다.

33) 이와 관련하여 한국어의 표현 '강의 입구'를 중국어에서는 '하구(河口)'로 영어에서는 'the mouth of a river'로 표현할 수 있는데 이들 표현에서 세 언어는 공통적으로 '입, 口, mouth'와 같이 동일한 개념을 나타내는 낱말을 사용하고 있다. 이는 인간이 하나의 사물이나 현상을 언어화함에 있어 서로 같거나 유사한 개념의 낱말을 사용하려는 심리가 작용하기 때문으로 볼 수 있다.

없다는 것이다.

개념의 또 다른 특성인 부정성(不定性)에 관련하여 개념은 부정수(不定數)의 외연(denotation)과 부정량(不定量)의 내포(connotation)로 구성되는데 이 둘은 수적으로나 양적으로 고정되어 있지 않다는 것이다. 즉, 개념의 외연과 내포가 부정성을 지니는 관계로 말미암아 개념은 모호한 존재가 되는데[34] 이 모호한 개념은 구체적인 문맥에 사용되면서 특정 낱말의 의미로 된다는 것이다.

마지막으로 개념은 앞서 논의한 바와 같이 보편성이 있기에 그 응용성 또한 매우 크다고 할 수 있는데 개념은 인간이 자신들의 언어활동을 원활히 수행하기 위해 만드는 것으로 이는 최소한의 노력으로 최대한의 능률을 낼 수 있는 방식으로 발달되어 왔다. 그러므로 개념의 존재론적 가치는 이를 대상 세계의 묘사에 유연하게 사용하는 데에 있는데 이러한 개념을 응용하는 방식에는 주로 은유가 있다. 이 은유에 대한 구체적인 사항은 본 장의 3절에서 논의하기로 한다.

이상으로 개념의 다양한 특성에 대해 언급하였는데 이러한 특성을 지닌 개념은 낱말 의미의 토대가 된다고 할 수 있다. 그렇다면 아래에서는 이러한 개념과 낱말 의미 간의 관련성에 대해 살펴보고자 하는데 이에 앞서 먼저, 낱말 의미에 대한 정의를 알아보고 다음, 위에서 언급한 개념에 대한 논의를 바탕으로 개념과 낱말 의미 간의 관계를 설정하기로 한다.

---

34) 이러한 개념의 모호성은 개념 내적 모호성뿐만 아니라 개념 간 구분의 모호성도 포함하는데 이는 개념의 경계와 관련된 문제로 하나의 개념이 끝나는 지점과 다른 하나의 개념이 시작되는 지점을 정확히 구분하기 어렵다는 점에서 개념의 경계는 분명하지 않다고 할 수 있다. 예컨대, 파란색과 초록색의 경계가 어디이고 컵과 머그잔의 경계가 어디이며 과일과 채소의 경계가 어디인지를 분명히 하는 일은 결코 쉽지 않다.

## 1.2. 개념과 낱말 의미의 상관성

의미에 대한 탐구는 철학, 심리학, 언어학 분야에서 지속적으로 이루어져 왔는데 여기서는 언어학적 관점의 의미에 대해서만 논의하기로 한다. 언어는 기호로 이루어진 일종의 상징체계로서 고유한 의미를 지니는데 그 의미에 대한 연구는 언어 연구에서 가장 기본적인 것이 된다. 이러한 언어 의미는 언어 단위에 따라 낱말 의미, 문장 의미, 발화 의미로 구분할 수 있는데 아래에서는 낱말 의미에 국한하여 그 논의를 진행하고자 한다.

낱말의 의미를 제대로 파악하기 위해서는 우선 기존의 낱말 의미에 대한 정의부터 살펴볼 필요가 있다. 이와 관련하여 의미에 대한 접근법은 크게 외연적(extensional) 관점과 내포적(intensional) 관점으로 구분할 수 있는데 전자는 낱말이 언어적이고 행태적(行態的)인 문맥 속에서 어떻게 사용되는지에 초점을 맞추고 후자는 언어 단위의 개념 구조에 초점을 맞춘다는 점에서 차이가 있다. 먼저, 의미에 대한 외연적 정의의 한 예로 오그덴과 리차즈(Ogden & Richards, 1923: 186-7)의 의미에 대한 지시적 정의를 들 수 있는데 여기서는 의미를 모두 3류 16종 23항으로 구분하여 제시하고 이들 중 언어기호의 의미는 그 기호 사용자나 해석자가 실제로 지시하거나 지시하고 있다고 스스로 믿는 것으로 간주한다.

이러한 정의는 언어 의미의 지시적 측면을 강조한 것으로 이는 의미의 기초가 되는 개념의 외연에 치우친 결과라 할 수 있다. 따라서 의미에 대한 지시적 정의에 의해 나타나는 지시적 의미(referential meaning)는 특정 낱말의 모든 의미 유형을 대신할 수 없는데 이는 낱말의 의미에 지시적 의미 외에도 개념의 내포에 따른 다양한 개념적 내용들이 들어 있기 때문이다. 그러므로 낱말의 의미를 전체적으로 조망하기 위해서는 그 지시적 측면뿐만 아니라 내포적 측면까지 포괄하는 것이 마땅하다.

다음, 의미에 대한 내포적 정의는 의미의 유형을 구분해 내는 방식으로 이루어지는데 이와 관련하여 리치(Leech, 1974)는 의미의 유형을 개념적 의미, 내포적 의미, 문체적 의미, 감정적 의미, 반사적 의미, 연어적 의미, 주제적 의미와 같이 7가지로 구분하였다. 여기서 낱말의 의미를 정의하는 데에 필수적인 의미 유형은 개념적 의미와 내포적 의미라 할 수 있는데 이들은 특정 낱말의 고유한 의미 유형으로 간주하고 그 외의 의미 유형들은 구체적인 문맥에서 형성되는 것으로 간주하기에 상대적으로 가변성을 띤다고 할 수 있다.

이처럼 언어의 의미를 지시의 일종으로 보는 관점과 의미 유형으로 구분하여 보는 관점은 그 의미의 기초가 되는 개념의 외연과 내포 중 하나의 측면만을 강조한다는 점에서 문제가 된다. 따라서 낱말의 의미를 포괄적으로 정의하려면 이 두 가지의 관점을 결합할 필요가 있는데 이와 관련하여 여기서는 낱말의 의미를 원형 범주로 간주하는 원형 범주화의 관점을 채택하고자 한다. 원형 범주화에 의하면 한 낱말의 의미는 그 원형의미를 중심으로 방사상의 형태로 구조화되는데 이 원형의미는 일반적으로 낱말의 기본의미를 일컫는 용어로 사용되나 여기서는 앞서 논의한 개념의 추상적인 특성에 비추어 원형의미를 구체적인 의미가 아닌 추상적인 의미로 보고자 한다. 즉, 낱말의 의미를 그 추상적인 원형의미와의 유사성에 의해 범주화되는 구체적인 의미들의 통일체로 간주한다.

요컨대, 인간은 대상 세계를 지각하고 인식하기 위해 개개의 대상을 개별적으로 파악한다기보다는 유사한 것들을 하나의 범주로 묶어 포괄적으로 파악하려는 경향이 있다. 따라서 서로 유사한 사물, 사건, 상태들을 언어로 표현할 경우에 동일한 낱말을 사용하는 것은 유한한 수의 낱말로 무한한 수의 대상 세계를 묘사하기 위한 경제적인 인지 책략이라 할 수 있다.

## 2. 다의 범주의 내적 구조와 인지적 특성

### 2.1. 다의 범주의 내적 구조

하나의 낱말이 둘 이상의 의미를 지니는 경우에 그 의미들이 어떤 모습으로 구조화되어 있는지를 밝히는 일은 매우 중요하다. 그러나 기존의 사전에서는 다의어의 의미들을 유기적인 관계에 의해 제시하지 않고 있기에 이들 의미 간의 관련성을 파악하기가 쉽지 않다. 따라서 다의어의 의미들을 제대로 이해하기 위해서는 그 의미구조에 대한 이해가 선행되어야 하는데 이와 관련하여 다의어의 의미구조를 바라보는 입장은 고전주의와 인지주의에 큰 차이가 있다. 곧, 고전주의는 '핵의미 구조'를 인정하는 반면에 인지주의는 원형이론을 바탕으로 '의미연쇄 구조'와 '의미망 구조'를 인정한다.[35] 그럼 아래에 이 세 가지 의미구조의 성격에 대해 구체적으로 알아보기로 한다.

### 2.1.1. 핵의미 구조

'핵의미 구조'는 다의 범주에 속하는 모든 구성원들이 '핵의미'(core meaning)를 공유하고 있다는 생각이다. 이는 한 낱말의 여러 의미들로부터 핵의미를 추출하고 이를 바탕으로 의미의 확장 현상을 설명하려는 것이다. 다의어의 모든 의미들이 하나의 핵의미를 공유해야 한다는 요건은 구성원의 필요충분조건의 집합에 의한 '고전범주화'[36]의 모형에서 유래한다. 다의어의 핵의미 구조는 아래와 같이 나타낼 수 있다.

---

35) 다의어의 의미구조에 대한 자세한 논의는 임지룡(1996)을 참조할 수 있다.
36) '고전범주화'의 기본 원리를 요약하면 범주는 필요충분 자질의 집합이고 분명한 경계를 가지며 그 구성원은 동등한 자격을 지닌다는 것인데 다의어의 '핵의미 구조'는 이들 중 '필요충분 자질의 집합'과 관련된 개념이라 할 수 있다(임지룡 1993: 43-5).

$a^1$, $a^2$, $a^3$, $a^4$ ……

위에서 a는 다의어의 여러 의미들에 공통적으로 존재하는 의미 요소인 핵의미를 뜻하고, $a^1$, $a^2$, $a^3$, $a^4$ 는 이 핵의미를 바탕으로 서로 다른 의미 자질들이 추가되어 형성된 구체적인 의미들을 뜻한다. 이러한 핵의미 구조를 확인하기 위해 한국어 명사 '머리'를 예로 들어 보자. 먼저, 명사 '머리'의 사전적 의미를 보이면 다음과 같다.[37]

(1) 사람이나 동물의 목 위의 부분. '머리를 긁다.'
(2) 생각하고 판단하는 능력. '머리가 뛰어나다.'
(3) 머리털. '머리를 기르다.'
(4) 한자에서 글자의 윗부분에 있는 부수. '家', '花'에서 '宀', '艹' 따위.
(5) 단체의 우두머리. '우리 모임의 머리 노릇을 하고 있다.'
(6) 사물의 앞이나 위를 비유적으로 이르는 말. '기차의 머리'
(7) 일의 시작이나 처음을 비유적으로 이르는 말. '머리도 끝도 없이 일이 뒤죽박죽이 되었다.'
(8) 어떤 때가 시작될 무렵을 비유적으로 이르는 말. '해질 머리'
(9) 한쪽 옆이나 가장자리. '한 머리에서는 장구를 치고 또 한 머리에서는 징을 두드려 대고 있었다.'
(10) 일의 한 차례나 한 판을 비유적으로 이르는 말. '한 머리 태풍이 지나고 햇빛이 비쳤다.'
(11) 『음악』=음표 머리.

여기서 제시된 '머리'의 사전적 의미를 바탕으로 이들 의미에 공통되는 핵의미가 존재한다고 가정하면 그것은 '어떤 대상의 위나 앞을 지칭하는 것'으로 볼 수 있다. 그리고 위의 (1-11)의 구체적인 의미들은 모두 이 핵

---

37) 여기서 낱말의 사전적 의미를 제시하기 위해 참조한 사전은 <표준국어대사전>임을 밝혀 둔다.

의미에 구체적인 문맥이 적용되면서 형성된 것이다. 이처럼 낱말의 핵의
미 구조는 명사에서뿐만 아니라 동사에서도 나타나는데 그 예로 동사
'주다'의 의미를 살펴보기로 한다. 먼저, 그 사전적 의미를 보이면 다음과
같다.

> (1) 물건 따위를 남에게 건네어 가지거나 누리게 하다. '아이에게 용돈을
>     주다.'
> (2) 시간 따위를 남에게 허락하여 가지거나 누리게 하다. '시간을 주다.'
> (3) 남에게 어떤 자격이나 권리, 점수 따위를 가지게 하다. '외국인에게
>     투표권을 주다.'
> (4) 남에게 어떤 역할 따위를 가지게 하다. '너에게 중요한 임무를 주겠다.'
> (5) 남에게 어떤 일이나 감정을 겪게 하거나 느끼게 하다. '고통을 주다.'
> (6) 실이나 줄 따위를 풀리는 쪽으로 더 풀어내다. '연줄을 더 많이 줘라.'
> (7) 남에게 경고, 암시 따위를 하여 어떤 내용을 알 수 있게 하다. '주의
>     를 주다.'
> (8) 시선이나 관심 따위를 어떤 곳으로 향하다. '눈길을 주다.'
> (9) 주사나 침 따위를 놓다. '엉덩이에 주사를 주다.'
> (10) 속력이나 힘 따위를 내다. '손에 힘을 더 줘라.'
> (11) 다른 사람에게 정이나 마음을 베풀거나 터놓다. '정을 주다.'

여기서도 마찬가지로 동사 '주다'에 핵심의미가 존재한다면 그 의미를
'한 사물이 한 곳에서 다른 곳으로 옮겨감'으로 설정할 수 있는데 이러한
추상적인 핵심의미는 해당 동사의 대상의 성격에 따라 서로 관련된 구체
적인 의미로 실현된다. 즉, 가장 기본적인 의미로 쓰인 '용돈을 주다'에서
동사 '주다'는 그 대상으로 구체적인 사물이 선택되었는데 이 경우 '용돈'
은 한 사람의 소유에서 다른 사람의 소유로 되어 그 소유주에 변화가 나
타난 것으로 볼 수 있다. 또한, '정을 주다'와 같이 동사 '주다'의 대상이
추상적인 '정'의 경우도 그 이동 대상인 '정'이 한 사람의 소유에서 다른

사람의 소유로 옮겨가 그 소유주에 변화가 나타난 것으로 볼 수 있다.

요컨대, 핵심의미는 추상도가 높은 개념으로 일부 다의어는 핵의미 구조를 지니는 것으로 보이나 다의화의 과정 중에서 초기 단계는 핵심의미를 바탕으로 진행되다가 어느 단계에 이르러서는 핵심의미로 포괄할 수 없는 경우가 나타나는데 이 경우에 다의어는 연쇄의 방식으로 확장된다(임지룡 1996: 244). 그럼 아래에 다의어의 의미연쇄 구조에 대해 알아보기로 한다.

### 2.1.2. 의미연쇄 구조

'의미연쇄 구조'란 다의어가 '의미연쇄'(meaning chain)에 의해 구조화되어 있음을 말한다. 의미연쇄의 개념은 비트겐슈타인(Wittgenstein, 1953)의 '가족 유사성'[38]의 은유와 일치하는데 그 구조를 아래와 같이 나타낼 수 있다.

$$A(abc) \rightarrow B(bcd) \rightarrow C(cde) \rightarrow D(def) \ ......$$

이는 인접 요소끼리 공통요소를 가지지만 전체를 망라하는 의미의 핵은 존재하지 않는다는 생각이다.[39] 이는 고전범주화에 대응되는 원형범주화의 방식이기도 하다. 이와 관련하여 홍사만(1985: 67-71)은 '손'의 다의적인 의미를 연쇄적으로 풀이한 바 있다.

---

38) '가족 유사성'(family resemblance)은 가족들 사이에 체격, 용모, 눈색깔, 걸음걸이, 기질 등에서 다양한 유사성이 존재하지만 가족 구성원들이 특정한 자질들을 모두 공유하는 것이 아니라 그들 중 몇몇 자질만이 중첩되고 교차된다는 것이다.

39) 극단적으로 영어의 'sanction'은 하나의 표제 아래 'permission, authorization'(허가)와 'prohibition, embargo'(금지)라는 모순적인 의미가 공존하고 'fast'는 빠른 동작(He ran fast; 그는 빨리 달렸다)을 나타내기도 하지만 동작의 부재(Hold fast: 꽉 잡아라)를 나타내기도 한다(테일러, Taylor 1995: 120).

 (1) 사람의 팔목 끝에 달린 부분. '손과 발'
 (2) 일손 곧 사람. '손이 달리다.'
 (3) 마음. '손이 맞다.'
 (4) 아량. '손이 크다.'

 여기서 명사 '손'은 '손→ 일손→ 마음→ 아량'의 연쇄 구조를 나타낸다. 즉, 다의어 '손'은 그 기본의미인 '사람의 손'을 기준으로 '일손', '마음', '아량'과 같이 그 의미가 순차적으로 확장된다고 볼 수 있다.

 이처럼 원형이론에 의한 의미연쇄는 다의어의 구조를 설명하는 데에 많은 이점이 있으나 다의어의 의미구조가 모두 이 의미연쇄에 의해 조직되었다고 볼 수는 없다. 또한, 의미연쇄 구조가 본질적으로 범주의 한계를 규정하는 것도 곤란하다. 따라서 다의어의 핵의미 구조와 의미연쇄 구조의 대안으로 나타난 것이 바로 의미망 구조이다.

### 2.1.3. 의미망 구조

 '의미망 구조'란 한 낱말의 다의들이 서로 관련된 '의미망'(semantic network)으로 구조화되어 있음을 뜻한다. 이 의미망 구조에 대해 래내커(Langacker 1987: 372-3)는 다의관계의 전형적 의미가 원형이고 이를 시작으로 그 의미가 확장되며 이러한 원형의미와 확장의미를 추상화한 것이 도식이라 하였다. 이러한 망의 기본 구조도는 확장과 도식의 순환 작용에 의해 보다 복잡한 망으로 확대된다.

 이러한 다의어의 의미망 구조를 확인하기 위해 임지룡(1996: 247-8)은 동사 '가다'의 의미를 분석하였는데 그 다의적인 용법을 다음과 같이 제시하였다.

 (1) 학생이 학교에 간다.

(2) 소가 간다.

(3) 새가 앉았다 간다.

(4) 기차가 간다.

(5) 시간이 간다.

(6) 동정이 간다.

(7) 판단이 간다.

(8) 맛이 간다.

(9) 결심이 오래 간다.

여기서 (1)은 동사 '가다'의 원형의미로 사람이 두 발로 이동하는 것인데 이 의미는 확장을 거쳐서 네 단계의 도식을 이룬다. 첫째, 원형의미인 (1)을 바탕으로 의미 (2)와 (3)으로 확장되는데 (2)의 사지동물은 네 발로 이동하고 (3)의 날짐승은 두 발 및 날개로 이동한다. 이들은 모두 동물의 이동으로 도식화된다. 둘째, 동물의 이동을 바탕으로 (4)의 동력에 의한 차량의 이동으로 확장되는데 이는 구체적 대상의 이동으로 도식화된다. 셋째, 구체적 대상의 이동을 바탕으로 (5)의 시간적 이동과 (6), (7)의 추상적 이동으로 확장되는데 이는 동작으로 도식화된다. 넷째, 동작을 바탕으로 (8), (9)의 상태의 이동으로 확장되는데 이는 이동으로 도식화된다.

이 의미망 구조는 수직적으로 보면 구체적인 층위에서 추상적인 층위에 이르기까지 계층구조를 이룬다. 여기서 가장 상위 층위의 도식인 이동에 초점을 맞추면 핵의미 구조가 되고 가장 구체적인 층위의 용법에 초점을 맞추면 의미연쇄 구조가 된다. 그리고 다의어의 의미망 구조는 이러한 핵의미 구조와 의미연쇄 구조의 장점을 취하고 한계를 보완하는 것인데 즉, 원형을 중심으로 한 확장은 의미연쇄 구조의 방식을 취한 것이고 그 확장을 추상화한 도식은 핵의미 구조의 방식을 취한 것이라 할 수 있다.

요컨대, 다의어는 사전상의 순차적 배열이 아니라 한결 유기적인 방식으로 구조화되어 있고 그 구조 모형으로 핵의미 구조, 의미연쇄 구조, 의미망 구조를 들 수 있는데 이들 중 의미망 구조가 보다 설명력이 높다고 하겠다.

## 2.2. 다의 범주의 비대칭성

자연 범주에 그 중심적 구성원과 주변적 구성원이 존재하듯이 다의 범주에도 그 구성원들 간에 비대칭성이 존재한다. 이는 기본의미와 비기본의미가 구조적, 빈도적, 인지적으로 그 성질이 다름을 뜻하는데 기본의미가 무표적인 것에 비해 비기본의미는 유표적이다. 그럼 아래에 이러한 다의 범주의 비대칭성을 구조적, 빈도적, 인지적 측면으로 나누어 살펴보고자 한다.

### 2.2.1. 구조적 비대칭성

다의어의 기본의미와 비기본의미 간에는 '구조적 비대칭성'(structural asymtry)이 존재하는데 이러한 구조적 비대칭성은 형태적으로나 통사적으로 기본의미는 중립적이나 비기본의미는 여러 가지 제약이 있음을 뜻한다. 여기서는 이러한 형태적, 통사적 제약에 대해 알아보기로 한다.

먼저, 다의 간의 형태론적 제약을 보이기 위해 복합어의 생성 과정을 살펴보기로 한다.

파생어는 특정 어근에 파생접사가 결합하여 형성된 복합어로 이 파생어의 의미 형성에서 어근의 의미는 핵심적인 역할을 하는데 만약 이러한 어근이 여러 가지 의미를 지니고 있어 다의성을 띠는 경우 이들 의미들 중에서 어떤 의미가 파생어의 의미 형성에 참여하는지를 확인할 필요가 있다. 아래에 이를 보이기 위해 동사 '죽다'의 어간인 '죽-'을 어근으로 하고 여기에 명사 파생접사 '-음'이 결합하여 형성된 파생명사 '죽음'의 경우를 예로 들어 설명하도록 한다.

파생어 '죽음'의 어근인 '죽-'은 사전기술상 다음과 같이 여러 가지 의미를 지니고 있다.40)

    (1) 생명이 없어지거나 끊어지다.
    (2) 불 따위가 타거나 비치지 아니한 상태에 있다.
    (3) 본래 가지고 있던 색깔이나 특징 따위가 변하여 드러나지 아니하다.
    (4) 성질이나 기운 따위가 꺾이다.
    (5) 마음이나 의식 속에 남아 있지 못하고 잊히다.
    (6) 움직이던 물체가 멈추어 제 기능을 하지 못하다.
    (7) 경기나 놀이 따위에서, 상대편에게 잡혀 제 기능을 하지 못하다.
    (8) 글이나 말 또는 어떤 현상의 효력 따위가 현실과 동떨어져 생동성을
       잃다.
    (9) 상대편에게 으름장을 놓거나 상대편을 위협하는 말.
    (10) (주로 '죽도록', '죽어라 (하고)', '죽자고' 따위의 꼴로 쓰여) 있는 힘
       을 다한다는 뜻을 이르는 말.
    (11) (은어로) 감옥에 가다.

위와 같이 동사 '죽다'는 총 11가지의 의미로 사용되는데 이러한 다의적인 동사 '죽다'와 파생접사 '-음'이 결합하여 형성된 파생명사 '죽음'은 '죽는 일 또는 생물의 생명이 없어지는 현상'을 의미한다. 이러한 파생어의 의미 형성에 참여하는 어근 '죽-'의 의미는 오직 위의 (1)에 해당하는 '생명이 없어지거나 끊어지다'로 볼 수 있다. 즉, 파생어 형성에 참여하는 어근의 의미는 그 기본의미가 유일하다는 것이다. 역으로 표현하면 파생어를 형성하는 어근의 확장의미는 일반적으로 그 의미 형성에 참여하지

---

40) 동사 '죽다'는 본동사로 쓰이는 의미 이외에도 보조동사로 쓰이게 될 경우 형용사 뒤에서 '-어 죽다'의 구성으로 쓰여 '앞말이 뜻하는 상태나 느낌의 정도가 매우 심함'을 나타내는데 여기서는 본동사로의 쓰임에 국한하기로 한다.

않는다는 것이다.

이와 유사하게 합성어 형성에서도 특정 어근의 여러 의미들 중 그 기본 의미가 합성어의 의미에 반영되는 경우가 존재한다. 이를 보이기 위해 명사 '집'의 경우를 예로 드는데 그 사전 의미는 다음과 같다.

(1) 사람이나 동물이 추위, 더위, 비바람 따위를 막고 그 속에 들어 살기 위하여 지은 건물.
(2) (수량을 나타내는 말 뒤에 쓰여) 사람이나 동물이 살기 위하여 지은 건물의 수효를 세는 단위.
(3) 가정을 이루고 생활하는 집안.
(4) 칼, 벼루, 총 따위를 끼거나 담아 둘 수 있게 만든 것.
(5) 『운동』 화투나 마작 따위의 놀이에서 어느 한편을 이르는 말.
(6) 『운동』 바둑에서, 자기 돌로 에워싸 상대편 돌이 들어올 수 없게 한, 바둑판의 빈자리.
(7) 『운동』 (수량을 나타내는 말 뒤에 쓰여) 바둑에서, 자기 돌로 에워싸 상대편 돌이 들어올 수 없게 한 빈자리를 세는 단위.
(8) ('우리 집에서', '집에서' 꼴로 쓰여) 집사람.
(9) (일부 명사 뒤에 붙어) 물건을 팔거나 영업을 하는 가게를 나타내는 말.
(10) (일부 명사 뒤에 붙어) '택호'를 나타내는 말.

위와 같이 명사 '집'은 사전기술상 총 10가지의 의미로 구분되는데 해당 명사가 포함되는 합성어의 예를 들어 보면 다음과 같은 것들이 있다.

ㄱ. 초가집, 벽돌집, 흙집, 풀집, 새집, 닭집, 개집…
ㄴ. 갈빗집, 고깃집, 꽃집, 피자집, 중국집, 일식집…

위의 명사 '집'이 포함된 합성명사들 중에서 (ㄱ)은 '집'의 사전 의미들 중 (1)에 해당하는 '사람이나 동물이 추위, 더위, 비바람 따위를 막고 그 속에 들어 살기 위하여 지은 건물'의 의미가 반영된 것이고 (ㄴ)은 '집'의 사전 의미들 중 (9)에 해당하는 '물건을 팔거나 영업을 하는 가게'의 의미가 반영된 것으로 볼 수 있다.[41] 즉, 합성어의 의미 형성에 그 구성 요소의 전체 의미가 아닌 매우 제한된 의미만이 참여함을 알 수 있다.

요컨대, 다의성을 띤 낱말이 파생어나 합성어의 형성에 참여할 경우 해당 낱말의 기본의미가 다른 의미에 비해 우선적으로 사용되는 경향이 있다는 것이다. 이는 다의어의 여러 의미가 형태론적 구성에 있어 서로 다른 위치에 있음을 보여 주는 근거라 할 수 있다.

다음, 다의 간의 통사론적 제약에 대해 알아보기로 한다.

일반적으로 다의어는 기본의미로 쓰이는 경우보다 비기본의미로 쓰이는 경우에 여러 가지 공기제약을 받는다. 그 예로 명사 '얼굴'의 경우를 보면 이 낱말은 사전기술상 다음과 같은 여러 의미를 지니고 있다.

(1) 눈, 코, 입이 있는 머리의 앞면.
(2) 머리 앞면의 전체적 윤곽이나 생김새.
(3) 주위에 잘 알려져서 얻은 평판이나 명예. 또는 체면.
(4) 어떤 심리 상태가 나타난 형색.
(5) 어떤 분야에 활동하는 사람.
(6) 어떤 사물의 진면목을 단적으로 보여 주는 대표적 표상.

이상의 명사 '얼굴'의 사전의미들 중에서 (1-2)를 기본의미로 볼 수 있고 나머지 (3-6)은 확장의미라 할 수 있는데 기본의미로 사용되는 '얼굴'의 경우는 그 앞뒤에 다른 어휘가 결합하지 않아도 그 의미가 독립적으로

---

41) 사실상 명사 '집'의 사전 의미들을 살펴보면 이들 의미는 전체적으로 하나의 의미로 통합할 수 있는 가능성이 보이는데 즉, 그 의미를 '사람이나 동물 그리고 사물을 보호하기 위하여 만든 공간' 정도로 기술할 수 있을 듯하다. 만약 이렇게 하나의 의미로 통합이 가능하다면 이를 바탕으로 명사 '집'이 포함된 그 어떤 합성명사의 의미도 쉽게 유추해 낼 수 있을 것이다.

드러날 수 있는 데에 비해 비기본의미로 사용되는 '얼굴'의 경우는 그 앞뒤에 반드시 일정한 어휘가 결합되어야만 해당 의미가 드러나게 된다. 이러한 예들을 보이면 다음과 같은 것들이 있다.

① 체면을 나타내는 경우: 얼굴을 세우다, 얼굴을 팔다, 얼굴을 알리다, 얼굴을 들 수가 없다, 얼굴에 먹칠하다.
② 형색을 나타내는 경우: 기쁨에 충만한 얼굴, 생각에 깊이 잠긴 얼굴, 겁에 질린 얼굴, 실망한 얼굴, 심각한 얼굴.
③ 어떤 분야에 활동하는 사람을 나타내는 경우: 문단의 새 얼굴, 새로운 얼굴이 회장으로 선출되다.
④ 사물의 대표적 표상을 나타내는 경우: 돌·바람·여자는 제주도의 얼굴이다. 고려청자는 고려시대 문화재의 대표적 얼굴이다.

위와 같이 명사 '얼굴'이 비기본의미로 쓰이는 경우에 다른 낱말과 결합하여야만 해당 의미가 나타나게 된다. 구체적으로 '체면'의 의미를 나타내는 '얼굴'의 경우 '얼굴을 세우다, 얼굴을 팔다, 얼굴을 들 수가 없다'와 같이 그 뒤에 동사나 동사가 포함된 구의 형태가 따라야만 그 의미가 실현된다고 할 수 있다. 이와 유사하게 '형색', '특정 분야에 종사하는 사람', '대표적 표상'의 의미를 나타내는 '얼굴'도 그 앞에 수식어나 수식어구가 와야만 해당 의미가 실현될 수 있다. 즉, 비기본의미로 사용되는 '얼굴'은 제한된 부류의 낱말과만 결합하는 특성을 보인다.

이와 마찬가지로 동사도 그 비기본의미로 사용되는 경우에 공기제약을 보이는데 동사 '서다'를 예로 들면 이는 사전기술상 다음과 같은 의미들을 지니고 있다.

(1) 사람이나 동물이 발을 땅에 대고 다리를 쭉 뻗으며 몸을 곧게 하다.

(2) 처져 있던 것이 똑바로 위를 향하여 곧게 되다.

(3) 계획, 결심, 자신감 따위가 마음속에 이루어지다.

(4) 무딘 것이 날카롭게 되다.

(5) 질서나 체계, 규율 따위가 올바르게 있게 되거나 짜이다.

(6) 아이가 배 속에 생기다.

(7) 줄이나 주름 따위가 두드러지게 생기다.

(8) 물품을 생산하는 기계 따위가 작동이 멈추다.

(9) 남자의 성기가 발기되다.

(10) 부피를 가진 어떤 물체가 땅 위에 수직의 상태로 있게 되다.

(11) 나라나 기관 따위가 처음으로 이루어지다.

(12) 어떤 곳에서 다른 곳으로 가던 대상이 어느 한 곳에서 멈추다.

(13) 사람이 어떤 위치나 처지에 있게 되거나 놓이다.

(14) 장이나 씨름판 따위가 열리다.

(15) 어떤 모양이나 현상이 이루어져 나타나다.

(16) 체면 따위가 바로 유지되다.

(17) 어떤 역할을 맡아서 하다.

(18) 줄을 짓다.

위의 동사 '서다'의 의미들 중에서 비기본의미인 '처져 있던 것이 똑바로 위를 향하여 곧게 되다'의 의미를 나타내는 '서다'는 '토끼의 귀가 쫑긋 서다', '머리카락이 쭈뼛쭈뼛 서다'와 같이 그 앞에 특정된 명사(구)와 부사(어)가 와야만 해당 의미가 나타난다. 또한, '서다'가 '무딘 것이 날카롭게 되다'의 의미를 나타내는 경우 '칼날이 시퍼렇게 서다'와 같이 역시 그 앞에 특정된 명사(구)와 부사(어)가 결합되어야만 해당 의미가 드러나게 된다. 즉, 동사도 명사와 마찬가지로 비기본의미로 사용되는 경우에 다른 낱말과의 결합에 있어 제약을 나타낸다.[42]

---

42) 다의어가 비기본의미로 사용되는 경우에 나타나는 제약에는 공기제약 외에 다양한 문법 제약도 존재한다. 예컨대, 명사의 경우에는 격조사와의 결합 제약이나 관계절의 표제명 사가 되지 못하는 제약을 들 수 있고 동사의 경우에는 그 활용형이 제한되거나 논항가

　요컨대, 다의어는 기본의미로 사용되는 경우보다 비기본의미로 사용되는 경우에 공기제약을 더 많이 받는 특성을 지니고 있다. 이러한 제약으로 말미암아 비기본의미로 사용되는 다의어의 분포도 자연스럽게 제한을 받게 된다. 이는 다의어의 의미별 빈도의 차이를 가져오는데 아래에서는 이러한 다의어의 빈도적 비대칭성에 대해 알아보기로 한다.

## 2.2.2. 빈도적 비대칭성

　다의어는 그 품사에 관계없이 일반적으로 기본의미의 사용빈도가 가장 높고 비기본의미들은 이에 비해 훨씬 낮은 빈도를 보이는데 이러한 사실을 확인하기 위해 품사별로 각각 하나씩 예를 들어 보기로 한다. 먼저, 명사 '손'의 주요 의미들의 사용률을 살펴보면 다음과 같다.[43)]

<표 Ⅱ-1> 명사 '손'의 의미 항목 및 그 사용률

| '손'의 의미 항목 | 사용률 |
|---|---|
| ① 사람의 팔목 끝에 달린, 무엇을 만지거나 잡거나 할 때 쓰이는 부분. 손을 흔들다. | 82.69% |
| ② 손가락. 손을 꼽다. | 1.93% |
| ③ (일을 함에 있어) 기계가 아닌 사람의 힘. 비상문을 손으로 열다. | 1.22% |
| ④ 어떤 일을 하기 위하여 쓰는 사람의 기능이나 능력. | 1.32% |
| ⑤ 어떤 일을 이루는 힘이나 노력. 그 일은 손이 많이 간다. | 2.24% |
| ⑥ 소유된 상태. 권력을 손에 넣다. | 2.44% |
| ⑦ 지배하는 세력이나 영향력. 이 일은 너의 손에 맡긴다. | 1.83% |
| ⑧ 노동력. 손이 모자라다. | 0.71% |

---

　　즉, 격틀이 달라지는 제약을 들 수 있다. 이에 대한 상세한 논의는 남기심(1995: 166-171)을 참조할 수 있다.

43) 여기서 제시한 낱말의 의미 빈도수는 『한국어 세계화 추진 기반 구축 사업 보고서』(2000) 중 하나인 "한국어교육을 위한 의미 빈도 사전 개발" 분과의 연구 결과물을 참조한 것으로 여기서 낱말의 기본적인 의미 구분은 <연세한국어사전>을 기준으로 하였다.

위에서 명사 '손'의 의미 빈도수를 보면 '손을 흔들다'와 같이 기본의미로 쓰인 경우가 전체 의미의 82.69%를 차지하고 나머지 확장의미들은 모두 1-2% 정도의 낮은 비율을 보인다.

동사의 경우도 비슷한 결과를 보이는데 동사 '가다'는 '집에 가다'와 같이 기본의미가 전체 의미 사용의 64.73%를 차지하고 나머지 확장의미들은 정도의 차이는 있으나 모두 10% 이하의 낮은 사용률을 보인다.

<표 II-2> 동사 '가다'의 의미 항목 및 그 사용률

| '가다'의 의미 항목 | 사용률 |
|---|---|
| ① (한 곳에서 다른 곳으로) 옮겨 움직이다. | 64.73% |
| ② 일을 보기 위해 일정한 장소로 움직이다. | 9.74% |
| ③ 어떤 일을 하려고 있던 곳을 떠나 움직이다. | 6.09% |
| ④ (시간이) 흐르다. 지나다. | 2.83% |
| ⑤ (어떤 표면을 길 삼아서) 움직이다. 이동하다. | 2.68% |
| ⑥ (특정한 조직이나 기관에) 참가하거나 소속되다. | 2.55% |
| ⑦ (어디로) 향하거나 이어지다. | 1.62% |
| ⑧ 결혼을 하다. | 1.22% |
| ⑨ [주로 '가서, 가면'의 꼴로 쓰이어] (어느 때나 지점에) 이르다. | 1.04% |
| ⑩ (어떠한 상태나 사태에) 이르다. | 0.73% |

형용사의 경우도 마찬가지로 형용사 '빠르다'는 '속도가 빠르다'와 같이 기본의미가 전체 의미 사용의 61.43%를 차지하고 '깨달음이 빠르다'와 같은 의미로 사용된 경우는 전체의 23.77%를 차지하여 비교적 높은 사용률을 보이고 있으나 기타 의미들은 모두 10% 이하의 상대적으로 낮은 빈도율을 보인다.

<표 II-3> 형용사 '빠르다'의 의미 항목 및 그 사용률

| '빠르다'의 의미 항목 | 사용률 |
|---|---|
| ① (한 곳에서 다른 곳으로) 움직이는 데 걸리는 시간이 보통보다 짧다. 속도가 높다. | 61.43% |
| ② 어떤 과정이나 일에 시간이 많이 걸리지 않다. 깨달음이 빠르다. | 23.77% |
| ③ (시간적으로) 보통보다 앞서 있다. 승진이 빠르다. | 8.07% |
| ④ (어떠한 일이 일어나기에 때가) 이르다. 아직 단정 짓기는 빠르다. | 0.90% |
| ⑤ 알아차리거나 생각하는 능력이 뛰어나다. 눈치가 빠르다. | 5.38% |

요컨대, 다의적인 낱말은 그 기본의미가 확장의미에 비해 훨씬 많이 사용되는바 이러한 다의어의 빈도적 비대칭성은 자연스럽게 그 인지적 비대칭성으로 이어진다. 그럼 아래에 이러한 다의어의 인지적 비대칭성에 대해 알아보기로 한다.

## 2.2.3. 인지적 비대칭성

다의어의 기본의미와 비기본의미 간에는 '인지적 비대칭성'(cognitive asymmetry)이 존재하는데 기본의미는 비기본의미에 비해 주의력, 정신적 노력, 처리 시간 등에 있어 인지적으로 단순한바 이는 기본의미가 비기본의미보다 더 많이 사용되는 관계로 말미암아 우리의 의식 속에 더 현저히 각인되었기 때문으로 볼 수 있다. 이와 관련하여 래내커(Langacker, 1990: 30)는 아래와 같은 '인지적 현저성의 원리'(cognitive salience principle)를 제시하였는데 이는 다른 조건이 같을 경우에 '인간 > 비인간', '전체 > 부분', '구체적 > 추상적', '시각적 > 비시각적'과 같은 상대적 현저성의 원리가 작용한다고 하였다. 즉, '인간', '전체', '구체적인 것', '가시적인 것'이 '비인간', '부분', '추상적인 것', '비가시적인 것'보다 인지적으로 현저함을 의미한다. 이는 앞서 논의한 바와 같이 다의어의 기본의미가 비기본의미에 비해 구조적 안정성과 높은 사용률을 보이는데 이러한 지각적 현저성

이 인지적 현저성으로 전이된 것이라 볼 수 있다.[44]

실제로 임지룡(1998: 325-328)은 다의어의 인지적 비대칭성을 검증하기 위해 명사 '머리'와 동사 '먹다', 그리고 형용사 '밝다'를 대상으로 단일문 발화 연상 실험을 진행하였는데 이 실험은 초·중·고등학생 및 대학생들에게 이상의 세 낱말을 제시하고 이 실험 대상자들로 하여금 그 낱말이 포함된 가장 먼저 떠오르는 문장을 하나씩 쓰게 하는 방식으로 실시되었다. 그 결과 모든 실험 집단에서 기본의미를 나타내는 문장이 가장 많이 생산됨을 발견할 수 있었다. 이는 기본의미가 비기본의미보다 언중의 머릿속에 보다 빨리 연상되고 인지됨을 보여 주는 근거라 할 수 있다.

이상으로 원형범주로서의 다의어의 비대칭 양상에 대해 살펴보았는데 여기서 다의어의 기본의미는 이른바 문자적 의미로 문맥과 독립적으로 드러나는 의미라 할 수 있고 그 외의 확장의미는 문맥과 결합하여야만 드러나는 은유적 의미라 할 수 있다. 그럼 아래에 이러한 다의 범주의 구성 원리인 개념적 은유에 대해 알아보도록 한다.

---

44) 이와 관련하여 에이치슨(Aitchison, 1994: 51-72)은 범주에 '원형효과'(prototype effect)가 나타난다고 하면서 다음과 같은 근거를 제시하고 있다.

첫째, 언어습득에 있어서 원형이 비원형보다 먼저 습득된다.
둘째, 의미의 저장에 있어서 원형이 비원형보다 머릿속 어휘부의 보다 중심부에 저장된다.
셋째, 범주의 소속을 확인하는 데에 전자가 후자보다 시간이 덜 걸린다.
넷째, '낱말 연상'(word association)이나 '점화'(priming) 과정에서 일차적으로 반응되는 의미는 원형의미이다.
다섯째, 언어장애나 실어증환자의 경우 원형적 보기보다 비원형적 보기에서 더 많은 오류를 보인다.

## 3. 다의 범주의 구성 원리로서의 개념적 은유

### 3.1. 개념적 은유의 개념 및 특성

인지언어학에서는 은유를 한 개념 영역을 다른 개념 영역으로 이해하는 인지 과정으로 간주하는데 이는 우리가 '인생'을 '여행'으로 '논쟁'을 '전쟁'으로 '사랑'을 '여행'으로 표현할 수 있다는 사실에서 확인할 수 있다. 레이코프와 존슨(Lakoff & Johnson, 1980)은 이 은유를 하나의 경험 영역에서 다른 하나의 경험 영역으로의 체계적인 '인지적 사상'(cognitive mapping)으로 규정하고 이를 '개념적 은유'(conceptual metaphor)라 지칭하였다. 이 개념적 은유는 「A는 B」로 표시할 수 있는데 여기서 A는 개념적 은유의 목표영역으로 이는 우리가 이해하고자 하는 추상적인 개념을 가리키고 B는 개념적 은유의 근원영역으로 이는 목표영역의 추상적인 개념을 이해하기 위해 동원되는 구체적인 개념을 가리킨다. 이처럼 개념적 은유는 일반적으로 보다 추상적인 개념을 목표영역으로 삼고 보다 구체적이고 물리적인 개념을 근원영역으로 삼는데 이는 이해하기 어려운 추상적인 개념을 이해하기 위해서는 그 개념을 독자적으로 이해하는 것보다 구체적이고 물리적이어서 그 실체가 있는 개념을 이용하는 것이 용이함을 의미한다. 즉, 우리가 물리적 세계에서 겪는 구체적인 경험은 추상적인 개념을 이해할 수 있는 자연스럽고 논리적인 근거가 된다는 것이다.[45]

여기서 개념적 은유의 근원영역과 목표영역은 대상세계에 대한 경험의 측면에서 보면 서로 대조되는 개념으로 근원영역은 일상적인 경험에서 비롯된 것이기에 구체적이고 물리적이며 명확하고 구조화된 경험이다. 이

---

45) 개념적 은유의 제반 사항에 대한 구체적인 논의는 레이코프(Lakoff, 1993), 쾨벡세스(Kövecses, 2010), 박정운(2001), 임지룡(2006) 등을 참조할 수 있다.

에 비해 목표영역은 화자가 표현하려는 영역으로 추상적이고 비물리적이
며 불명확하고 구조화되지 않은 경험이다. 따라서 개념적 은유는 우리에
게 익숙한 근원영역을 통해 낯선 목표영역을 개념화하는 인지 책략이라
할 수 있다.

이러한 개념적 은유는 그 근원영역과 목표영역 간에 일련의 체계적인
대응관계(correspondence)가 존재하는데 이는 근원영역을 구성하는 개념적
요소나 속성이 목표영역의 그것과 대응되어 이른바 개념적 사상이 성립
된다는 것이다. 따라서 개념적 은유를 안다는 것은 근원영역과 목표영역
간의 체계적인 사상을 안다는 것을 의미한다. 즉, 개념적 은유를 안다는
것은 그 개념적 은유가 반영된 언어 표현을 사용할 수 있음을 의미하는데
이 경우에 화자가 사용한 언어 표현이 그 언어 공동체에서 형성된 관습적
인 사상에 위배되지 말아야 한다. 이는 근원영역의 개념적 요소가 무작위
로 목표영역의 개념적 요소에 사상되지 않으므로 특정한 언어 표현의 은
유성이 성립되려면 해당 표현에 작용하는 개념적 은유의 근원영역과 목
표영역 간의 개념적 사상이 이루어져야 한다.[46]

이처럼 개념적 은유 이론은 은유에 대한 전통적인 사고방식에 인식의
전환을 불러일으켰는데 이와 관련하여 레디(Reddy, 1979)는 은유가 시적 또
는 비유적 언어의 영역에 존재한다는 전통적 관념을 부정하면서 일상적
인 언어 표현은 대체적으로 은유적이라 하였다. 즉, 은유는 언어적인 존재
라기보다는 사고적인 존재로 이는 대상세계를 개념화하는 인간의 일상적
인 관습에서 반드시 필요한 인지 기제로 간주하였다. 이러한 은유에 대한

---

46) 개념적 은유의 근원영역과 목표영역 간의 대응 문제와 관련하여 레이코프(Lakoff, 1993:
39-74)는 근원영역의 '인지적 위상'(cognitive topology) 즉, '영상도식'(image schema)이 목
표영역에서 유지된다는 '불변가설'(invariance hypothesis)을 제시하였다. 이는 근원영역과
목표영역 간의 사상을 제약하는 요소가 무엇인지와 관련되는 것으로 개념적 은유는 관
습적 심상인 영상도식에 의해 구조화되고 그 사상은 '부분'에서 '부분'으로 '전체'에서
'전체'로 '그릇'에서 '그릇'으로 '경로'에서 '경로'로 이루어진다는 것이다. 따라서 개념적
은유는 그 근원영역과 목표영역이 일련의 사상을 허용하는 정도로 개념화가 이루어진다.

인지적 관점은 다음과 같이 몇 가지로 요약할 수 있다. 첫째, 은유는 하나의 경험 영역을 다른 하나의 경험 영역으로 개념화하는 인지 방식이다. 둘째, 은유는 영상 차원의 개념으로 언어 영역과 예술 영역의 은유는 본질적으로 동일하다. 셋째, 일상적인 은유 표현은 일탈된 것이 아닌 지극히 정상적인 것으로 이는 우리의 개념체계가 근본적으로 은유적이기 때문이다. 그럼 아래에 이러한 개념적 은유의 유형에 대해 알아보기로 한다.

## 3.2. 개념적 은유의 유형

개념적 은유는 그 본질, 관습성, 인지 기능, 일반성 층위의 기준에 따라 다양하게 구분할 수 있는데 여기서는 이들 중에서 인지 기능에 따른 개념적 은유의 유형에 대해 논의하고자 한다. 개념적 은유는 그 인지 기능에 따라 구조적 은유(structural metaphor), 지향적 은유(orientational metaphor), 존재론적 은유(ontological metaphor)로 구분된다(레이코프와 존슨 Lakoff & Johnson, 1980: 3-21). 아래에 이들 유형에 대해 그 예를 중심으로 살펴보기로 한다.

### 3.2.1. 구조적 은유

구조적 은유는 근원영역이 목표영역에 상대적으로 풍부한 지식 구조를 제공함으로써 추상적인 목표영역이 구체적인 근원영역의 수준으로 구조화되는 것을 말하는데 이와 관련하여 레이코프와 존슨(Lakoff & Johnson, 1980: 61)은 구조적 은유를 고도로 구조화되고 명확히 묘사된 하나의 개념 즉, 근원영역을 사용하여 다른 어떤 개념 즉, 목표영역을 구조화하는 것으로 규정하였다. 이러한 구조적 은유의 인지 기능은 근원영역의 구성 요소와 목표영역의 구성 요소 간의 개념적 대응구조에 의해 이루어지는데 아래에 이 구조적 은유에 대해 구체적으로 알아보기 위해 그 목표영역으로

‘시간’의 개념이 사용된 경우를 들어 보기로 한다. 먼저, ‘시간’의 개념은 ‘공간’의 개념에 의해 구조화될 수 있는데 그 예를 보이면 아래와 같다.

> (1) ㄱ. 택시를 기다리는 시간이 길다.
>     ㄴ. 런던 올림픽 개막이 멀지 않았다.
>     ㄷ. 주말에는 대체적으로 시간이 빈다.

위에서 ‘시간’의 개념을 표현하기 위해 ‘공간’의 개념을 나타내는 서술어 ‘길다, 멀다, 비다’가 쓰였는데 이는 「시간은 공간」이라는 구조적 은유가 작용한 결과로 볼 수 있다. 즉, 우리는 ‘시간’의 개념을 보다 용이하고 생동하게 표현하기 위해 우리에게 익숙한 ‘공간’ 개념의 낱말이나 표현을 사용한다.

다음, ‘시간’의 개념은 ‘이동’의 개념으로 구조화될 수 있는데 그 예를 보이면 아래와 같다.

> (2) ㄱ. 봄이 오면 산과 들에 갖가지 꽃들이 만발한다.
>     ㄴ. 세월은 유수와 같이 빨리 흐른다.
>     ㄷ. 어느새 여름이 지나고 가을이 되었다.

위에서 ‘시간’의 개념을 표현하기 위해 ‘이동’의 개념을 나타내는 동사 ‘오다, 흐르다, 지나다’가 쓰였는데 이는 「시간은 이동」의 구조적 은유가 작용한 결과로 볼 수 있다. 즉, 우리는 ‘시간’의 개념을 이보다 구체적인 ‘공간’의 개념에 의해 표현한다는 사실을 확인할 수 있다.

마지막으로 ‘시간’의 개념은 ‘자원’의 개념을 통해 구조화할 수 있는데 그 예를 보이면 아래와 같다.

> (3) ㄱ. 시간이 아직 좀 남았다.

ㄴ. 이 일을 끝내기엔 시간이 부족하다.
ㄷ. 시간을 낭비해서는 안 된다.

위에서 '시간'의 개념을 표현하기 위해 '자원'의 개념을 나타내는 데에 쓰이는 서술어 '남다, 부족하다, 낭비하다'가 동원되었는데 이는 「시간은 자원」의 구조적 은유가 작용한 결과로 볼 수 있다. 따라서 우리는 '시간'의 개념을 이보다 구체적인 '자원'의 개념을 통해 표현할 수 있다.

요컨대, 구조적 은유는 근원영역과 목표영역 간의 체계적인 대응구조에 의해 목표영역이 체계적으로 이해되는 인지 기제라 할 수 있다. 이러한 구조적 은유는 어떤 근원영역을 취하느냐에 따라 목표영역의 서로 다른 측면이 부각된다. 즉, 「사랑은 여행」의 경우 '사랑'의 협동적인 측면이 부각되는 동시에 '사랑'의 적대적인 측면은 은폐되나 「사랑은 전쟁」의 경우 '사랑'의 적대적인 측면이 부각되는 동시에 '사랑'의 협동적인 측면은 은폐된다. 그러므로 구조적 은유의 목표영역을 전체적으로 이해하기 위해서는 서로 다른 근원영역에 대한 이해가 필요하다.

### 3.2.2. 지향적 은유

지향적 은유는 하나의 개념을 다른 하나의 개념으로 구조화하는 구조적 은유와는 달리 개념의 전체적인 체계를 상호 관계 속에서 조직화하는 현상을 가리킨다. 이러한 개념적 은유는 대부분 위-아래, 안-밖, 앞-뒤, 중심-주변 등의 공간적 지향성과 연관되므로 이를 지향적 은유라 지칭한다. 예컨대, '행복'과 '슬픔'의 개념은 하나의 개념체계를 형성하는데 이들은 서로 간의 관련성에 의해 「행복은 위」와 「슬픔은 아래」의 형식으로 조직된다. 여기서 먼저, 「행복은 위」의 개념적 은유가 적용된 예문을 제시하면 다음과 같다.

(4) ㄱ. 철수는 너무나도 기쁜 나머지 펄쩍 뛰었다.

　　ㄴ. 삼촌은 아내의 출산 소식에 마음이 떠 있었다.

　　ㄷ. 동생은 기분이 좋아서 어깨를 들썩였다.

위의 예문 (4ㄱ-ㄷ)은 공통적으로 '행복'의 개념을 나타내는 것들로 이러한 개념을 표현하기 위해 '위'의 방향성을 나타내는 서술어 '뛰다, 뜨다, 들썩이다'와 같은 낱말들이 사용되었는데 이는 「행복은 위」의 개념적 은유가 작용하기에 가능한 것이다.

다음, 「슬픔은 아래」의 개념적 은유가 적용된 예문을 제시하면 다음과 같다.

(5) ㄱ. 그는 자신이 키우던 강아지가 죽자 슬픔에 빠졌다.

　　ㄴ. 친구의 안타까운 소식에 내 마음은 가라앉았다.

　　ㄷ. 영호는 우울한지 어깨가 축 처져 있었다.

위의 예문 (5ㄱ-ㄷ)은 공통적으로 '슬픔'의 개념을 나타내는 것들로 이러한 개념을 표현하기 위해 '아래'의 방향성을 나타내는 서술어 '빠지다, 가라앉다, 처지다'와 같은 낱말들이 사용되었는데 이는 「슬픔은 아래」의 개념적 은유가 작용하기에 가능한 것이다.

이와 유사하게 '많음'과 '적음'도 하나의 개념체계를 형성하는데 이들은 상호 관계 속에서 「많음은 위」와 「적음은 아래」의 형식으로 조직된다.[47] 먼저, 「많음은 위」의 개념적 은유가 적용된 예문을 제시하면 다음과 같다.

(6) ㄱ. 내일 비가 올 가능성이 높아 보인다.

---

47) 지향적 은유의 다양한 예에 대해서는 레이코프와 존슨(Lakoff & Johnson, 1980: 37-52)을 참조할 수 있다.

　　ㄴ. 중동 지역의 불안한 정세로 인해 기름 값이 올랐다.
　　ㄷ. 자유무역협정의 체결로 우리의 수출은 크게 늘었다.

위의 예문 (6ㄱ-ㄷ)은 공통적으로 '많음'의 개념을 나타내는 것들로 이러한 개념을 표현하기 위해 '위'의 방향성을 나타내는 서술어 '높다, 오르다, 늘다'와 같은 낱말들이 사용되었는데 이는 「많음은 위」의 개념적 은유가 작용하기에 가능한 것이다. 다음, 「적음은 아래」의 개념적 은유가 적용된 예문을 제시하면 다음과 같다.

　　(7) ㄱ. 그 일은 성공할 가능성이 낮을 것으로 예상된다.
　　　　ㄴ. 정부는 겨울철 채소 값을 소폭 내리기로 결정했다.
　　　　ㄷ. 소비 침체로 상인들의 수입이 적잖이 줄었다.

위의 예문 (7ㄱ-ㄷ)은 공통적으로 '적음'의 개념을 나타내는 것들로 이러한 개념을 표현하기 위해 '아래'의 방향성을 나타내는 서술어 '낮다, 내리다, 줄다'와 같은 낱말들이 사용되었는데 이는 「적음은 아래」의 개념적 은유가 작용하기에 가능한 것이다.

　　여기서 은유적 지향성은 임의적인 것이 아니라 인간의 물리적 또는 문화적 체험에 기반을 두고 있다. 예컨대, 컵에 물을 부으면 그 높이가 올라가고 컵에서 물을 따르면 그 높이가 내려가는데 이러한 체험들이 「많음은 위」, 「적음은 아래」와 같은 지향적 은유의 인지적 근거가 되기에 우리는 해당 은유를 자연스럽게 이해하고 사용할 수 있게 된다.

　　요컨대, 지향적 은유는 우리의 일상적인 체험과 밀접한 관련을 맺고 있는데 이러한 경험적 상관성은 지향적 은유에 대한 이해를 촉진하는 동기가 된다.

### 3.2.3. 존재론적 은유

존재론적 은유는 '사건, 행동, 활동, 상태'를 '대상'이나 '물질'로 개념화하는 현상을 가리키는데 우리는 이 존재론적 은유에 의해 특정 '사건'이나 '상태'를 지시할 수 있고 범주화할 수 있으며 양화할 수 있다. 그럼 먼저, '사건'을 '사물'로 개념화하는 예문을 들어 보기로 한다.

> (8) ㄱ. 선생님은 오롯이 후대 양성 사업에 자신의 일생을 바치셨다.
> ㄴ. 많은 사회단체에서 지진 피해 지역의 주민들에게 아낌없는 후원
> 을 보냈다.
> ㄷ. 축구선수 메시는 월드컵에서 훌륭한 활약을 펼쳤다.

위의 예문 (8ㄱ-ㄷ)은 공통적으로 '사건'의 개념을 나타내는 것들로 이러한 개념을 표현하기 위해 '사물'과 관련된 서술어 '바치다, 보내다, 펼치다'와 같은 낱말들이 사용되었는데 이는 「사건은 사물」의 개념적 은유가 작용하기에 가능한 것이다.

다음, '상태'를 '그릇'으로 개념화할 수 있는데 그 예문을 보이면 다음과 같다.

> (9) ㄱ. 카메라에 산천경개의 수려함을 고스란히 담아 놓았다.
> ㄴ. 이 경기에서 승리하려면 선수들은 반드시 부담을 덜어야 한다.
> ㄷ. 어려운 일에 부딪칠수록 마음을 비우고 대응하는 것이 좋다.

위의 예문 (9ㄱ-ㄷ)은 공통적으로 '상태'의 개념을 나타내는 것들로 이러한 개념을 표현하기 위해 '그릇'과 관련된 서술어 '담다, 덜다, 비우다'와 같은 낱말들이 사용되었는데 이는 「상태는 그릇」의 개념적 은유가 작용하기에 가능한 것이다.

요컨대, 존재론적 은유는 '사건'과 '상태'를 이해하기 위해 사용되는데 여기서 '사건'은 '사물'로 개념화되고 '상태'는 '그릇'으로 개념화된다. 이처럼 인간은 일상적으로 쉽게 접할 수 있는 개념을 통해 보다 복잡한 개념을 이해하려는 인지적 경향을 가지고 있다.

# III. 변화 범주 동사의 의미 유형 구분

본 장에서는 앞선 장에서 논의한 개념적 은유에 의해 특정 동사의 의미를 분류하고자 하는데 이는 동사의 의미 교육 내용을 선정하는 데에 기초적인 자료가 될 수 있다. 여기서 분석 대상으로 선정한 동사들은 모두 변화 범주를 나타내는 것들로 구체적으로 상태변화와 소유변화 범주에 해당하는 동사들을 각각 4개씩 선택하여 총 8개의 동사들에 대해 의미 구분을 진행하고자 한다. 여기서 상태변화 범주에 속하는 동사들은 '가다', '오다', '오르다', '내리다'로 이들 의미에는 공통적으로 지향적 은유가 작용하는데 동사 '가다'와 '오다'의 의미에는 수평 지향적 은유가 작용하고 동사 '오르다'와 '내리다'에는 수직 지향적 은유가 작용한다. 또한, 소유변화 범주에 속하는 동사들은 '주다', '받다', '사다', '팔다'로 이들 의미에는 공통적으로 존재론적 은유가 작용한다.

이상의 8개 동사들에는 기본적으로 '이동'의 의미가 나타나는 동시에 '변화'의 의미도 나타나는데 이는 이러한 낱말들에 언어 보편적으로 존재하는 「변화는 이동」의 은유가 작용하기 때문이다. 따라서 여기서는 이 동사들이 구체적으로 어떠한 '변화'의 의미들을 지니는지 알아보기 위해 그 사전의미들을 바탕으로 새롭게 의미를 구분함과 아울러 이 구분된 의미들에 대해 그 의미의 추상성 정도와 학습자 모국어와의 대조분석에 근거하여 등급을 설정하고자 한다. 이러한 작업은 교육용 동사 의미의 선정 및 배열에 타당한 근거를 제공할 수 있을 것이다.

## 1. 상태변화 범주 동사의 의미 유형 구분

본 절에서는 상태변화 범주의 동사 '가다', '오다', '오르다', '내리다'의 의미를 구분하고자 하는데 이들 동사는 전체적으로 '변화'의 의미를 지니는 동시에 방향성도 지니므로 이들 의미에는 앞서 논의한 지향적 은유가 작용함을 알 수 있다. 이 지향적 은유는 공간 지향의 방향에 따라 수평 지향적 은유와 수직 지향적 은유로 구분되는데 전자는 동사 '가다'와 '오다'의 의미에 작용하고 후자는 동사 '오르다'와 '내리다'의 의미에 작용한다. 그럼 아래에 이러한 지향적 은유가 작용하는 동사들의 의미를 구체적으로 살펴보기로 한다.

### 1.1. 수평 지향성 범주의 의미 유형

수평 지향성을 나타내는 동사에는 '가다'와 '오다'가 있는데 동사 '가다'는 발화자 또는 개념화자를 기준으로 특정 대상이 이에서 멀어지는 '수평적 이동'을 의미하고 동사 '오다'는 이와 반대로 발화자나 개념화자를 기준으로 특정 대상이 이에 가까워지는 '수평적 이동'을 의미한다. 그럼 먼저, 대상이 기준점에서 멀어지는 경우를 나타내는 동사 '가다'의 의미 유형부터 알아보기로 한다.

### 1.1.1. 대상이 기준점에서 멀어지는 경우

동사 '가다'의 전체적인 의미를 보기 위해서는 사전에 제시된 의미를 살펴볼 필요가 있는데 여기서는 <표준국어대사전>의 의미 내용을 보이도록 한다.

**가다** [동사]

(1) 한 곳에서 다른 곳으로 장소를 이동하다.

(2) 수레, 배, 자동차, 비행기 따위가 운행하거나 다니다.

(3) 일정한 목적을 가진 모임에 참석하기 위하여 이동하다.

(4) 지금 있는 곳에서 어떠한 목적을 가지고 다른 곳으로 옮기다.

(5) 직업이나 학업, 복무 따위로 해서 다른 곳으로 옮기다.

(6) 직책이나 자리를 옮기다.

(7) 물건이나 권리 따위가 누구에게 옮겨지다.

(8) 관심이나 눈길 따위가 쏠리다.

(9) 말이나 소식 따위가 알려지거나 전하여지다.

(10) ('손해' 따위의 명사와 함께 쓰여) 그러한 상태가 생기거나 일어나다.

(11) 어떤 상태나 상황을 향하여 나아가다.

(12) 한쪽으로 흘러가다.

(13) 동력원으로 하여 작동하다.

(14) 물체가 한쪽으로 기울어지다.

(15) 금, 줄, 주름살, 흠집 따위가 생기다.

(16) ('무리', '축' 따위의 말과 함께 쓰여) 건강에 해가 되다.

(17) 일정한 시간이 되거나 일정한 곳에 이르다.

(18) 일정한 대상에 미치어 작용하다.

(19) ('손', '품' 따위와 함께 쓰여) 어떤 일을 하는 데 수고가 많이 들다.

(20) 어떤 대상이 다른 곳으로 이동하여 사라지다.

(21) ('시간' 따위와 함께 쓰여) 지나거나 흐르다.

(22) 기계 따위가 제대로 작동하다.

(23) 외부의 충격이나 영향으로 정신을 제대로 차리지 못하는 혼미한 상태가 되다.

(24) 전기 따위가 꺼지거나 통하지 않다.

(25) (완곡하게) 사람이 죽다.

(26) 어떤 일에 대하여 납득이나 이해, 짐작 따위가 되다.

(27) ('…이'나 '…에' 대신에 '중간 정도', '최고' 따위와 같은 부사어가 쓰이기도 한다) 가치나 값, 순위 따위를 나타내는 말과 결합하여 어떤 대상을 기준으로 해서 어느 정도까지 이르다.

(28) ('물', '맛' 따위의 말과 함께 쓰여) 원래의 상태를 잃고 상하거나 변질되다.

(29) ('때', '얼룩' 따위의 말과 함께 쓰여) 때나 얼룩이 잘 빠지다.

(30) 어떤 경로를 통하여 움직이다.

(31) 어떤 일을 하기 위하여 다른 곳으로 이동하다.

(32) 노름이나 내기에서 얼마의 액수를 판돈으로 걸다.

(33) (기간을 나타내는 '며칠' 따위와 함께 쓰여) 어떤 현상이나 상태가 유지되다.

이상으로 동사 '가다'의 사전의미를 살펴보면 그 의미들에 언어 보편적으로 존재하는 「변화는 이동」의 은유가 작용함을 볼 수 있는데 이는 그 구체적인 의미들이 전체적으로 '변화'의 의미를 나타낸다는 것이다. 이러한 변화 범주에는 '공간변화', '시간변화', '상태변화'가 포함되는데[48] 아래에서는 이들 유형에 따라 동사 '가다'의 사전의미를 재구분해 보고자 한다.

먼저, 동사 '가다'의 사전의미 중에서 '공간변화'와 관련된 의미들을 추출하여 제시하면 아래와 같다.

(1) 한 곳에서 다른 곳으로 장소를 이동하다.

(2) 수레, 배, 자동차, 비행기 따위가 운행하거나 다니다.

(3) 일정한 목적을 가진 모임에 참석하기 위하여 이동하다.

(4) 지금 있는 곳에서 어떠한 목적을 가지고 다른 곳으로 옮기다.

(7) 물건이나 권리 따위가 누구에게 옮겨지다.

(20) 어떤 대상이 다른 곳으로 이동하여 사라지다.

(30) 어떤 경로를 통하여 움직이다.

(31) 어떤 일을 하기 위하여 다른 곳으로 이동하다.

---

48) 동사 '가다'의 의미에 대한 구체적인 분석은 육미란(2008)을 참조할 수 있다.

위에서 (1)은 사람이 한 곳에서 다른 한 곳으로 장소를 옮겨 공간상의 변화가 발생함을 나타내고 (2)는 탈것이 한 곳에서 다른 한 곳으로 이동하여 공간상의 변화가 발생함을 나타내며 (3)은 이동 목적을 가지고 목적지로 이동함을 나타내는데 이동의 목적지인 모임 장소로 향하는 것은 그 모임에 참석하기 위한 것이므로 이 경우 동사 '가다'는 '참석하다'의 의미를 나타낸다. (4)는 사람이 특정한 목적을 가지고 한 곳에서 다른 한 곳으로 자리를 옮겨 공간상의 변화가 일어남을 의미하는데 앞선 (1)과 비교하면 모두 '공간변화'를 나타낸다는 점에서는 동일하나 (1)은 단순한 '공간변화'를 의미하고 (4)는 목적성이 있는 '공간변화'를 나타낸다는 점에서 서로 다르다. (7)은 이동 대상이 구체적인 사물로 그것이 한 곳에서 다른 한 곳으로 이동하여 공간상의 변화를 일으켰음을 의미한다. (20)은 사람이 공간 이동을 한 결과 그 사람이 현재의 장소에 없음을 의미한다. (30)은 이동 주체가 그 이동 경로에 따라 움직임을 나타내는데 이 또한 결과적으로 '공간변화'를 의미하게 된다. (31)은 이동 목적을 가지고 한 곳에서 다른 한 곳으로 움직임을 나타내는데 이 역시 '공간변화'의 의미라 할 수 있다. 이처럼 이상의 동사 '가다'의 의미 항목은 모두 이동 주체의 움직임에 의한 '공간변화'의 의미를 나타낸다는 점에서 공통적이다.

다음, 또 다른 변화 유형인 '시간변화'와 관련된 동사 '가다'의 사전의미를 뽑아 제시하면 아래와 같다.

(17) 일정한 시간이 되다.
(21) ('시간' 따위와 함께 쓰여) 지나거나 흐르다.

위에서 (17)은 '검사 결과는 내일에 가서야 나온대'와 같이 시간이 경과된 결과 어떤 특정한 시점에 도달함을 의미하고 (21)은 '봄이 가고 여름이 온다'와 같이 단순히 시간의 흐름을 의미하는데 이 둘은 모두 '시간변화'

의 의미를 나타낸다는 점에서 하나의 의미로 묶일 수 있다.

이제 상태와 관련된 동사 '가다'의 의미를 살펴보기로 하는데 '상태변화'의 의미는 구체적으로 '상태생성', '상태소멸', '상태도달', '상태유지'로 하위 구분할 수 있다. 그럼 아래에 '상태생성'의 의미를 나타내는 동사 '가다'의 사전의미부터 제시하면 다음과 같은 것들이 있다.

(5) 직업이나 학업, 복무 따위로 해서 다른 곳으로 옮기다.
(6) 직책이나 자리를 옮기다.
(8) 관심이나 눈길 따위가 쏠리다.
(10) ('손해' 따위의 명사와 함께 쓰여) 그러한 상태가 생기거나 일어나다.
(14) 물체가 한쪽으로 기울어지다.
(15) 금, 줄, 주름살, 흠집 따위가 생기다.
(16) ('무리', '축' 따위의 말과 함께 쓰여) 건강에 해가 되다.
(26) 어떤 일에 대하여 납득이나 이해, 짐작 따위가 되다.

위에서 (5)는 사람이 직업상 또는 학업상에서 자신의 자리를 옮기는 것으로 이는 결국 그 사람의 신분변화를 의미하는데 예컨대, '군대에 가다'는 어떤 사람이 군인이 되었음을 의미하는바 그 사람이 군인이 아닌 상태에서 군인이 된 상태를 뜻한다. (6)도 이와 유사하게 해석될 수 있는데 사람이 직무상에서 이동한 결과 그 직책에 있어 상태의 변화가 나타났음을 의미한다. (8)은 '관심'이나 '눈길'과 같은 추상적인 대상이 형성됨을 뜻하므로 이를 '상태생성'의 의미로 간주할 수 있다. (10)도 '손해'와 같은 추상적인 대상이 형성됨을 뜻하는 것으로 이 역시 '상태생성'의 의미로 볼 수 있다. (14)는 액자가 한쪽으로 비뚤어진 상태로 벽에 걸려 있음을 의미하는데 이는 그 비뚤어진 상태가 존재함을 뜻하므로 '상태생성'의 의미로 해석할 수 있다. (15)는 우리가 눈으로 확인할 수 있는 구체적인 대상이 특정한 곳에 형성됨을 의미하는 것으로 이 또한 특정 상태의 생성을 나타낸다고 할 수 있다. (16)은 '무리'와 같은 건강에 해로운 추상적인 대상이 신체에 작용함을 의미하는데 이는 신체에 새로운 변화가 일어남을 뜻하므로 '상태생성'의 의미로 간주된다. (26)은 '납득, 이해, 짐작'과 같이 심리적인 대상이 형성됨을 뜻하는 것으로 이도 '상태생성'의 의미로 볼 수 있다.

또한, '상태소실'의 의미를 나타내는 동사 '가다'의 사전의미를 보이기로 한다.

> (23) 외부의 충격이나 영향으로 정신을 제대로 차리지 못하는 혼미한 상태가 되다.
> (24) 전기 따위가 꺼지거나 통하지 않다.
> (25) (완곡하게) 사람이 죽다.
> (28) ('물', '맛' 따위의 말과 함께 쓰여) 원래의 상태를 잃고 상하거나 변질되다.
> (29) ('때', '얼룩' 따위의 말과 함께 쓰여) 때나 얼룩이 잘 빠지다.

위에서 (23)은 사람이 정신을 잃어버림을 의미하는데 이는 '상태소실'의 의미로 간주할 수 있고 (24)는 전기가 끊김을 의미하는데 이는 전기가 있던 상태에서 전기가 없는 상태로 변화됨을 의미하기에 '상태소실'의 의미를 지닌다고 볼 수 있다. (25)는 사람이 생명을 다함을 의미하는데 이는 사람이 생명이 있던 상태에서 생명이 없는 상태를 나타내므로 이 역시 '상태소실'의 의미를 지닌다고 할 수 있다. 또한, (28)은 '맛이 가다'와 같이 음식이 원래의 맛을 상실함을 나타내는데 이는 음식이 정상적인 맛에서 비정상적인 맛으로 변화되었음을 의미한다는 점에서 '상태소실'의 의미로 볼 수 있고 (29)는 때가 없어짐을 의미하는데 이는 때가 있던 상태에서 때가 없는 상태로 변화됨을 의미하기에 '상태소실'의 의미로 볼 수 있다. 그리고 '상태도달'의 의미를 나타내는 동사 '가다'의 사전의미로는 다음과 같은 것들이 있다.

> (9) 말이나 소식 따위가 알려지거나 전하여지다.
> (11) 어떤 상태나 상황을 향하여 나아가다.
> (18) 일정한 대상에 미치어 작용하다.
> (19) ('손', '품' 따위와 함께 쓰여) 어떤 일을 하는 데 수고가 많이 들다.
> (20) ('…이'나 '…에' 대신에 '중간 정도', '최고' 따위와 같은 부사어가
> 　 쓰이기도 한다) 가치나 값, 순위 따위를 나타내는 말과 결합하여 어
> 　 떤 대상을 기준으로 해서 어느 정도까지 이르다.
> (32) 노름이나 내기에서 얼마의 액수를 판돈으로 걸다.

위에서 (9)는 '소식이 가다'와 같이 소식이 한 곳에서 다른 한 곳으로 전달됨을 의미하는데 이는 소식이 도착한 상태를 말한다는 점에서 '상태 도달'의 의미로 간주할 수 있고 (11)은 '복지 국가로 가다'와 같이 이상적 인 상태의 실현을 목표로 한다는 점에서 '상태도달'의 의미를 나타낸다고 볼 수 있으며 (18)은 '붓이 가다'와 같이 붓이 그림에 닿아 특정 효과를 낸다는 점에서 '상태도달'의 의미로 해석할 수 있고 (19)도 '손이 가다'와 같이 사람의 손이 특정 대상에 닿아 일정한 영향을 미친다는 점에서 '상 태도달'의 의미로 볼 수 있다. (20)은 특정 대상이 일정한 수치에 도달함 을 나타낸다는 점에서 '상태도달'의 의미로 볼 수 있고 (32)는 '노름'이나 '내기'에 건 돈이 특정 액수에 달함을 나타내는데 이도 '상태도달'의 의미 로 해석할 수 있다.

마지막으로 '상태유지'[49]의 의미를 나타내는 동사 '가다'의 사전의미를

---

49) 동사 '가다'의 '상태유지'의 의미가 '상태변화'의 일종으로 볼 수 있는 근거는 그것의 실 제 예문에서 엿볼 수 있다.

> ① 작심삼일이라고 며칠이나 가겠니?
> ② 담배를 끊겠다는 결심이 결국 사흘도 못 갔다.
> ③ 새 신발이 한 달을 못 가다니.

제시해 보면 다음과 같은 것들이 있다.

> (12) 한쪽으로 흘러가다.
> (13) 동력원으로 하여 작동하다.
> (22) 기계 따위가 제대로 작동하다.
> (33) (기간을 나타내는 '며칠' 따위와 함께 쓰여) 어떤 현상이나 상태가
>      유지되다.

위에서 (12)는 '이런 식으로 가면 우리의 승리가 확실하다'와 같이 특정 상황의 지속을 의미한다는 점에서 '상태유지'의 의미를 나타내고 (13)은 '차가 전기로 가다'와 같이 특정 동작이 지속된다는 점에서 '상태유지'의 의미를 지닌다고 할 수 있으며 (22)도 '시계가 가다'와 같이 특정 동작이 지속된다는 점에서 '상태유지'의 의미로 볼 수 있고 (33)은 '작심삼일이라고 며칠이나 가겠니?'와 같이 특정 행위가 일정 기간 동안 지속된다는 점에서 '상태유지'의 의미로 간주할 수 있다.

## 1.1.2. 대상이 기준점으로 접근하는 경우

이제 동사 '가다'와 의미적으로 대응되는 동사 '오다'의 의미에 대해 알아보기로 하는데 먼저, 사전에 실린 의미 항목들을 제시해 보이면 다음과 같다.

---

위의 '가다'가 포함된 문장은 의문문이나 부정문의 형식으로 쓰였는데 여기서 '가다'의 의미는 기본적으로 '상태유지'의 의미를 지닌다고 볼 수 있지만, 실제로 문장 ①의 경우 '가다'가 의문문의 서술어로 쓰이면서 '계획이 얼마 동안 유지되기 어렵다'는 의미를 나타내는데, 이는 결국 '상태변화'를 초래할 가능성이 높음을 암시한다고 볼 수 있다. 또한, 문장 ②와 ③에서는 '가다'가 부정부사 '못'과 함께 사용되어 그 문장 전체의 의미는 '금연의 결심'이나 '신발의 상태'가 그리 오래 유지되지 못함을 암시한다고 볼 수 있다. 따라서 '상태유지'의 의미를 나타내는 '가다'의 의미는 '상태변화'의 의미와 밀접한 연관성을 보인다고 할 수 있다.

오다 [동사]

(1) 어떤 사람이 말하는 사람 혹은 기준이 되는 사람이 있는 쪽으로 움직여 위치를 옮기다.

(2) 어떤 사람이 직업이나 학업 따위를 위하여 말하는 사람이 있는 쪽으로 옮기다.

(3) 수레, 배, 자동차, 비행기 따위가 말하는 이가 있는 쪽을 향하여 운행하다.

(4) 물건이나 권리 따위가 자기에게 옮겨지다.

(5) 관심이나 눈길 따위가 말하는 사람에게로 쏠리다.

(6) 소식이나 연락 따위가 말하는 사람이 있는 곳으로 전하여지다.

(7) 전기가 흘러서 불이 켜지거나 몸에 전하여지다.

(8) 운수나 보람, 기회 따위가 말하는 사람 쪽에 나타나다.

(9) 느낌이나 뜻이 말하는 사람에게 전달되다.

(10) 가고자 하는 곳에 이르다.

(11) 어떤 대상에 어떤 상태가 이르다.

(12) 일정한 목적을 가진 모임에 참석하기 위하여 말하는 사람이 있는 쪽으로 위치를 옮기다.

(13) 건강에 해가 되다.

(14) ('…에' 대신에 '…까지'가 쓰이기도 한다) 길이나 깊이를 가진 물체가 어떤 정도에 이르거나 닿다.

(15) (주로 '와서' 꼴로 쓰여) ('…에' 대신에 시간 부사어가 쓰이기도 한다) 말하는 때나 시기에 이르다.

(16) 물체가 말하는 사람이 있는 쪽으로 기울어지다.

(17) 비, 눈, 서리나 추위 따위가 내리거나 닥치다.

(18) 질병이나 졸음 따위의 생리적 현상이 일어나거나 생기다.

(19) 어떤 때나 계절 따위가 말하는 시점을 기준으로 현재나 가까운 미래에 닥치다.

(20) ('에서/에게서' 대신에 '…으로부터'가 쓰이기도 한다) 어떤 현상이 어떤 원인에서 비롯하여 생겨나다.

(21) 어떤 현상이 다른 곳에서 전하여지다.

(22) 어떤 경로를 통하여 말하는 사람이 있는 쪽으로 위치를 옮기다.

(23) ('…을' 성분은 주로 서술성이 있는 명사가 온다) 어떤 목적 혹은 어
떤 일을 하기 위하여 말하는 이가 있는 곳으로 위치를 옮기다.

이상에서 알 수 있듯이 동사 '오다'도 '가다'와 마찬가지로 「변화는 이
동」의 은유에 의해 전체적으로 '변화'의 의미를 나타내는데 여기서도 구
체적으로 '공간변화', '시간변화', '상태변화'의 의미가 나타난다. 그럼 아
래에 동사 '오다'의 의미를 이러한 변화 유형에 따라 구분해 보기로 한다.

먼저, '공간변화'와 관련된 동사 '오다'의 사전의미를 제시하면 다음과
같다.

(1) 어떤 사람이 말하는 사람 혹은 기준이 되는 사람이 있는 쪽으로 움직
여 위치를 옮기다.
(2) 어떤 사람이 직업이나 학업 따위를 위하여 말하는 사람이 있는 쪽으
로 옮기다.
(3) 수레, 배, 자동차, 비행기 따위가 말하는 이가 있는 쪽을 향하여 운행
하다.
(4) 물건이나 권리 따위가 자기에게 옮겨지다.
(10) 가고자 하는 곳에 이르다.
(12) 일정한 목적을 가진 모임에 참석하기 위하여 말하는 사람이 있는
쪽으로 위치를 옮기다.
(22) 어떤 경로를 통하여 말하는 사람이 있는 쪽으로 위치를 옮기다.
(23) ('…을' 성분은 주로 서술성이 있는 명사가 온다) 어떤 목적 혹은 어
떤 일을 하기 위하여 말하는 이가 있는 곳으로 위치를 옮기다.

위에서 (1)은 한 사람이 발화자나 기준점이 되는 사람에게로 이동함을
뜻하는데 이는 한 공간에서 다른 한 공간으로의 위치 이동을 나타내기에
'공간변화'의 의미라 할 수 있고 (2)는 사람이 직업이나 학업을 목적으로
화자가 있는 쪽으로 이동함을 뜻하는데 이도 '공간변화'의 의미로 볼 수

있으며 (3)은 앞의 (1)과 마찬가지로 운송 수단이 한 곳에서 발화자가 있는 곳으로 이동함을 뜻하기에 '공간변화'의 의미를 나타낸다. (4)는 이동 대상이 사물로 그것이 한 곳에서 발화자에게로 이동함을 뜻한다는 점에서 '공간변화'의 의미를 지니고 (10)은 이동 주체가 목적지에 도착함을 나타내는데 이도 '공간변화'의 의미에 포함될 수 있으며 (12)는 사람이 특정 목적을 지닌 모임에 참석하기 위해 발화자가 있는 곳으로 이동한다는 점에서 이 역시 '공간변화'의 의미로 해석할 수 있다. (22)는 사람이 이동 경로를 따라 움직인다는 점에서 '공간변화'의 의미로 볼 수 있고 (23)은 사람이 어떤 일을 하기 위해 발화자가 있는 곳으로 이동한다는 점에서 '공간변화'의 의미로 해석할 수 있다.

이처럼 동사 '오다'도 동사 '가다'와 마찬가지로 '공간변화'의 범주에 포섭되는 의미들을 다수 지니는데 이 두 동사에는 각각 8가지의 '공간변화'의 의미가 있다. 이들은 서로 대응관계를 보이는데 예컨대, '학교에 가다'와 '학교에 오다'의 두 예문은 동일한 사건의 서로 다른 표현이라 할 수 있는데 이러한 표현상의 차이가 나타나는 것은 동일한 이동 행위라 하더라도 그 행위가 기준점인 화자로부터 멀어지는 행위인지 아니면 기준점인 화자에게로 접근하는 행위인지에 따라 서로 다른 동사가 사용된다. 즉, 이동 행위가 기준점인 화자로부터 멀어지는 경우에는 동사 '가다'를 사용하고 이동 행위가 기준점인 화자에게로 접근하는 경우에는 동사 '오다'를 사용하는 것이다. 이처럼 동사 '가다'와 '오다'는 동일한 이동 장면을 묘사하나 그 이동 주체와 기준점간의 위치 관계에 의해 서로 달리 선택된다.[50]

다음, 동사 '오다'의 '시간변화'와 관련된 사전의미를 제시하면 다음

---

50) 동사 '가다'와 '오다'의 의미에서 그 기준점은 '공간변화'의 의미에서뿐만 아니라 '시간변화'와 '상태변화'의 의미 해석에서도 역할을 하는데 이에 대한 자세한 내용은 동사 '오다'의 '시간변화'의 의미와 '상태변화'의 의미를 구분하는 부분에서 논의하기로 한다.

과 같다.

    (15) (주로 '와서' 꼴로 쓰여) 말하는 때나 시기에 이르다.
    (19) 어떤 때나 계절 따위가 말하는 시점을 기준으로 현재나 가까운 미
        래에 닥치다.

  위에서 (15)는 화자가 말하는 시간에 이르렀음을 의미하는데 이는 시간을 이동 대상으로 간주하고 그것이 기준점인 화자에게 도착하는 것으로 볼 수 있는데 이는 결과적으로 '시간변화'의 의미를 나타내고 (19)는 특정 시간이 화자가 말하는 시점을 기준으로 이미 그 시점에 이르렀거나 곧 이르게 됨을 의미하는데 이도 시간을 구체적인 이동 대상으로 간주하고 그것이 기준점인 화자에게 도착하였거나 접근하고 있음을 나타낸다는 점에서 '시간변화'의 의미로 볼 수 있다.

  이제 동사 '오다'의 '상태변화'와 관련된 사전의미를 살펴보기로 하는데 앞선 동사 '가다'의 경우와 비교해 보면 동사 '오다'는 '상태생성'과 '상태도달'의 의미는 포착되나 '상태소실'[51]과 '상태유지'[52]의 의미는 포착되지 않는다.

---

51) 동사 '오다'에 '상태소실'의 의미가 나타나지 않는 이유는 그 이동 주체와 기준점 간의 해석에서 비롯된다고 할 수 있다. 즉, 동사 '오다'에 의해 표현되는 행위의 주체는 개념화자를 기준점으로 이에 접근하는 것으로 이러한 대상은 개념화자의 시야 범위에 들어오는 존재로 볼 수 있는 반면 동사 '가다'에 의해 표현되는 행위의 주체는 개념화자를 기준점으로 이에서 멀어지는 것으로 이러한 대상은 개념화자의 시야 범위를 벗어나 관찰할 수 없는 곳으로 사라짐을 뜻한다. 이러한 관계로 말미암아 동사 '가다'는 '상태소실'의 의미를 지니지만 동사 '오다'는 '상태소실'의 의미를 지니지 않는다.

52) 동사 '오다'가 본용언이 아닌 보조용언으로 쓰이면 '상태유지'의 의미가 나타나는데 이는 보조용언 구성 '-어 오다'의 용법에서 알 수 있는바 그 예로는 아래와 같은 것들이 있다.

  ㄱ. 날이 밝아 <u>온다</u>.
  ㄴ. 그는 이 직장에서 30년간이나 일해 <u>왔다</u>.
  ㄷ. 그는 지금까지 아픔을 잘 견뎌 <u>왔다</u>.

그럼 먼저, '상태생성'의 의미를 나타내는 동사 '오다' 사전의미를 보이면 다음과 같은 것들이 있다.

(5) 관심이나 눈길 따위가 말하는 사람에게로 쏠리다.
(7) 전기가 흘러서 불이 켜지거나 몸에 전하여지다.
(8) 운수나 보람, 기회 따위가 말하는 사람 쪽에 나타나다.
(9) 느낌이나 뜻이 말하는 사람에게 전달되다.
(11) 어떤 대상에 어떤 상태가 이르다.
(13) 건강에 해가 되다.
(16) 물체가 말하는 사람이 있는 쪽으로 기울어지다.
(17) 비, 눈, 서리나 추위 따위가 내리거나 닥치다.
(18) 질병이나 졸음 따위의 생리적 현상이 일어나거나 생기다.
(20) 어떤 현상이 어떤 원인에서 비롯하여 생겨나다.
(21) 어떤 현상이 다른 곳에서 전하여지다.

위에서 (5)는 사람들의 관심이나 눈길이 화자에게 집중됨을 의미하는데 이는 그러한 상태가 없던 데로부터 그러한 상태가 생겨남을 의미하기에 '상태생성'의 의미로 볼 수 있고 (7)은 전기가 이동하여 화자가 있는 곳에 도달함을 말하는데 이는 곧 전기의 생성을 의미하는 것으로 '상태생성'의 의미로 간주할 수 있다.[53] (8)은 운수나 기회와 같은 추상적인 대상이 화자에게 도달하는 것으로 볼 수 있는데 이는 전에 없던 상태가 새롭게 나타난다는 점에서 '상태생성'의 의미를 나타낸다고 할 수 있고 (9)는 느낌과 같은 심리적인 대상이 화자에게 도달하는 것으로 볼 수 있는데 이는 화자에게 새로운 심리 상태가 나타난다는 점에서 '상태생성'의 의미에 포

---

53) 이는 앞서 논의한 '전기가 가다'의 경우 동사 '가다'가 '상태소실'의 의미를 나타낸다는 사실과 대조적인데 이러한 대응 현상이 생기는 이유는 앞서 언급한 기준점의 역할에서 비롯된 것이라 할 수 있다. 즉, 특정 대상이 기준점인 화자에서 멀어지면 결국 그 화자의 시야 범위를 벗어나서 사라지게 되고 특정 대상이 기준점인 화자에게 접근하면 결국 그 화자의 시야 범위에 들어와서 눈으로 직접 확인할 수 있는 대상이 된다.

괄된다. (11)은 전쟁으로 인해 평화가 상실된 상황에서 다시 그 평화를 되찾는다는 점에서 '상태생성'의 의미로 해석되고 (13)은 무리나 충격과 같은 건강에 해로운 상태가 우리 몸에 생김을 뜻한다는 점에서 '상태생성'의 의미로 간주된다. 또한, (16)은 특정 사물이 화자가 있는 쪽으로 기울어져서 그러한 상태가 이루어졌음을 뜻한다는 점에서 '상태생성'의 의미로 볼 수 있고 (17)은 '비', '눈', '추위'와 같은 기상 현상이 생김을 뜻한다는 점에서 '상태생성'의 의미로 간주된다. 그리고 (18)은 질병이나 졸음과 같은 생리 현상이 생김을 뜻한다는 의미에서 '상태생성'의 의미로 포괄할 수 있고 (20)은 특정 현상이 어떠한 원인으로 말미암아 생김을 뜻한다는 점에서 '상태생성'의 의미를 나타낸다고 할 수 있다. 마지막으로 (21)은 말투나 버릇과 같은 습관이 외부의 영향으로 말미암아 생김을 뜻한다는 점에서 역시 '상태생성'의 의미로 볼 수 있다.

이제 끝으로 동사 '오다'의 '상태도달'의 의미를 살펴보기로 하는데 이에 해당하는 사전의미를 제시하면 아래와 같다.

(6) 소식이나 연락 따위가 말하는 사람이 있는 곳으로 전하여지다.
(14) 길이나 깊이를 가진 물체가 어떤 정도에 이르거나 닿다.

위에서 (6)은 소식이나 연락과 같은 추상적인 대상이 화자가 있는 곳에 도착함을 뜻하는데 이는 화자가 그러한 정보를 접하게 되었다는 점에서 '상태도달'의 의미로 간주할 수 있고 (14)는 어떤 대상의 길이나 깊이가 다른 대상의 그것에 비추어 볼 경우 어떠한 상태에 이름을 뜻한다는 점에서 '상태도달'의 의미로 볼 수 있다.

이상으로 수평 지향성을 나타내는 동사 '가다'와 '오다'의 의미를 「변화는 이동」의 개념적 은유에 의해 구분하여 보았는데 여기서 이 두 동사의 서로 대응되는 의미는 그 이동 주체와 기준점 간의 관계로 설명할 수 있다. 즉, 동사 '가다'는 이동 주체가 기준점에서 멀어짐을 나타내고 동사 '오다'는 이동 주체가 기준점으로 가까워짐을 나타낸다는 점에서 차이가 있는데 이러한 기준점은 화자인 우리로 단일하게 설정하는 것이 교육적으로 유용하다고 볼 수 있다.[54]

## 1.2. 수직 지향성 범주의 의미 유형

여기서는 또 다른 방향 지향성 범주인 수직 지향성 동사의 의미에 대해 알아보고자 하는데 한국어에서 대표적인 수직 지향성 동사로는 '오르다' 와 '내리다'가 있다. 그럼 아래에 이 두 동사의 의미 구분 양상에 대해 살펴보기로 한다.

### 1.2.1. 대상의 상승 지향의 경우

먼저, 동사 '오르다'의 의미를 구분하기 위해 그 사전의미를 제시하면 다음과 같다.

> 오르다 [동사]
> (1) 사람이나 동물 따위가 아래에서 위쪽으로 움직여 가다.
> (2) 지위나 신분 따위를 얻게 되다.
> (3) 탈것에 타다.
> (4) 어떤 정도에 달하다.
> (5) 길을 떠나다.
> (6) 뭍에서 육지로 옮다.
> (7) 몸 따위에 살이 많아지다.

---

54) 인간은 자기중심적으로 이 세상을 인식한다는 점에서 그 기준점을 인식 주체인 우리로 설정하는 것이 타당한데 이러한 자기중심적 지향성에 대한 논의는 레이코프와 존슨 (Lakoff & Johnson, 1980: 132-3)을 참조할 수 있다.

(8) 식탁, 도마 따위에 놓이다.

(9) 남의 이야깃거리가 되다.

(10) 기록에 적히다.

(11) 값이나 수치, 온도, 성적 따위가 이전보다 많아지거나 높아지다.

(12) 기운이나 세력이 왕성하여지다.

(13) 실적이나 능률 따위가 높아지다.

(14) 어떤 감정이나 기운이 퍼지다.

(15) 병균이나 독 따위가 옮다.

(16) 귀신 같은 것이 들리다.

(17) 때가 거죽에 묻다.

(18) 물질이나 물체 따위가 위쪽으로 움직이다.

위에서 볼 수 있듯이 동사 '오르다'의 구문 형식에는 '-가(이) 오르다'와 '-가(이) -에 오르다'의 두 가지가 있는데,[55] 동사 '오르다'는 이러한 주격 성분과 부사격 성분의 의미자질에 따라 서로 다른 의미를 나타내게 된다. 따라서 동사 '오르다'의 의미는 그 구문 유형에 따라 구분해 볼 필요가 있는데 그 기본의미가 실현되는 구문에 '-에'가 나타나는 관계로 먼저, 부사격 성분 '-에'가 동사 '오르다'의 의미에 작용하는 양상을 살펴보고 다음, 주격 성분 '-가(이)'가 동사 '오르다'의 의미에 작용하는 양상을 살펴보고자 한다.

앞서 제시된 동사 '오르다'의 의미들 중에서 부사격 성분 '에'가 나타나는 의미들로는 다음과 같은 것들이 있다.

(1) 사람이나 동물 따위가 아래에서 위쪽으로 움직여 가다.

(2) 지위나 신분 따위를 얻게 되다.

---

55) 동사 '오르다'와 결합관계를 보이는 성분들로는 주격 성분 '가/이'와 부사격 성분 '에' 외에 목적격 성분 '를/을'도 있는데 이는 '정상을 오르다', '계단을 오르다'와 같이 기본 의미로만 사용되는 관계로 여기서는 이를 논의의 대상에서 제외하기로 한다.

(3) 탈것에 타다.

(4) 어떤 정도에 달하다.

(5) 길을 떠나다.

(6) 물에서 육지로 옮다.

(8) 식탁, 도마 따위에 놓이다.

(9) 남의 이야깃거리가 되다.

(10) 기록에 적히다.

위에서 동사 '오르다'의 기본의미인 (1)은 '산에 오르다', '옥상에 오르다'와 같이 그 부사어로 구체적인 장소가 쓰였는데 이는 주어가 낮은 곳에서 높은 곳에 이르렀음을 나타내고 (2)는 그 부사어로 '왕위, 관직, 벼슬'과 같은 지위를 나타내는 명사가 사용되었는데 이는 주어가 낮은 지위에서 높은 지위로 승진했음을 나타내며 (3)은 그 부사어로 '기차, 배, 비행기'와 같은 차량 명사가 사용되었는데 이는 주어가 이러한 탈것에 몸을 실음을 나타낸다.

또한, (4)는 그 부사어로 '궤도'가 사용되었는데 이는 어떤 사업이 정상 상태에 들어섰음을 의미하고 (5)는 그 부사어로 '여행길, 귀로(歸路)'가 사용되었는데 이는 주어가 목적지로 향발함을 의미하며 (6)은 그 부사어로 '뭍'이 사용되었는데 이는 주어가 해발고가 낮은 수면에서 해발고가 높은 육지에 도착함을 의미한다.

그리고 (8)은 그 부사어로 '저녁상, 도마'가 사용되었는데 이는 음식이나 음식 재료가 밥상이나 도마 위에 놓인 상태를 뜻하고 (9)는 그 부사어로 '구설수, 화제'와 같은 명사가 사용되었는데 이는 주어가 대중의 관심이나 주목을 받지 못하던 상태에서 받는 상태로 되었음을 뜻하며 (10)은 그 부사어로 '호적, 사전'과 같은 명사가 사용되었는데 이는 주어가 특정 자격을 획득함을 뜻한다.

이상의 의미들 중에서 (1, 3, 5, 6)은 '공간변화'의 의미를 나타내고 (2,

4, 8, 9, 10)은 '상태변화'의 의미를 나타낸다.

이제 주격 성분 '가/이'가 동사 '오르다'의 의미에 작용하는 양상을 알아보기로 하는데 이에 해당되는 의미들을 추출해 제시하면 아래와 같다.

> (7) 몸 따위에 살이 많아지다.
> (11) 값이나 수치, 온도, 성적 따위가 이전보다 많아지거나 높아지다.
> (12) 기운이나 세력이 왕성하여지다.
> (13) 실적이나 능률 따위가 높아지다.
> (14) 어떤 감정이나 기운이 퍼지다.
> (15) 병균이나 독 따위가 옮다.
> (16) 귀신같은 것이 들리다.
> (17) 때가 거죽에 묻다.
> (18) 물질이나 물체 따위가 위쪽으로 움직이다.

위에서 (7)은 '살이 오르다'와 같이 몸무게가 늘어남을 의미하는데 이는 「많음은 위」의 은유가 작용한 것이고 (11)은 그 주어로 '등록금, 혈압, 체온'과 같은 명사가 쓰이는데 이는 「높음은 위」의 은유가 작용한 것이며 (12)는 그 주어로 '기세, 인기'와 같은 명사가 쓰이는데 이 역시 「높음은 위」 또는 「많음은 위」의 은유가 작용한 것이다.

또한, (13)은 그 주어로 '실적, 능률'과 같은 명사가 사용되는데 이도 「많음은 위」 또는 「높음은 위」의 은유가 작용한 것이고 (14)는 그 주어로 '부아, 술기운'과 같은 명사가 쓰이는데 이는 사람이 화가 나거나 술을 마시면 얼굴이 벌겋게 되는 모습을 볼 수 있는데 사람이 얼굴이 신체의 위에 위치해 있으므로 이 또한 「높음은 위」의 은유가 작용한 것으로 볼 수 있으며 (15)는 그 주어로 '옴, 독'과 같은 명사가 쓰이는데 이는 특정 병균이나 독이 인체에 침투되어 온몸으로 확산되는 경우를 이르는데 이 역시 「많음은 위」의 은유가 작용한 것이다.

그리고 (16)은 그 주어로 명사 '신'이 사용되는데 이는 굿을 하는 무당에게 영적인 힘이 생김을 뜻하므로 「생성은 위」의 은유가 작용한 것이고 (17)은 그 주어로 명사 '때'가 사용되는데 이도 때가 생김을 뜻하므로 「생성은 위」의 은유가 작용한 것이며 (18)은 그 주어로 '불길, 김, 연기'와 같은 명사가 쓰이는데 이는 「높음은 위」의 은유가 작용한 것이다.

이상의 의미들 중에서 (7, 11, 12, 13, 14, 15, 18)은 「많음은 위」 또는 「높음은 위」의 은유가 작용한 것이고 (16, 17)은 「생성은 위」의 은유가 작용한 것이다.

### 1.2.2. 대상의 하향 지향의 경우

이제 동사 '오르다'와 대립관계를 보이는 동사 '내리다'의 의미 범주에 대해 알아보기로 하는데 이를 위해 그 사전의미를 제시하면 다음과 같다.

내리다 [동사]
(1) 눈, 비, 서리, 이슬 따위가 오다.
(2) 어둠, 안개 따위가 짙어지거나 덮여 오다.
(3) 쪘거나 부었던 살이 빠지다.
(4) 타고 있던 물체에서 밖으로 나와 어떤 지점에 이르다.
(5) 비행기 따위가 지상에 도달하여 멈추다.
(6) 탈것에서 밖이나 땅으로 옮아가다.
(7) 위에 있는 것을 낮은 곳 또는 아래로 끌어당기거나 늘어뜨리다.
(8) 판단, 결정을 하거나 결말을 짓다.
(9) 위에 올려져 있는 물건을 아래로 옮기다.
(10) 『컴퓨터』 컴퓨터 통신망이나 인터넷 신문에 올린 파일이나 글, 기사 따위를 삭제하다.
(11) 위에 있는 것을 아래에 옮겨 놓다.
(12) 가루 따위를 체에 치다.
(13) 값이나 수치, 온도, 성적 따위가 이전보다 떨어지거나 낮아지다. 또

는 그렇게 하다.

(14) 먹은 음식물 따위가 소화되다. 또는 그렇게 하다.

(15) 막, 휘장, 커튼 따위가 위에서 아래로 옮겨 가다. 또는 그렇게 하다.

(16) 뿌리가 땅속으로 들어가다.

(17) 윗사람으로부터 아랫사람에게 상이나 벌 따위가 주어지다. 또는 그렇게 하다.

(18) 명령이나 지시 따위를 선포하거나 알려 주다. 또는 그렇게 하다.

위에서 동사 '내리다'의 격틀은 주로 '-가/이 내리다'와 '-를/을 내리다'로 구분할 수 있는데[56] 이 두 가지 격틀은 동일한 명사 부류와 결합하기만 하면 동일한 의미를 나타내므로 동사 '내리다'의 의미는 그 격틀에 따라 구분하지 않고 일괄적으로 구분하기로 한다.

위에서 동사 '내리다'의 기본의미인 (1)은 그 주어로 '비'나 '눈'이 쓰였는데 이는 해당 대상이 하늘에서 지면으로 이동함을 나타내고 (2)는 그 주어로 '어둠'이나 '안개'와 같은 명사가 쓰였는데 이는 어둡지 않던 상태에서 어두운 상태로 변화되거나 안개가 끼지 않던 상태에서 안개가 낀 상태로 변화됨을 보여 주는 '상태변화'의 의미를 나타내며 (3)은 그 주어로 '살'이 쓰였는데 이는 체지방의 감소를 나타내기에 「적음은 아래」의 은유가 작용한 것이다.

또한, (4)는 '역에 내리다'와 같이 주어가 차량에서 지면으로 옮김을 뜻하고 (5)는 '비행기가 내리다'와 같이 비행 물체가 고공에서 지면에 도달함을 나타내며 (6)은 '차에서 내리다'와 같이 주어가 차량에서 지면으로 옮김을 나타낸다.

(7)은 '소매를 내리다'와 같이 위에 있던 것을 아래로 옮긴다는 점에서

---

56) 물론 이 두 가지 격틀 외에 격조사 '에(에게), 에서'가 포함된 격틀도 있지만 이들 격 성분은 동사 '내리다'의 의미 형성에 결정적인 영향을 미치지 않으므로 이들을 그 타동사적 용법인 '-를/을 내리다'의 격틀에 포함시키고자 한다.

'공간변화'의 의미를 나타내고 (8)은 '판단을 내리다'와 같이 어떤 일을 판단하지 못하던 데로부터 판단하게 된다는 점에서 '상태변화'의 의미를 나타내며57) (9)는 '짐을 내리다'와 같이 위에 있던 물건을 아래로 옮긴다는 점에서 '공간변화'의 의미를 나타낸다.

(10)은 '기사를 내리다'와 같이 인터넷에서 특정 글을 삭제한다는 점에서 「소실은 아래」의 은유가 작용한 것이고 (11)은 '그릇을 내리다'와 같이 높은 곳에 있던 사물을 아래로 옮긴다는 점에서 '공간변화'의 의미를 나타내며 (12)는 '커피를 내리다'와 같이 커피 가루를 체로 걸러 내 커피를 만든다는 점에서 '상태변화'의 의미를 나타낸다.

(13)은 '열이 내리다', '물가가 내리다'와 같이 특정 수치의 감소를 나타내는데 이는 「낮음은 아래」의 은유가 작용한 것이고 (14)는 '체중이 내리다'와 같이 먹은 음식이 소화되어 체중이 사라짐을 나타내기에 이는 「소실은 아래」의 은유가 작용한 것이며 (15)는 '막이 내리다'와 같이 실제로 무대에 설치된 막이 위에서 아래로 움직이는 의미를 나타내거나 특정 행사가 마무리됨을 나타내는데 이는 「종료는 아래」의 은유가 작용한 것이다.58)

그리고 (16)은 '뿌리가 내리다'와 같이 실제로 식물의 뿌리가 땅속으로 들어감을 나타낼 뿐만 아니라 특정 현상의 정착을 나타내기도 하는데 이는 「안정은 아래」의 은유가 작용하는 것이고59) (17)은 '처벌이 내리다'와 같이 아랫사람이 윗사람의 통제를 받게 됨을 나타내는데 이는 「통제는 아래」의 은유가 작용한 것이며 (18)은 '어명이 내리다'와 같이 왕의 명을 받게 됨을 나타내는데 이도 「통제는 아래」의 은유가 작용한 것이다.60)

---

57) 이는 우리가 어떤 결론에 이르게 되었을 경우에 손바닥으로 책상을 내리치는 경험적 사실과 관련된다고 할 수 있다.

58) 이는 공연장에서 공연이 끝나고 난 뒤 무대의 막이 서서히 위에서 아래로 움직이는 경험적 상관성에 의해 형성된 은유로 볼 수 있다.

59) 이 은유에 대한 물리적 근거로 사람은 높은 곳에 위치할 경우보다 낮은 곳에 위치할 경우에 안정감을 느끼는 경험적 사실을 들 수 있다.

60) 이와 관련하여 레이코프와 존슨(Lakoff & Johnson, 1980: 15)은 HAVING CONTROL or

이상으로 동사 '내리다'의 의미를 구분해 보았는데 이들의 의미는 앞서 구분한 동사 '오르다'의 의미와 대응관계를 보이므로 이 두 동사의 의미를 교수·학습함에 있어서 서로 대응되는 의미를 함께 제시하는 것이 학습자의 의미체계 발달에 유용할 수 있다.[61)]

## 2. 소유변화 범주 동사의 의미 유형 구분

이제 또 다른 의미범주인 소유변화 관련 동사 '주다', '받다'와 '사다', '팔다'의 의미에 대해 알아보기로 한다. 이들 동사는 전체적으로 '소유변화'의 의미를 나타낸다는 점에서 공통적인데 동사 '주다'와 '받다'의 경우는 특정 대상이 동작의 주체를 기준으로 이에서 이탈하는지 아니면 이에 도착하는지에 따라 다양한 은유적 의미가 나타나고 동사 '사다'와 '팔다'의 경우는 특정 대상이 동작의 주체에 소유되는지 아니면 소유되지 않는지에 따라 다양한 은유적 의미가 나타난다. 그럼 아래에 이들 각 동사의 의미에 대해 구체적으로 알아보기로 한다.

### 2.1. 대상 이동에 따른 의미 유형

여기서는 대상 이동에 따른 의미 범주의 구조화 양상을 대상 이탈의 경

---

FORCE IS UP; BEING SUBJECT TO CONTROL or FORCE IS DOWN(통제 또는 힘을 행사하는 것은 위; 통제 또는 힘을 받는 것은 아래)의 은유를 제시하고 있다.

61) 이와 관련하여 레이코프와 존슨(Lakoff & Johnson, 1980: 17-18)은 우리의 대부분의 근본적인 개념들은 하나 또는 그 이상의 공간화 은유들에 의해 조직화되고 이러한 공간화 은유는 내적인 체계성을 갖는다고 하였다. 예컨대, 「행복은 위」와 「슬픔은 아래」의 은유는 수많은 고립되고 임의적인 경우들을 규정한다기보다는 하나의 일관된 체계를 규정한다고 하였다.

우와 대상 도착의 경우로 구분하여 살펴보는데 동사 '주다'는 특정 대상이 주어로 표현되는 동작의 주체를 떠나 다른 곳으로 전달됨을 의미한다는 점에서 대상 이탈의 경우에 해당하고 동사 '받다'는 특정 대상이 주어로 표현되는 동작의 주체에 닿아 이에 영향을 미친다는 점에서 대상 도착의 경우로 간주할 수 있다. 그럼 아래에 먼저, 대상 이탈의 경우에 어떤 의미 범주화 양상을 보이는지 살펴보고 다음, 대상 도착의 경우에 또 어떤 의미 범주화 양상을 보이는지 살펴보도록 한다.

### 2.1.1. 대상 이탈의 경우

먼저, 동사 '주다'의 의미 유형들을 전체적으로 보기 위해 그 사전의미를 제시하면 다음과 같다.

> 주다 [동사]
> (1) 물건 따위를 남에게 건네어 가지거나 누리게 하다.
> (2) 남에게 어떤 자격이나 권리, 점수 따위를 가지게 하다.
> (3) 좋지 아니한 영향을 미치게 하다.
> (4) 실이나 줄 따위를 풀리는 쪽으로 더 풀어 내다.
> (5) 시선이나 몸짓 따위를 어떤 곳으로 향하다.
> (6) 주사나 침 따위를 놓다.
> (7) 속력이나 힘 따위를 가하다.
> (8) 다른 사람에게 정이나 마음을 베풀거나 터놓다.

위에서 (1)은 동사 '주다'의 기본의미로 특정 대상의 공간 이동을 나타내고 이 의미를 기준으로 의미가 확장되는데 여기서 새로운 의미 생성에 영향을 미치는 요소는 바로 대상의 의미자질이다. 즉, (2)는 주어가 '자격, 권리'와 같은 추상적인 대상을 상대에게 부여함을 나타내고 (3)은 주어가 '고통, 상처'와 같은 부정적인 대상을 상대에게 부여함을 의미하며 (4)는 주어가 '실, 줄'과 같은 것을 자신에게서 멀어지는 쪽으로 보냄을 의미한다.

또한, (5)는 주어가 '눈길, 관심'과 같은 추상적인 대상을 특정 상대에게 보냄을 의미하고 (6)은 주어가 '주사, 침'을 상대에게 놓음을 의미하며 (7) 은 주어가 '속력, 힘'과 같은 추상적인 대상을 특정 상대에게 가함을 의미하고 (8)은 주어가 '정, 마음'과 같은 추상적인 대상을 특정 상대에게 전달함을 의미한다.

## 2.1.2. 대상 도착의 경우

다음, 동사 '받다'의 의미를 구분하기 위해 그 사전의미를 보이면 아래와 같다.

> **받다** [동사]
> (1) 다른 사람이 주거나 보내오는 물건 따위를 가지다.
> (2) 다른 사람이 바치거나 내는 돈이나 물건을 책임 아래 맡아 두다.
> (3) 다른 사람이나 대상이 가하는 행동, 심리적인 작용 따위를 당하거나 입다.
> (4) 점수나 학위 따위를 따다.
> (5) 여러 사람에게 팔거나 대어 주기 위해 한꺼번에 많은 양의 물품을 사다.
> (6) 공중에서 밑으로 떨어지거나 자기 쪽으로 향해 오는 것을 잡다.
> (7) 어떤 상황이 자기에게 미치다.
> (8) 빛, 볕, 열이나 바람 따위의 기운이 닿다.
> (9) 요구, 신청, 질문, 공격, 도전, 신호 따위의 작용을 당하거나 거기에 응하다.
> (10) ('-어 주다'와 함께 쓰여) 다른 사람의 어리광, 주정 따위에 무조건 응하다.
> (11) 사람을 맞아들이다.
> (12) 총이나 칼 따위를 맞다.

(13) 남의 노래, 말 따위에 응하여 뒤를 잇다.

(14) 태어나는 아이를 거두다.

(15) 동식물의 씨나 알 따위를 거두어 내다.

(16) 술 따위를 사다.

(17) 떨어진 버선이나 신 따위를 덧대어 깁다.

(18) 흐르거나 쏟아지거나 하는 것을 그릇 따위에 담기게 하다.

(19) 색깔이나 모양이 어떤 것에 어울리다.

(20) 음식물 따위가 비위에 맞다.

(21) 화장품 따위가 곱게 잘 발린다.

(22) 사진이 더 잘 나오는 특성이 있다.

위에서 동사 '받다'는 그 대상이 구체적인 것에서 추상적인 것으로 바꾸면서 다양한 의미를 나타내는데[62] 이처럼 대상의 구체성과 추상성 정도에 따라 의미를 구분하는 방식은 그 동사의 의미를 인지적으로 파악하는 데에 유용하다. 그럼 먼저, 동사 '받다'의 대상으로 구체적인 것이 사용된 의미들을 추출하여 제시하면 다음과 같다.

(1) 다른 사람이 주거나 보내오는 물건 따위를 가지다.

(2) 다른 사람이 바치거나 내는 돈이나 물건을 책임 아래 맡아 두다.

(4) 점수나 학위 따위를 따다.

(5) 여러 사람에게 팔거나 대어 주기 위해 한꺼번에 많은 양의 물품을 사다.

(6) 공중에서 밑으로 떨어지거나 자기 쪽으로 향해 오는 것을 잡다.

---

62) 동사 '받다'는 앞서 논의한 다른 동사들과 달리 세 자리 서술어로 쓰이는 경우가 있는데 여기서 주어 논항은 일반적으로 스스로 움직일 수 있는 '유정물' 특히, '사람'으로 충당 되는바 이는 인지적 현저성이 뚜렷한 요소로 동사의 의미 형성에 별다른 영향을 미치지 못하고 또한, 부사어 논항은 필수적인 성분이 아닌 임의적인 성분이기에 이 역시 동사 의 의미 형성에서 중요한 역할을 하지 못한다. 따라서 동사 '받다'의 의미 형성에 직접 적으로 관여하는 요소는 목적어 논항으로 그 대상의 의미자질에 따라 다양한 의미가 형 성된다고 할 수 있다.

(11) 사람을 맞아들이다.

(12) 총이나 칼 따위를 맞다.

(14) 태어나는 아이를 거두다.

(15) 동식물의 씨나 알 따위를 거두어 내다.

(16) 술 따위를 사다.

(17) 떨어진 버선이나 신 따위를 덧대어 깁다.

(18) 흐르거나 쏟아지거나 하는 것을 그릇 따위에 담기게 하다.

위의 동사 '받다'의 의미들은 모두 그 대상이 구체적인 사물로 주어의 소유물이 아니던 것에서 주어의 소유물로 되었음을 말하는데 이들은 모두 '소유변화'를 나타낸다는 점에서 공통적이다. 구체적으로 (1)은 주어가 '선물, 편지, 월급'과 같은 구체적인 사물을 가지게 되어 그것이 자신의 소유가 되었음을 나타내고 2)는 주어가 '세금, 의연금, 공과금'과 같은 비용을 공적인 사용 목적으로 소유하고 있음을 나타내며 (4)는 주어가 '점수, 등급, 학위'와 같은 결과를 소유하는 것으로 볼 수 있다.

또한, (5)는 주어가 어떤 물품을 되팔기 위한 목적으로 사들여 자신의 소유로 함을 나타내고 (6)은 주어가 이동하는 사물을 잡아서 자신의 소유로 함을 나타내며 (11)은 주어가 '손님, 환자, 사원'과 같은 사람들을 자신이 속한 단체에 끌어들임을 뜻하는데 이도 소유의 의미로 볼 수 있다.

그리고 (12)는 사람이 총이나 칼에 맞으면 몸에 상처가 나는데 이는 상처를 소유하는 것으로 볼 수 있고 (14)는 주어가 산모의 출산을 돕는 행위로 이 역시 아이를 소유하는 의미로 볼 수 있으며 (15)는 사람이 동물의 알이나 식물의 씨를 자신의 소유로 함을 의미한다.

마지막으로 (16)은 '술을 받아 오다'와 같이 주어가 술을 사서 이를 소유하고 있음을 나타내고 (17)은 주어가 해진 옷이나 양말을 깁는 행위를 나타내는데 이 역시 해당 사물을 계속 소유하기 위한 의미로 볼 수 있으며 (18)은 주어가 어떠한 용도로 물을 사용하기 위해 이를 소유함을 나타낸다.

이제 동사 '받다'의 대상이 추상적인 경우를 살펴보기로 하는데 이에 해당되는 사전의미를 추출하여 보면 아래와 같다.

> (3) 다른 사람이나 대상이 가하는 행동, 심리적인 작용 따위를 당하거나 입다.
> (7) 어떤 상황이 자기에게 미치다.
> (8) 빛, 볕, 열이나 바람 따위의 기운이 닿다.
> (9) 요구, 신청, 질문, 공격, 도전, 신호 따위의 작용을 당하거나 거기에 응하다.
> (10) ('-어 주다'와 함께 쓰여) 다른 사람의 어리광, 주정 따위에 무조건 응하다.
> (13) 남의 노래, 말 따위에 응하여 뒤를 잇다.

위에서 (3)은 주어가 '귀염, 주목, 진료'와 같은 대상의 영향을 입음을 나타내고 (7)은 주어가 '죄, 복, 사면'과 같은 대상의 영향을 입음을 나타내며 (8)은 '빛, 열, 바람'과 같은 대상의 영향을 입음을 나타낸다.

또한, (9)는 '요구, 신청, 질문'과 같은 대상의 영향을 입는다는 점에서는 앞선 예인 (3, 7, 8)과 동일하나 주어가 주체적으로 어떠한 행동을 추가적으로 한다는 점에서 구분되고 (10)은 동사 '받다'가 보조용언 구성 '-어 주다'와 결합하여 쓰인다는 점이 특이한데 이는 주어가 '어리광, 술주정, 조건'과 같은 상황에 적절히 대응함을 나타내며 끝으로 (13)은 주어가 다른 사람의 말이나 노래를 이어서 계속함을 나타낸다.

## 2.2. 대상 소유에 따른 의미 유형

이제 끝으로 동사 '사다'와 '팔다'의 의미 범주에 대해 알아보기로 하는데 동사 '사다'와 '팔다'는 상거래 동사로서 상거래 모형에 의해 그 의미가 실현된다고 볼 수 있다.[63] 즉, 상거래 틀을 이루는 틀 요소로 사는 이, 파는 이, 상품, 가격의 네 가지가 있는데 동사 '사다'는 사는 이의 관점에서 상황을 기술하고 동사 '팔다'는 파는 이의 관점에서 상황을 기술한다는 점에서 차이가 있다. 그럼 아래에 이들의 의미 유형을 구분해 보기로 한다.

### 2.2.1. 대상 소유의 경우

먼저, 동사 '사다'의 의미를 살펴보기 위해 사전에 등록된 의미를 제시해 보면 아래와 같다.

> **사다** [동사]
> (1) 값을 치르고 어떤 물건이나 권리를 자기 것으로 만들다.
> (2) 가진 것을 팔아 돈을 장만하다.
> (3) (주로 '사서' 꼴로 쓰여) 안 해도 좋을 일을 일부러 하다.
> (4) 다른 사람의 태도나 어떤 일의 가치를 인정하다.
> (5) 대가를 치르고 사람을 부리다.
> (6) 다른 사람에게 어떤 감정을 가지게 하다.
> (7) 음식 따위를 함께 먹기 위하여 값을 치르다.

위에서 동사 '사다'의 기본의미인 (1)은 주어가 특정 사물을 소유하는 의미를 나타내는데 이러한 의미는 그 확장의미에서도 인지되는바 (2)는 주어가 돈을 소유하는 의미를 나타내고 (3)은 주어가 고생을 자처해서 한다는 점에서 불필요한 경험을 소유하는 의미를 나타내며 (4)는 주어가 상대방의 성과에 대해 높이 평가한다는 점에서 좋은 감정을 소유하는 의미

---

63) 상거래 모형에 의한 동사 '사다'와 '팔다'의 의미에 대한 구체적인 논의는 임지룡(2001)을 참조할 수 있다.

를 나타낸다.

또한, (5)는 그 대상이 '짐꾼, 일꾼'의 경우로 주어가 상응한 대가를 지불하고 이들의 노동력을 소유하는 것으로 볼 수 있고 (6)은 그 대상이 '의심, 호감'의 경우로 상대방이 주어에게 이러한 감정을 가진다는 점에서 '소유'의 의미로 볼 수 있으며 (7)은 그 대상이 '저녁, 밥'의 경우로 주어가 다른 사람과 함께 식사하기 위해 음식물을 구매한다는 점에서 '소유'의 의미로 볼 수 있다.

### 2.2.2. 대상 무소유의 경우

다음, 동사 '사다'와 밀접한 의미적 관련성을 지니는 동사 '팔다'의 의미 범주에 대해 알아보기로 하는데 이에 앞서 그 사전의미를 제시해 보면 아래와 같다.

**팔다** [동사]
(1) 값을 받고 물건이나 권리 따위를 남에게 넘기거나 노력 따위를 제공하다.
(2) 주로 여성을 대상으로 하여 돈을 받고 윤락가나 윤락업을 하는 사람에게 넘기다. 또는 사람을 돈을 받고 물건처럼 거래하다.
(3) ('눈', '정신' 따위와 함께 쓰여) 주의를 집중하여야 할 곳에 두지 아니하고 다른 데로 돌리다.
(4) 자기의 이익을 위하여 무엇을 끌어다가 핑계를 대다.
(5) 옳지 아니한 이득을 얻으려고 양심이나 지조 따위를 저버리다.
(6) 돈을 주고 곡식을 사다.

위에서 동사 '팔다'의 기본의미인 (1)은 '파는 이가 사는 이에게서 돈을 받고 특정 상품을 제공'하는 것으로 이는 앞선 동사 '사다'의 기본의미와 대립관계를 보이는데 이 두 동사는 동일한 상거래 장면을 연상시키나 동사 '사다'가 사는 이의 관점에서 해당 장면을 묘사하는 데에 반해 동사 '팔다'는 파는 이의 관점에서 그 장면을 묘사한다는 점에서 대조적이다. 또한, (2)는 그 대상이 '사람'의 경우로 이는 주어가 돈을 받고 사람에 대한 소유권을 상대방에게로 전이한다는 점에서 그 소유권이 주어에서 이탈해 상대방의 것으로 됨을 나타내고 (3)은 그 대상이 '눈'이나 '정신'의 경우로 이는 주어가 해당 대상을 마땅한 곳에 두지 않고 다른 곳에 둔다는 점에서 소유의 이전으로 해석할 수 있다.

그리고 (4)는 그 대상이 '이름'의 경우로 이는 주어가 해당 대상의 가치를 소유하는 것으로 볼 수 있고 (5)는 그 대상이 '양심'이나 '지조'의 경우로 주어가 특정 목적을 위해 해당 대상을 버림으로써 그 소유가 주어에서 이탈함을 나타내며 (6)은 그 대상이 '쌀'로 한정되는 경우로 주어가 쌀을 판매하는 것이 아니라 오히려 쌀을 구입한다는 의미로 그 대립관계에 있는 동사 '사다'와 동일한 의미를 지니는 특수한 용법이다.


## 3. 동사 의미 유형의 등급화 원리

### 3.1. 의미의 추상성 정도

이제까지 개념적 은유의 관점에서 동사의 의미를 구분해 보았다. 이러한 의미들은 이해도에 있어서 차이를 보여 상대적으로 이해하기 쉬운 의미가 있는가 하면 그렇지 않은 의미도 있다. 따라서 이들 의미에 대해 그 추상성 정도[64])에 따라 등급화를 실시할 필요가 있다. 이는 이들 교육의

---

64) 이와 관련하여 박영순(2000: 247)은 은유를 그 정도성에 따라 다음과 같이 구분하였다.

　　① 보통어와 같이 사전에 등재된 은유(은유성이 낮은 은유)
　　② 일반화된 은유(은유성이 보통인 은유)

단계적 제시에 인지적 근거를 제공해 줄 수 있다는 점에서 의의가 있다.

다의어의 의미 확장과 관련해 하이네(Heine, 1991: 48)는 그 개념영역의 확장 방향을 '사람 > 대상 > 활동 > 공간 > 시간 > 질'로 제시했는데 이에 기초해 임지룡(2009: 211-214)은 의미 확장 양상을 다음과 같은 여섯 가지로 나누어 살펴보았다.

첫째, '사람→ 짐승→ 생물→ 무생물'로의 확장으로 그 기준점은 '사람'인데 이는 언어가 본질적으로 사람의 생존을 위해 만들어진 것이므로 우리는 '사람'에게 사용된 낱말을 이용해 '짐승', '생물', '무생물'의 개념을 표현하게 된다. 예컨대, 동사 '먹다'는 '사람이 음식물을 먹는 행위'에서 '짐승이 먹이를 먹는 행위'로 확장되고 다음 '물기를 머금은 잎새'와 같이 생물로 확장되며 나중에 '풀/기름을 먹은 종이'와 같이 무생물로 확장된다.

둘째, '구체성 → 추상성'으로의 확장으로 그 기준점은 '구체성'인데 이를 기준해 '추상성'으로 확장된다. 예컨대, 형용사 '밝다'는 '빛'을 시작으로 '색→ 표정→ 분위기→ 눈/귀→ 사리'의 영역으로 그 의미가 확장된다.

셋째, '공간→ 시간→ 추상'으로의 확장으로 그 기준점은 '공간'인데 이는 우리가 가장 쉽게 지각할 수 있는 범주이므로 이를 시작으로 '시간', '추상'의 방향으로 확장된다.[65] 예컨대, 형용사 '짧다'는 길이를 나타내는 "연필이 짧다"에서 "시간이 짧다", "경험이 짧다" 등으로 그 의미가 확장

---

③ 제한된 집단이나 특정한 분야에서 쓰이는 은유(은유성이 높은 은유)

④ 임시어적 은유(문학적 은유)

또한, 박영순(2000: 253-263)은 은유를 그 난이도에 따라 일반 은유와 문학적 은유로 구분하고 일반 은유를 다시 초급 은유, 중급 은유, 고급 은유로 구분하였는데 이러한 논의는 은유의 교육 단계 설정에 근거를 마련해 줄 수 있다는 점에서 의의가 있다.

65) 이와 관련해 기본(Givón, 1979: 314-317)은 우주를 분류하는 데에 사용되는 의미자질을 구체적, 시간적, 추상적으로 구분하고 그 내포관계를 '공간 > 시간 > 추상'으로 설정하면서 통시적으로 공간적 의미는 시간적 의미로 전이될 수 있고 시간적 의미는 추상적 의미로 전이될 수 있으나 그 역은 일어나지 않는다고 하였다.

된다.

넷째, '물리적 → 사회적 → 심리적'으로의 확장으로 그 기준점은 물리적 공간인데 이에서 시작해 사회적, 심리적 공간으로 그 의미가 확장된다. 예컨대, 아래의 '-에 있다'의 세 가지 용법이 이러한 확장 경로를 보여 준다.

(10) ㄱ. 그는 서재에 있다.
ㄴ. 그는 대학 연구소에 있다.
ㄷ. 그는 우리들의 마음속에 있다.

다섯째, '일반성 → 비유성 → 관용성'으로의 확장으로 그 기준점은 '일반성'인데 언어는 애초에 글자 그대로의 문자적 의미로 사용되다가 점차적으로 비유적 의미를 획득하며 나중에 관용적 의미로 고착된다. 예컨대, 형용사 '크다'의 경우 "눈이 크다"는 문자적 표현이고 "통이 크다"는 비유적 표현이며 "손이 크다"는 관용적 표현이다.

여섯째, '내용어 → 기능어'로의 확장으로 어휘적 의미를 지니는 '내용어'(content word)가 문법적 의미를 지니는 '기능어'(function word)로 발달되는 경우가 있는데 이는 '의미 표백화'(semantic bleaching) 현상에 따른 것이다. 예컨대, 보조용언이나 보조사 '부터', '조차'는 내용어에서 기능어로의 의미 표백화 과정을 거쳐 형성된 것이다.

요컨대, 인간은 낱말을 사용함에 있어서 '사람·구체성·공간·물리적·일반성·내용어'에 기준해 그 개념영역을 점차적으로 넓혀 가면서 새로운 의미를 생성하는데 앞서 살펴보았듯이 동사 '가다'의 경우 '공간변화'의 의미에서 '시간변화', '상태변화'의 의미로 확장된다. 그러나 여기서 '상태변화'의 의미는 또 '상태생성', '상태도달', '상태유지', '상태소실'의 의미로 하위 구분되는데 이러한 의미들은 그 추상성 정도가 동일하다고 해도 외국인 학습자들이 이들을 이해하는 데에 난이도의 차이가 있을 수 있다.

따라서 아래에서는 이들의 난이도를 학습자 모국어와의 대응관계에 따라
구분하고자 하는데 즉, 특정 낱말의 의미가 학습자 모국어의 대응 낱말에
존재하면 그 난이도가 상대적으로 낮다고 판단하고 해당 의미가 학습자
모국어의 대응 낱말에 존재하지 않으면 그 난이도가 상대적으로 높다고
판단하고자 한다. 그럼 아래에 앞서 구분한 동사의 의미들이 중국어와 어
떠한 대응관계를 보이는지 알아보기로 한다.

## 3.2. 학습자 모국어와의 대응관계

### 3.2.1. 수평 지향성 범주의 다의 대조분석

동사 '가다'와 대응되는 중국어 동사 '去'의 의미들 중에서 '상태변화'
의 의미를 나타내는 것들을 추출해 제시하면 다음과 같다.

① 상태지속: 堅持下去(유지해 나가다)
② 상태소실: 大勢已去(대세는 이미 지나갔다)

위에서 동사 '去'는 '상태지속'과 '상태소실'의 의미를 지니는데 동사
'가다'와 달리 '상태생성'과 '상태도달'의 의미는 지니지 않는 관계로 중
국어 학습자들이 동사 '가다'의 의미를 접할 경우 자신의 모국어와 대응
관계가 있는 '상태지속'과 '상태소실'의 의미는 쉽게 이해할 수 있으나 대
응관계가 없는 '상태생성'과 '상태도달'의 의미는 이해하기 어렵게 된다.
따라서 동사 '가다'의 의미를 교수·학습함에 있어서 먼저 대응관계가 있
는 의미를 제시하고 나중에 대응관계가 없는 의미를 제시하는 것이 효과
적이다. 이제 동사 '가다'의 은유적 의미를 단계별로 제시하면 아래의 표
와 같다.

<표 Ⅲ-1> 동사 '가다'의 단계적 의미 구분

| 제시 단계 | 의미 유형 | 용례 |
|---|---|---|
| 1단계 | 시간변화 | 세월이 가다 |
| 2단계 | 상태지속 | 평생을 가다 |
| | 상태소실 | 전기가 가다 |
| 3단계 | 상태생성 | 피해가 가다 |
| | 상태도달 | 소식이 가다 |

이제 동사 '오다'의 은유적 의미에 대해 등급화를 실시하고자 하는데 이를 위해 앞서 구분된 의미 유형들이 중국어와 어떠한 대응관계를 나타내는지 살펴보기로 한다.

중국어 동사 '來'는 '상태생성'과 '상태도달'의 의미를 지니는데 그 예를 보이면 다음과 같다.

① 상태생성: 机會來了(기회가 오다), 來感覺了(느낌이 오다)
② 상태도달: 來消息(소식이 오다), 來電話(전화가 오다)

위에서 동사 '來'의 '상태생성'의 의미는 그 상태가 긍정적이거나 중립적인 경우이고 부정적인 경우는 나타나지 않는데 이는 동사 '오다'의 경우와 다른데 동사 '오다'의 '상태생성'의 의미들 중에서 '감기가 오다'(得感冒)는 중국어에서 동사 '得'로 표현되고 '충격이 오다'(受沖擊)는 중국어에서 동사 '受'로 표현된다. 이처럼 동사 '오다'의 부정적 상태의 생성을 나타내는 의미가 동사 '來'에 없는 관계로 중국인 학습자들은 해당 의미의 이해에 어려움을 겪을 수 있다. 따라서 이 의미는 긍정적 또는 중립적 상태의 생성을 나타내는 의미보다 나중에 제시되는 것이 바람직하다. 이제 동사 '오다'의 은유적 의미를 단계별로 제시하면 아래의 표와 같다.

<표 Ⅲ-2> 동사 '오다'의 단계적 의미 구분

| 의미 단계 | 의미 유형 | 용례 |
|---|---|---|
| 1단계 | 시간변화 | 가을이 오다 |
| 2단계 | 긍정적 상태생성 | 평화가 오다 |
|  | 상태도달 | 소식이 오다 |
| 3단계 | 부정적 상태생성 | 충격이 오다 |

### 3.2.2. 수직 지향성 범주의 다의 대조분석

먼저, 동사 '오르다'의 '상태변화'의 의미들 중에 중국어 동사 '上'의 의미와 대응되는 용법에는 아래와 같은 것들이 있다.


    (11) ㄱ. 궤도에 오르다(上軌道)

         ㄴ. 호적에 오르다(上戶口)

         ㄷ. 요리가 오르다(上菜)


위에서 동사 '오르다'의 용법 (11ㄱ-ㄷ)은 동사 '上'과 대응관계를 보이는 관계로 중국인 학습자들이 해당 의미를 이해하는 것이 용이하므로 의미 교육 순서에서 이를 초반에 제시하는 것이 효과적이다.

다음, 동사 '오르다'의 '상태변화'의 의미들 중에 중국어 동사 '上'의 의미와 대응되는 동시에 「많음은 위」 또는 「높음은 위」의 개념적 은유가 적용되는 용법에는 아래와 같은 것들이 있다.


    (12) ㄱ. 기온이 오르다(气溫上升)

         ㄴ. 혈압이 오르다(血壓上升)

         ㄷ. 인기가 오르다(人气上升)


위에서 동사 '오르다'의 용법 (12ㄱ-ㄷ)은 동사 '上'과 대응관계를 보이는 관계로 중국인 학습자들이 해당 의미를 이해하는 것이 용이하나 앞선 용법 (11ㄱ-ㄷ)에 비해 그 결합명사의 의미가 보다 추상적이므로 의미 교육 순서에서 이를 나중에 제시하는 것이 타당하다.

또한, 동사 '오르다'의 용법들 중에 중국어 동사 '上'에 대응되지 않는 경우가 있는데 이러한 예를 보이면 아래와 같은 것들이 있다.

(13) ㄱ. 불길이 오르다(冒火)
ㄴ. 연기가 오르다(冒烟)
ㄷ. 김이 오르다(冒气)

위에서 동사 '오르다'의 용법 (13ㄱ-ㄷ)은 상대적으로 덜 추상적인 의미를 나타내나 동사 '上'에 대응되지 않는 관계로 학습자들이 해당 의미를 이해하는 데에 어려움이 따를 수 있으므로 의미 교육 순서에서 이를 마지막으로 제시하는 것이 바람직하다.

이상의 논의에 따라 동사 '오르다'의 의미 교육 순서를 표로 보이면 아래와 같다.

<표 Ⅲ-3> 동사 '오르다'의 단계적 의미 구분

| 의미 단계 | 의미 유형 | 용례 |
|---|---|---|
| 1단계 | 사물의 도착 | 요리가 오르다 |
| 2단계 | 수치의 상승 | 혈압이 오르다 |
| 3단계 | 사물의 상승 | 불길이 오르다 |

이제 동사 '내리다'의 은유적 의미에 대해 등급화를 실시하고자 하는데 이를 위해 앞서 구분된 의미 유형들이 중국어와 어떠한 대응관계를 나타내는지 살펴보기로 한다.

먼저, 동사 '내리다'의 용법들 중에 하향 지향의 중국어 동사에 대응되는 것들에는

'어둠이 내리다'(夜幕降臨), '막이/을 내리다'(落下帷幕), '뿌리가/를 내리다'(扎下根), '명령이/을 내리다'(下令), '결정이/을 내리다'(下決定)가 있는데 이들은 의미 교육 순서에서 초반에 제시하는 것이 좋다.

다음, '살이 내리다'(減肥)의 경우 하향 지향의 중국어 동사에 대응되지 않지만 「적음은 아래」의 개념적 은유가 작용하고 있기에 학습자들이 해당 의미를 용이하게 이해할 수 있으므로 이는 의미 교육 순서에서 나중에 제시하는 것이 타당하다.

또한, '체증이/을 내리다'(消化)의 경우 하향 지향의 중국어 동사에 대응되지 않지만 실제로 음식물이 사람의 위 속에서 소화되어 그 찌꺼기가 장으로 이동하는 경험적 상관성을 통해 해당 의미를 이해할 수 있으므로 이는 의미 교육 순서에서 마지막에 제시하는 것이 바람직하다.

이상의 논의에 따라 동사 '내리다'의 의미 교육 순서를 표로 보이면 아래와 같다.

<표 Ⅲ-4> 동사 '내리다'의 단계적 의미 구분

| 의미 단계 | 의미 유형 | 용례 |
|---|---|---|
| 1단계 | 어둠 | 어둠이 내리다 |
| | 종료 | 막이/을 내리다 |
| | 안정 | 뿌리가/를 내리다 |
| | 통제 | 명령이/을 내리다 |
| | 결정 | 결정이/을 내리다 |
| 2단계 | 적음 | 살이/을 내리다 |
| 3단계 | 소실 | 체증이/을 내리다 |

### 3.2.3. 대상 이동 범주의 다의 대조분석

먼저, 동사 '주다'의 은유적 의미들 중에 중국어 대응 동사 '給'와 대응 관계를 보이는 예를 제시하면 아래와 같은 것들이 있다.

(14) ㄱ. 자유를 주다(給自由)
　　 ㄴ. 혜택을 주다(給优惠)
　　 ㄷ. 권리를 주다(給權利)

위에서 동사 '주다'의 용법 (14ㄱ-ㄷ)은 중국어 대응 동사 '給'에 대응되는 관계로 중국인 학습자들이 해당 의미를 이해하는 것이 용이하므로 의미 교육 순서에서 이를 초반에 제시하는 것이 효과적이다.

다음, 동사 '주다'의 은유적 의미들 중에 중국어 개사(介詞) '給'와 동사의 결합 구성과 대응관계를 보이는 예를 제시하면 아래와 같은 것들이 있다.

(15) ㄱ. 난민들에게 고통을 주다(給難民們帶來痛苦)
　　 ㄴ. 불법 기업에 압력을 주다(給違法企業施加壓力)
　　 ㄷ. 국가 경제에 손실을 주다(給國家經濟造成損失)

위에서 동사 '주다'의 용법 (15ㄱ-ㄷ)은 중국어 개사 '給'와 특정 동사의 결합 구성에 대응되는 관계로 중국인 학습자들이 해당 의미를 이해하는 것이 어렵지 않으므로 의미 교육 순서에서 이를 나중에 제시하는 것이 타당하다.

또한, 동사 '주다'의 은유적 의미들 중에 중국어 대응 동사와 대응관계를 보이지 않는 예를 제시하면 아래와 같은 것들이 있다.

(16) ㄱ. 손에 힘을 주다(手上用力)

ㄴ. 그에게 눈길을 주다(看他)

ㄷ. 아이에게 관심을 주다(關心孩子)

위에서 동사 '주다'의 용법 (16ㄱ-ㄷ)은 중국어 대응 동사에 대응되지 않는 관계로 중국인 학습자들이 해당 의미를 이해하는 것이 어려울 수 있으므로 의미 교육 순서에서 이를 마지막에 제시하는 것이 바람직하다.

이상의 논의에 따라 동사 '주다'의 의미 교육 순서를 표로 보이면 아래와 같다.

<표 Ⅲ-5> 동사 '주다'의 단계적 의미 구분

| 의미 단계 | 의미 유형 | 용례 |
|---|---|---|
| 1단계 | 긍정적 영향 | 자유를 주다 |
| 2단계 | 부정적 영향 | 고통을 주다 |
| 3단계 | 사용 | 힘을 주다 |

이제 동사 '받다'의 은유적 의미에 대해 등급화를 실시하고자 하는데 이를 위해 앞서 구분된 의미 유형들이 중국어와 어떠한 대응관계를 나타내는지 살펴보기로 한다.

먼저, 동사 '받다'의 은유적 의미들 중에 그 은유성이 상대적으로 낮고 중국어 대응 동사와 대응관계를 보이는 예를 제시하면 아래와 같은 것들이 있다.

(17) ㄱ. 세금을 받다(收稅)

ㄴ. 손님을 받다(接客)

ㄷ. 말을 받다(接話)

위에서 동사 '받다'의 용법 (17ㄱ-ㄷ)은 중국어 동사 '收'나 '接'에 대응

되는 관계로 중국인 학습자들이 해당 의미를 이해하는 것이 용이하므로
의미 교육 순서에서 이를 초반에 제시하는 것이 효과적이다.

다음, 동사 '받다'의 은유적 의미들 중에 그 은유성이 상대적으로 높고
중국어 대응 동사와 대응관계를 보이는 예를 제시하면 아래와 같은 것들
이 있다.

> (18) ㄱ. 도전을 받다(接受挑戰)
>  ㄴ. 귀염을 받다(受寵)
>  ㄷ. 복을 받다(受福)

위에서 동사 '받다'의 용법 (18ㄱ-ㄷ)은 그 의미가 상대적으로 추상적이
나 중국어 동사 '接受'나 '受'에 대응되는 관계로 중국인 학습자들이 해당
의미를 이해하는 것이 어렵지 않으므로 의미 교육 순서에서 이를 나중에
제시하는 것이 타당하다.

또한, 동사 '받다'의 은유적 의미들 중에 그 은유성이 낮고 중국어 대응
동사와 대응관계를 보이지 않는 예를 제시하면 아래와 같은 것들이 있다.

> (19) ㄱ. 햇빛을 받다(晒太陽)
>  ㄴ. 달빛을 받다(照月光)
>  ㄷ. 바람을 받다(迎風)

위에서 동사 '받다'의 용법 (19ㄱ-ㄷ)은 중국어 대응 동사에 대응되지
않는 관계로 중국인 학습자들이 해당 의미를 이해하는 것이 어려울 수 있
으므로 의미 교육 순서에서 이를 마지막에 제시하는 것이 바람직하다.

이상의 논의에 따라 동사 '받다'의 의미 교육 순서를 표로 보이면 아래
와 같다.

<표 III-6> 동사 '받다'의 단계적 의미 구분

| 의미 단계 | 의미 유형 | 용례 |
|---|---|---|
| 1단계 | 연결 | 말을 받다 |
| 2단계 | 획득 | 복을 받다 |
| 3단계 | 흡수 | 햇빛을 받다 |

### 3.2.4. 대상 소유 범주의 다의 대조분석

동사 '사다'의 은유적 의미들 중에 중국어 동사 '買'에 대응되는 경우보다는 다른 동사에 대응되는 경우가 일반적인 관계로 이들의 의미 교육 순서는 그 대상의 추상성 정도에 따라 정하는 것이 타당하다.

먼저, 동사 '사다'의 용법 중에 '일꾼을 사다'의 경우 중국어에서는 '雇人'으로 표현되어 대응 동사 간의 대응관계가 성립되지 않아 중국인 학습자들이 해당 의미를 이해하는 것이 어려울 수 있는데 그 대상이 구체적인 사람을 나타내므로 이는 의미 교육 순서에서 초반에 제시하는 것이 좋다.

다음, 동사 '사다'의 용법 중 '작품을 높이 사다'의 경우 중국어에서 '高度評价作品'으로 표현되어 역시 대응 동사 간의 대응관계가 성립되지 않아 중국인 학습자들이 해당 의미를 이해하기 어려울 수 있는데 그 대상이 구체적인 사물을 나타내므로 이는 의미 교육 순서에서 다음 단계에 제시하는 것이 타당하다.

또한, 동사 '사다'의 용법 중 '호감을 사다'의 경우 중국어에서 '引起好感'으로 표현되어 여전히 대응 동사 간의 대응관계가 성립되지 않아 중국인 학습자들이 해당 의미를 이해하기 어려울 수 있는데 그 대상이 추상적인 정서를 나타내므로 이는 의미 교육 순서에서 마지막에 제시하는 것이 바람직하다.

이상의 논의에 따라 동사 '사다'의 의미 교육 순서를 표로 보이면 아래
와 같다.

<표 III-7> 동사 '사다'의 단계적 의미 구분

| 의미 단계 | 의미 유형 | 용례 |
|---|---|---|
| 1단계 | 고용 | 일꾼을 사다 |
| 2단계 | 평가 | 작품을 높이 사다 |
| 3단계 | 유발 | 호감을 사다 |

이제 동사 '팔다'의 은유적 의미에 대해 등급화를 실시하고자 하는데
이를 위해 앞서 구분된 의미 유형들이 중국어와 어떠한 대응관계를 나타
내는지 살펴보기로 한다.

먼저, 동사 '팔다'의 용법 중 '재주를 팔다'의 경우 중국어에서 '賣藝'로
표현되어 대응 동사 간의 대응관계가 성립되기에 중국인 학습자들이 해
당 의미를 이해하는 것이 쉬우므로 이는 의미 교육 순서에서 초반에 제시
하는 것이 좋다.

다음, 동사 '팔다'의 용법 중 '정신을 팔다'의 경우 중국어에서 '不留神'
으로 표현되어 대응 동사 간의 대응관계가 성립되지 않기에 중국인 학습
자들이 해당 의미를 이해하는 것이 어려울 수 있으므로 이는 의미 교육
순서에서 나중에 제시하는 것이 타당하다.

또한, 동사 '팔다'의 용법 중 '쌀을 팔다'의 경우 중국어에서 '買米'로
표현되어 정반대 의미의 중국어 동사에 대응되는 특수 용법이기에 중국
인 학습자들이 해당 의미를 이해하는 데에 혼동의 여지가 크므로 이는 의
미 교육 순서에서 마지막에 제시하는 것이 바람직하다.

이상의 논의에 따라 동사 '팔다'의 의미 교육 순서를 표로 보이면 아래
와 같다.

<표 III-8> 동사 '팔다'의 단계적 의미 구분

| 의미 단계 | 의미 유형 | 용례 |
|---|---|---|
| 1단계 | 대상의 이용 | 재주를 팔다 |
| 2단계 | 소유의 이전 | 정신을 팔다 |
| 3단계 | 곡식의 소유 | 쌀을 팔다 |

## 4. 다의어 교육 현황에 대한 조사

이제까지 다의어의 기본 사항에 대해 살펴보았는데 아래에서는 이러한 다의어에 대한 이론적 논의를 바탕으로 다의어에 대한 교육 현황을 알아보고자 한다. 이를 위해 교재 분석, 교사 설문, 학습자 설문의 세 가지로 나누어 조사하기로 한다. 교재 분석을 진행하는 이유는 실제로 교재에 다의어 교수·학습 내용과 방법이 반영되어 있는지를 살펴보기 위함이고 교사 설문을 진행하는 목적은 실제 수업에서 다의어에 대한 교육이 이루어지고 있는지의 여부 그리고 다의어 교육이 이루어지고 있다면 구체적으로 어떤 방식으로 이루어지고 있는지를 알아보기 위함이고 학습자 설문을 진행하는 이유는 학습자들이 다의어의 학습에 대해 어떻게 생각하고 있고 또 어떤 요구 사항이 있는지를 파악하기 위함이다. 그럼 아래에 이들 각각의 사항에 대해 자세히 살펴보도록 한다.

### 4.1. 교재 내 다의어 분포 상황

교재 내 다의어의 분포 상황을 알아보기 위해 앞서 선정한 세 종류의 교재들에 공통적으로 출현하고 또 <표준국어대사전>의 의미 기술을 기준으로 의미 항목이 5개 이상인 동사 10개에 대한 출현 양상을 살펴보았는데 이를 표로 정리하여 보면 다음과 같다.

<표 Ⅲ-9> 한국어 교재 속 다의 분포 상황

| 동사 항목 | A교재 | B교재 | C교재 |
|---|---|---|---|
| 가다 | 초급1-2과 기본의미 | 한국어1-4과 기본의미 | 표준한국어1-14과 '학교에 가다' |
| | | | 표준한국어1-21과 보충어휘 '등산을 가다' |
| | | | 표준한국어2-3과 '군대에 가다' |
| | | | 표준한국어2-1과 보충어휘 '유학을 가다' |
| | | | 표준한국어3-9과 본문어휘 '장가를 가다' |
| 가지다 | 초급1-29과 보충어휘 '역사를 가지다' | 한국어1-16과 보충어휘 '기술을 가지다' | 표준한국어1-15과 보충어휘 '가지고 오다' |
| | 초급2-7과 본문어휘 '개방적인 구조를 가지다' | 한국어2-1과 보충어휘 '장난감을 가지고 놀다' | |
| 내리다 | 초급1-3과 본문어휘 '비가 내리다' | 한국어 1-15과 보충어휘 '비가 내리다' | 표준한국어 1-24과 '종로 3가에서 내리다' |
| | | 한국어 2-10과 본문어휘 '판단을 내리다' | |
| 받다 | 초급1-9과 본문어휘 기본의미, '선물을 받다' | 한국어 1-14과 본문어휘 확장의미, '연수를 받다' | 표준한국어 1-23과 보충어휘 기본의미, '성적표를 받다' |
| | | | 표준한국어 1-25과 보충어휘 확장의미, 전화를 받다 |
| | | | 표준한국어 2-20과 본문어휘 확장의미, '칭찬을 받다' |
| | | | 표준한국어 2-7과 보충어휘 '커피를 타다' |
| | | | 표준한국어 3-9과 본문어휘 확장의미, '각광을 받다' |
| | | | 표준한국어 3-24과 본문어휘 확장의미, '벌을 받다' |

| 보다 | 초급1-4과 본문어휘 기본의미, '무엇을 보다' | 한국어 1-12과 본문어휘 기본의미, '사전을 보다' | 표준한국어 1-13과 보충어휘 기본의미, '신문을 보다' |
| | | | 표준한국어 3-23과 보충어휘 '선을 보다' |
| | | | 표준한국어 3-3과 본문어휘 '손을 보다' |
| 사다 | 초급1-19과 보충어휘 기본의미, '백화점에서 옷을 사다' | 한국어 1-14과 보충어휘 기본의미, '백화점에서 옷을 사다' | 표준한국어 1-14과 보충어휘 기본의미, '과자를 사다' |
| 살다 | 초급1-28과 본문어휘 '이제 좀 살 것 같다' | 한국어 1-13과 본문어휘 '기숙사에서 살다' | |
| 알다 | 초급1-20과 본문어휘 '알겠습니다' | 한국어 3-3과 보충어휘 '알아서 하다' | |
| 오다 | 초급1-2과 본문어휘 기본의미, '학교에 오다' | 한국어 1-11과 보충어휘 확장의미, '비가 오다' | 표준한국어 1-13과 보충어휘 기본의미, '어디에 오다' |
| | 초급2-2과 보충어휘 확장의미, '비가 오다' | | |
| | 초급2-15과 보충어휘 확장의미, '잠이 오다' | | 표준한국어 1-20과 본문어휘 확장의미, '눈이 오다' |
| 주다 | 초급1-4과 본문어휘 기본의미, '무엇을 주다' | 한국어 1-17과 본문어휘 기본의미, '사과를 주다' | 표준한국어 1-17과 보충어휘 기본의미, '꽃을 주다' |
| | | | 표준한국어 3-2과 보충어휘 확장의미, '힘을 주다' |

이상의 표에서 알 수 있듯이 조사 대상 어휘가 다의성이 높은 동사임을 감안하면 교재 내에 제시된 이들 동사의 의미 수는 매우 제한되어 있다고 볼 수 있는데 주로 기본의미를 위주로 약간의 확장의미가 단계별로 제시되어 있는 것이 대부분이다. 이는 다의 교육의 내용이 교재 내에 충분히 반영되어 있지 못함을 의미하는 것으로 교재에 의존하는 다의어 교육은 교사나 학습자 모두에게 제한적일 수밖에 없는 실정이다. 따라서 현재의 교과서 구성으로는 다의어 교육이 제대로 이루어지기 어려운데 이러한

문제를 해결하기 위해서는 무엇보다도 교재에 다의어의 의미를 다양하게
제시해야 한다.

## 4.2. 다의어 교육에 대한 교사 인식

다의어 교육에 대한 교사의 반응을 살펴보기 위한 문항은 총 20문항으
로 구성하였는데 이들 문항의 내용은 크게 구분해 보면 다의어 교육의 필
요성에 대한 질문, 다의어를 실제로 교수하는지에 대한 질문, 그리고 구체
적으로 어떤 방법으로 다의어를 가르치는지에 대한 질문, 은유적 설명에
의한 다의어 교육의 효과성 문제 등이 포함된다. 그럼 아래에 이들 각각
의 문항에 대한 교사들의 응답을 분석한 결과를 보기로 한다.

먼저, '한국어 동사의 다양한 의미들 중 기본의미 이외의 확장의미에
대해 가르칠 필요가 있다고 생각하는지'의 질문에 대해 전체 설문 참여자
교사 20명 중 75%에 해당하는 15명의 교사가 필요하다고 답했고 나머지
25%에 해당하는 5명의 교사는 필요하지 않다고 답했는데 전체적으로 다
의어 교육이 필요하다고 보는 교사가 더 많음을 알 수 있다.

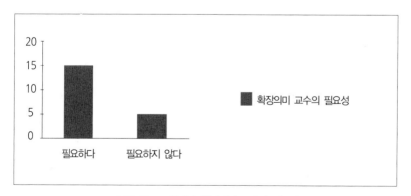

<그림 III-1> 동사의 확장의미 교수의 필요성

다음, 다의어 교육이 왜 필요하거나 필요하지 않다고 생각하는지에 대한 질문에 대해 필요하다고 답한 교사들의 경우 그 이유에 대해 어휘력 향상에 도움이 된다고 답한 교사가 3명, 문장 이해에 도움이 된다고 답한 교사가 6명, 일상 언어에서 많이 사용되기 때문이라고 답한 교사가 6명이었다.

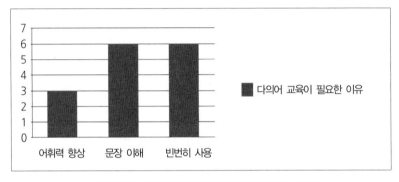

<그림 Ⅲ-2> 다의어 교육이 필요하다고 생각하는 이유

또한, 다의어 교육이 필요하지 않다고 답한 교사들의 경우 그 이유에 대해 학습 부담이 크다고 답한 교사가 2명, 학습자들에게 혼란을 야기할 수 있다고 답한 교사가 3명이었다.

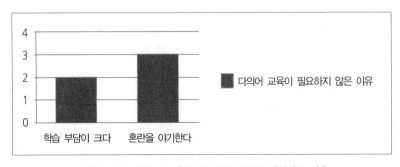

<그림 Ⅲ-3> 다의어 교육이 필요하지 않다고 생각하는 이유

다음, 실제로 수업시간에 동사의 확장의미를 가르치는지에 대한 질문에
는 앞선 다의어 교육의 필요성 질문에 대한 응답과는 달리 설문 참여자
교사 20명 전원이 실제로 가르친다고 답했다. 그리고 다의어 교육이 주로
어느 단계에서 이루어지는지에 대한 질문에 고급단계에서 진행된다는 응
답이 10명으로 가장 많았고 다음 중급단계에서 진행된다는 응답이 4명,
초급단계에 진행된다는 응답이 3명, 그리고 단계의 구분 없이 필요한 경
우에 진행된다는 응답이 3명으로 나타났다.

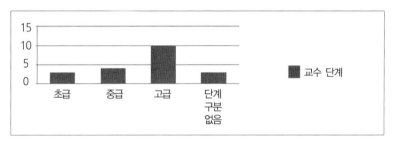

<그림 Ⅲ-4> 다의어를 가르치는 단계 분포

동사의 확장의미를 가르치는 방법에 대한 질문(복수 응답 가능)에 예문 제
시를 선택한 교사가 20명, 사전 활용을 선택한 교사가 5명, 의미 확장 규칙
을 선택한 교사가 8명, 중국어의 대응 표현을 선택한 교사가 18명이었다.

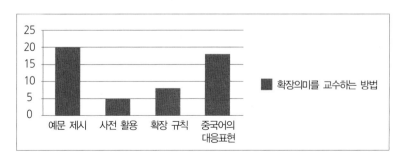

<그림 Ⅲ-5> 동사의 확장의미를 교수하는 방법

또한, 교사 본인이 선택한 교수 방법의 효과성에 대한 질문에서 예문 제시가 효과적이라고 생각하는 이유에 대해서는 사용된 의미의 이해에 도움이 된다고 대답한 교사가 11명, 해당 의미의 구체적 문맥을 알 수 있다고 대답한 교사가 6명, 예문을 통해 학습자 스스로 확장의미를 추측하는 데 도움이 된다고 대답한 교사가 3명이었다.

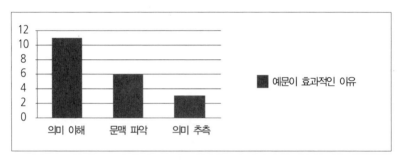

<그림 III-6> 예문 제시가 동사의 확장의미 교수에 효과적인 이유

사전 활용을 통한 의미 설명의 효과성 질문에 대해서는 오직 1명의 교사만 효과가 있다고 답했는데 그 이유로 동사의 바른 사용에 도움이 된다고 답했다.

다음, 의미 확장을 통한 의미 설명의 효과성 질문에 대해서는 의미 확장 규칙은 확장의미의 이해에 도움이 된다고 대답한 교사가 4명, 확장의미의 추측에 유용하다고 대답한 교사가 2명, 다양한 확장의미를 익히는 데 유용하다고 대답한 교사가 2명이었다.

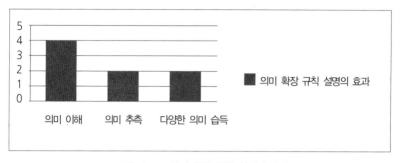

<그림 III-7> 의미 확장 규칙 설명의 효과

　마지막으로 대응되는 중국어의 단어나 표현을 통한 의미 설명의 효과성에 대해서는 총 17명의 교사가 학습자의 모국어로 의미를 설명하는 것이 학습자의 의미 이해에 큰 도움이 된다고 응답했는데 앞선 다른 교수 방법에 비해 가장 효과적인 교수 방법인 것으로 나타났다.

　다음, 동사의 확장의미를 제시하는 방식에 대한 질문으로 여러 의미를 순차적으로 제시하는 것이 효과적인지 아니면 동시에 제시하는 것이 효과적인지의 질문에 모든 교사들이 순차적 제시가 효과적이라고 답했는데 그 이유에 대해서는 동시에 여러 의미를 제시하면 학습자들이 혼동할 가능성이 크므로 의미의 난이도에 따라 차례대로 가르치는 것이 효과적이라고 답했다.

　또한, 학습자들이 동사의 확장의미를 어려워하는지에 대한 질문에 설문 응답 교사 전체가 학습자들이 확장의미를 어려워한다고 답했는데 그 이유에 대해서는(복수 응답 가능) 특정 동사가 왜 해당 의미를 나타내는지 이해하기 어려워한다가 10명, 의미 확장 규칙을 습득하기 어려워한다가 9명, 새로 학습할 의미가 이미 학습한 의미와 어떤 관계인지를 이해하기 어려워한다가 14명, 의미의 수가 많아서 그 각각의 의미를 일일이 기억하기 어려워한다가 15명이었다.

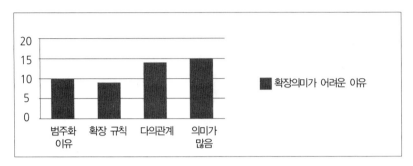

<그림 Ⅲ-8> 학습자들이 동사의 확장의미를 어려워하는 이유

　다음, 동사 의미의 구체적인 교수 방법에 대한 질문에는 동사 '가다'와 '오르다'를 예로 들었고 각각의 동사에 대해 의미의 추상성 정도에 따라 두 가지의 의미를 제시하였다. 먼저, '가다'의 의미들 중 '시간이 가다'에서 '가다'의 의미를 어떻게 가르치는지에 대한 질문에 용례 제시를 통해 설명한다는 답변이 4명, 유의어, 즉 '흐르다', '지나다'와 같은 단어를 통해 설명한다는 답변이 4명, 중국어의 대응표현을 제시하여 설명한다는 답변이 6명, 의미 확장의 규칙을 통해 설명한다는 답변이 6명이었다.

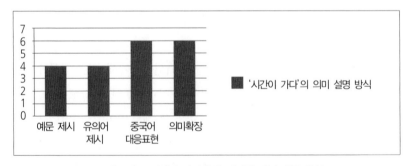

<그림 Ⅲ-9> '시간이 가다'에서 '가다'의 의미 설명 방식

　그리고 '시간이 가다'에서의 '가다'의 의미보다 추상적인 의미인 '정이 가다'에서의 '가다'의 의미를 어떻게 설명하는지에 대한 질문에 구체적인

문맥 즉, 예문 제시를 통해 설명한다는 답변이 2명, 유의어나 관련어를 통해 설명한다는 답변이 4명, 중국어의 대응표현을 제시하여 설명한다는 답변이 4명, 의미 확장 규칙을 제시하여 설명한다는 답변이 8명, 속담 제시를 통해 설명한다는 답변이 2명이었다.

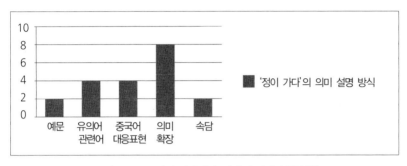

<그림 Ⅲ-10> '정이 가다'에서 '가다'의 의미 설명 방식

또한, 동사 '오르다'의 경우 '연기가 오르다'에서 '오르다'의 의미를 어떻게 설명하는지에 대한 질문에 예문 제시를 통해 설명한다는 답변이 2명, 중국어의 대응표현을 제시하여 설명한다는 답변이 6명, '오르다'의 '상승' 의미에 착안하여 지향적 은유의 관점에서 설명한다는 답변이 12명이었다.

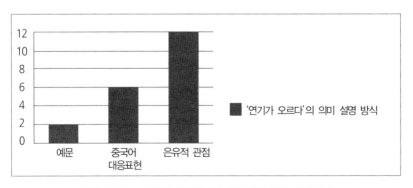

<그림 Ⅲ-11> '연기가 오르다'에서 '오르다'의 의미 설명 방식

다음, 동사 '오르다'의 또 다른 의미인 '열이 오르다'에서 '오르다'의 의미를 어떻게 설명하는지에 대한 질문에 중국어의 대응표현을 제시하여 설명한다는 답변이 10명, 의미 확장의 관점에서 설명한다는 답변이 1명, 은유적 방식을 통해 설명한다는 답변이 9명이었다.

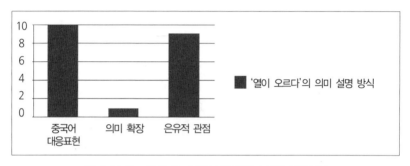

<그림 Ⅲ-12> '열이 오르다'에서 '오르다'의 의미 설명 방식

마지막으로 동사의 의미에 대한 은유적 설명 방식의 효과성을 알아보기 위해 4개의 문항을 제시하였는데 먼저, 실제로 동사의 의미를 설명하기 위해 은유를 사용하는지에 대한 질문에 13명의 교사가 사용한다고 답변하였고 나머지 7명의 교사는 사용하지 않는다고 답변하였다.

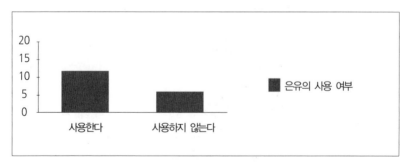

<그림 Ⅲ-13> 동사의 확장의미 설명에 은유 사용 현황

또한, 구체적인 은유적 설명의 예를 제시해 줄 것을 요구하는 문항에 대해 '마음이 떠 있다', '대를 잇다', '기운이 빠지다' 등을 들었다.

다음, 동사의 의미 설명에 은유적 설명 방식이 효과적인지 질문에 효과적이라고 답한 교사가 11명, 효과적이지 않다고 답한 교사가 9명이었다.

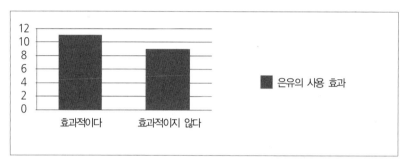

<그림 III-14> 확장의미 설명에 있어 은유 사용의 효과

은유적 의미 설명 방식이 효과적이라고 답한 이유에 대해 '학습자들의 사고 범위를 넓혀 주어 의미 확장 규칙의 습득에 도움이 된다'고 답한 교사가 4명, '은유적 설명 방식은 학습자들이 추상적 의미를 보다 이해하기 쉬운 개념으로 접근할 수 있기에 그 의미 습득에 유리하다'고 답한 교사가 5명, '은유적 설명 방식은 학습자들이 영상을 통해 추상적 의미를 생동감 있게 학습하는 데에 유리하다'고 답한 교사가 2명이었다.

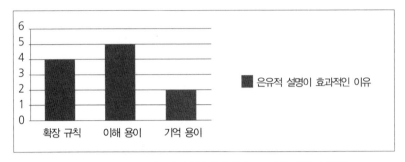

<그림 III-15> 은유가 확장의미 설명에 효과적인 이유에 대한 조사 결과

그리고 은유적 설명 방식이 효과적이지 않다고 답변한 교사들의 경우 그 이유에 대해 '학습자들이 은유적 설명을 이해하기 어려워한다'고 답한 교사가 4명, '은유적 설명보다는 예문 제시를 통한 직접적 설명이 효과적이다'고 답한 교사가 2명, '모국어의 대응표현을 제시하는 것이 효과적이다'고 답한 교사가 3명이었다.

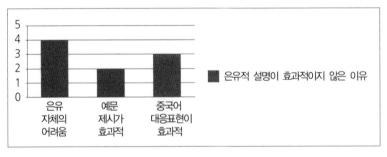

<그림 III-16> 확장의미 설명에 은유가 효과적이지 않은 이유에 대한 조사 결과

이상으로 설문을 통해 다의어 교육에 대한 교사들의 인식을 알아보았는데 대부분의 교사들이 다의어 교수의 필요성을 느끼고 있었고 다의어를 대체적으로 중급 단계에서부터 가르치고 있었다.

그 구체적인 다의어 교수 방법은 한국어의 예문을 제시하거나 대응되는 중국어의 표현을 제시하여 학습자들로 하여금 목표의미를 이해하게 하는 방식을 주로 사용하고 있음을 알 수 있었다. 그러나 개념적 은유의 설명 방식은 대부분의 교사들이 사용하지 않는다는 사실도 알 수 있었다.

### 4.3. 다의어 교육에 대한 학습자 인식

다의어 교육에 대한 학습자의 반응을 살펴보기 위한 설문은 총 10개 문항으로 구성되었는데 이들의 내용을 보면 크게 다의어 학습의 필요성 여부 및 그 이유, 다의어 학습의 난이도 여부 및 그 이유, 수업에서 교사의 다의어 교수 방법 및 그 유용성, 교사의 다의어 교수에 대한 만족도와 요구사항, 학습자 개인의 다의어 학습 방법의 유무 및 구체적인 학습 방법에 대한 것으로 이루어졌다. 그럼 아래에 각각의 문항에 대한 학습자들의 응답을 분석한 결과를 보기로 한다.

먼저, 다의어 학습이 어려운지에 대한 질문에 어렵다고 답한 학습자가 99명, 어렵지 않다고 답한 학습자가 5명으로 학습자들은 대부분 다의어의 학습을 어렵게 느끼는 것으로 나타났다.

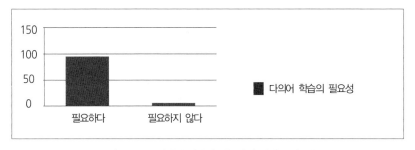

<그림 Ⅲ-17> 다의어 학습의 필요성에 대한 조사 결과

다음, 다의어 학습이 필요하거나 필요하지 않다고 생각하는 이유에 대해 알아보았는데 다의어 학습이 필요하다고 생각하는 이유를 크게 구분해 보면 문장 이해에 도움이 된다고 대답한 학습자가 43명, 실제 의사소통에 도움이 된다고 대답한 학습자가 28명, 자신이 표현하고자 하는 의미를 자연스럽게 표현할 수 있다고 대답한 학습자가 18명, 하나의 동사로 다양한 표현을 생산할 수 있다고 대답한 학습자가 10명이었다.

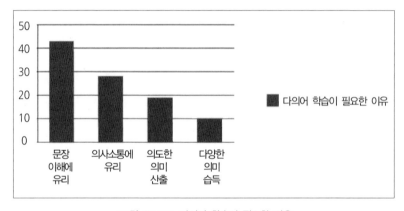

<그림 III-18> 다의어 학습이 필요한 이유

이에 반해 다의어 학습이 필요하지 않다고 응답한 5명의 학습자들은 그 이유에 대해 별다른 대답을 제시하지 않았다.

또한, 다의어 학습이 어려운지의 질문에 대해 어렵다고 답한 학습자가 96명이었고, 어렵지 않다고 답한 학습자가 8명으로 앞서 다의어 학습의 필요성 여부의 질문에서와 유사하게 다의어 학습이 어렵다고 느끼는 학습자가 대부분을 차지하였다.

<그림 Ⅲ-19> 다의어 학습의 어려움에 대한 조사 결과

그리고 다의어 학습이 어렵게 느껴지는 이유에 대해(복수 응답 가능) 하나의 동사가 무엇 때문에 여러 가지 의미를 나타낼 수 있는지 이해가 되지 않는다고 답한 학습자가 32명, 다의 확장 규칙을 습득하기 어렵다고 답한 학습자가 55명, 새로 배울 다의가 전에 배운 다의와 구체적으로 어떤 관계인지 알기 어렵다고 답한 학습자가 29명, 의미가 많아 기억하기 어렵다고 답한 학습자가 81명이었다.

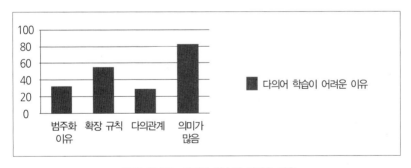

<그림 Ⅲ-20> 다의어 학습이 어려운 이유

다음, 교사가 수업에서 다의를 구체적으로 어떻게 가르치는지의 질문에 대해 예를 들어 다의를 설명한다고 답한 학습자가 89명으로 가장 많았고

구체적인 동작이나 도식으로 설명한다고 답한 학습자가 33명, 다의 확장
규칙을 통해 설명한다고 답한 학습자가 39명, 대응되는 중국어 낱말이나
표현을 제시하여 설명한다고 답한 학습자가 65명이었다.

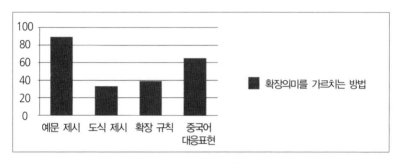

<그림 III-21> 교사가 확장의미를 가르치는 방법

또한, 다의 교수 방법 중 어떤 방법이 가장 효과적이라고 생각하는지의
질문에 예문을 제시하는 방식을 선택한 학습자가 46명, 구체적인 동작이
나 도식의 제시를 선택한 학습자가 12명, 의미 확장 규칙의 제시를 선택
한 학습자가 6명, 대응되는 중국어 표현의 제시를 선택한 학습자가 40명
이었다.

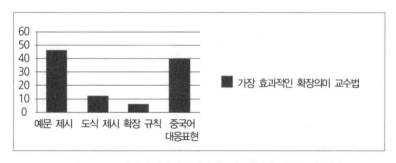

<그림 III-22> 가장 효과적인 확장의미 교수 방법에 대한 조사 결과

그리고 다의 교수를 만족하는지의 질문에 대해 85명의 학습자들이 만족한다고 답했고 나머지 19명의 학습자들은 만족하지 않는다고 답했다.

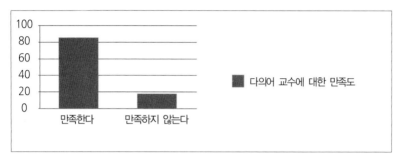

<그림 Ⅲ-23> 다의어 교수에 대한 만족도 조사 결과

다음, 교사의 다의 교수를 만족하는 이유는 문장 의미에 대한 이해 능력이 향상되기 때문이라고 답한 학습자가 32명, 실제 의사소통에 도움이 된다고 답한 학습자가 24명, 자신이 의도한 대로 표현할 수 있기 때문으로 답한 학습자가 18명, 쓰기 능력의 향상에 도움이 되기 때문으로 답한 학습자가 11명이었다. 이에 반해 만족하지 않는 이유에 대해서는 대체적으로 다의에 대한 보다 구체적이고 체계적인 설명이 필요하다고 답했다.

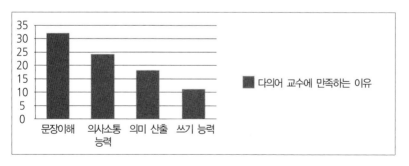

<그림 Ⅲ-24> 다의어 교수에 만족하는 이유에 대한 조사 결과

또한, 학습자 자신이 선호하는 다의 학습 방법이 있는지에 대한 질문에 88명의 학습자들이 있다고 답했고 16명의 학습자들은 없다고 답했다.

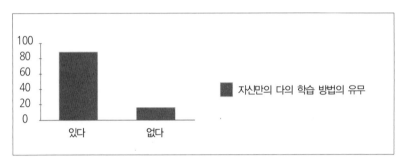

<그림 Ⅲ-25> 자신만의 다의 학습 방법의 유무에 대한 조사 결과

그리고 자신이 선호하는 구체적인 다의 학습 방법에 대해서는(복수 응답 가능) 문장을 보고 의미를 추측하는 방식을 선호한다는 학습자가 59명, 사전을 통해 다의를 이해한다고 답한 학습자가 57명, 다의 확장 규칙을 통해 학습한다고 답한 학습자가 39명, 대응되는 중국어 낱말이나 표현을 통해 학습한다고 답한 학습자가 47명이었다.[66]

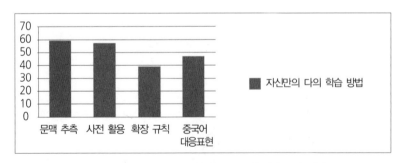

<그림 Ⅲ-26> 자신만의 다의 학습 방법에 대한 조사 결과

---

66) 이외에 다양한 텍스트 속에서의 반복 연습이나 다의들 간의 공통성과 차이성을 통해 학습한다는 응답자도 8명 있었다.

　이상으로 다의어 교육에 대한 학습자의 인식을 알아보았는데 대부분 학습자들은 다의어 학습의 필요성을 느끼고 있었고 교사의 다의어 교수 방식에 만족하고 있었으나 일부는 기존의 다의어 교수 방식에 만족하지 않는다고 하였는데 이는 새로운 방식의 다의어 교수가 필요함을 시사한다. 또한, 학습자들은 주로 맥락 속에서 의미를 추측하는 방법이나 대응되는 중국어 표현을 통해 다의어를 학습하는 경향이 있다는 사실도 알 수 있었다.

# IV. 동사 의미의 교육 설계

## 1. 동사 의미의 교육 목표

지금까지 동사 의미 교육을 위한 이론적 논의와 교육 내용 및 순서에 대해 논의하였는데 아래에서는 그 교육 목표와 방법을 제시하고 이에 따른 구체적 교육 방안을 구성하고자 한다.

은유 교육의 필요성 또는 의의에 대해 이종열(2002: 10)은 비유가 언어의 문제가 아니라 사고의 문제인 이상 비유와 관련된 교육 내용은 언어를 사용하는 인간의 사고 작용과 관련지어 학습할 수 있도록 구성되어야 한다. 이는 언어교육이 궁극적으로 지향해야 할 목표인 창의적인 사고력 신장과 밀접하게 관련되어 있으며 특히, 비유에는 사회·문화적 세계관의 차이를 설명할 수 있는 중요한 내용 요소를 포함한다면서 비유가 지니는 교육적 의의를 다음과 같이 세 가지로 요약하였다.

첫째, 수업 전략으로서의 비유는 이를 통해 학습자의 선행 지식과 학습해야 할 내용 사이의 일관성을 유지하여 내용의 연계성을 강조할 수 있다.

둘째, 교육 내용으로서의 비유는 사고 작용과의 관련성을 강조하여 학습자의 창의적 사고력 신장과 관련된 중요한 교육적 목표에 동기를 부여해 줄 수 있다.

셋째, 비유에 대한 교육은 학습자로 하여금 비유를 통해 언어와 사고 사이의 밀접한 관련성을 이해하고 그 속에는 의사소통 과정으로서의 사회·문화적인 차이가 반영되어 있다는 점을 일깨워 준다.

은유가 언어 교육에 주는 시사점에 대해 정승혜(2005: 211-213)는 은유가 창의적 언어 사용과 비판적 사고력과 이해력 그리고 상위 언어적 능력 계발에 유용하다고 지적하였고 안젤라 리 스미스(Angela Lee-Smith, 2004: 327-36)는 은유가 외국어 교수법들 중 의사소통 중심의 교수법과 개념과 인지 중심의 교수법에서 중요한 교수 항목으로 인정되어야 한다고 하면서 은유 학습의 목표를 어휘 능력의 향상, 의사소통 능력의 향상, 쓰기 · 읽기 능력의 향상으로 구분하여 그 각각의 실제적인 교수자료와 교수지침을 보이고 있다. 또한, 전혜영(2006: 94-96)은 한국어 교육에서 은유가 교수항목으로 다루어져야 하는 까닭에 대해 다음과 같은 여섯 가지의 근거를 들고 있다.

첫째, 무엇보다 중요한 것은 은유가 한국어의 일상적인 표현에 나타나는 것이라는 점이다. 한국어 교육의 목표가 한국어 일상 언어의 사용 능력 향상에 있는 것이라고 할 때 은유 표현을 모르고서는 한국어 능력을 논하기 어려울 것이다.

둘째, 은유가 개념 이해 방식을 보여 준다는 면에서 은유에 대한 인지적인 설명을 통해 한국어 표현이 나타내는 개념 이해를 쉽게 해 줄 것이다. 은유가 인간이 태어나면서부터 가지고 있는 인지 기제라는 점을 인정한다면 이를 언어 사용에 활용하는 것은 당연하다. 사람들이 은유를 사용하는 동기가 문자적 표현으로는 표현하기 불가능한 개념을 표현할 수 있도록 해 주고 복합적인 개념에 대해 간결한 표현 수단을 제공해 주기 때문이라는 점에서 한국어 표현의 개념 이해에서도 은유를 통한 개념 이해가 더욱 필요하다고 볼 수 있다(임지룡 2006: 48-49).

셋째, 은유가 사용된 표현을 통해 개념에 대한 한국인의 이해 방식을 엿볼 수 있다. 은유가 보편적인 현상이기는 하지만 각 언어별로 구체적인 표현에 있어서는 차이가 나타나게 마련이다. 한국어에 나타난 은유를 통하여 은유에 반영된 한국인의 의식을 이해할 수 있게 될 것이다.

넷째, 일상적으로 사용되고 있는 은유 표현을 알고 사용하는 것이 의사소통에 도움을 준다는 점이다. 일상표현의 사용 능력의 향상을 목표로 한다면 일상표현에서 사용되는 은유를 이해할 수 있을 뿐만 아니라 나아가 이런 표현을 자연스럽게 일상생활에서 사용할 수 있어야 한다.

다섯째, 은유를 어휘교육에 활용할 경우 어휘 확장에 큰 도움을 줄 수 있을 것이다. 어휘 능력은 한 언어의 능력을 가늠하는 잣대가 될 만큼 중요한데 연어 구성에 나타난 다양한 은유 표현을 이해하고 연습하게 되면 자연스럽게 어휘 확장이 될 수 있다고 본다.

여섯째, 은유가 나타내는 문화적인 차이를 통해 비교 문화적인 이해를 높일 수 있을 것이다. 단순히 언어 학습에만 그치지 않고 문화 이해에까지 이르게 된다면 한국어 학습의 흥미가 더해질 것이다.

최진아(2007: 259)는 기존의 은유 교육은 은유가 비유적인 표현법의 하나라는 피상적인 관점에서 진행되어 왔는데 이러한 은유에 대한 전통적인 관점은 재설정되어야 한다고 보고 은유를 단순한 은유적 표현의 층위가 아닌 인식이나 사고의 체계와 관련되는 인지언어학적 관점에서 바라보아야 하는데 은유가 인간의 언어와 사고에 지대한 영향을 미치는 인지적 기능을 수행하고 일상의 언어생활에서 보편적으로 나타나는 '삶의 일부'로서 가르쳐져야 한다고 제안하였다.

남민우(2011: 258-264)는 모든 교육이 그렇듯 교육의 목표는 가르치고자 하는 대상의 본질에 입각해야 한다면서 은유 교육 역시 그 목표는 은유의 본질에 대한 인식과 내면화에 두어야 한다고 지적하였다. 따라서 은유 교육의 목표를 명료화한다는 것은 은유의 본질을 명료화하여 학생들에게 제시하고 그것의 내면화의 필요성을 인식케 함을 의미한다고 하였는데 여기서 은유의 본질은 궁극적으로 인간의 가치 지향 의식의 작용으로 보고 있다. 이에 은유 교육의 목표는 은유의 표면 구조에 대한 의미 해석에 머물 수가 없는데 그 이유는 은유의 내적 역학에 대한 이해까지 포괄하지 못하기 때문에 은유 교육의 목표는 은유 작용의 근저인 '가치 지향 의식의 내면화' 즉, '자기 자신이나 시, 사회, 세계의 이상적·궁극적 상태에 대한 지향 의식과 창조 활동에 참여하려는 태도의 형성'으로 설정할 것으로 제안하고 있다.

요컨대, 은유 교육의 목표는 은유의 본질과 기능에 대한 고찰을 통하여 설정할 수 있는데 은유의 본질을 두 대상 간의 유사성을 발견하고 창조하는 것으로 보고 은유의 기능을 기능별 은유의 유형에 따라 분석하여 보면 구조적 은유는 일반화 기능을 나타내고 존재론적 은유는 명료화 기능을 나타내며 지향적 은유는 경험적 상관성을 나타낸다고 볼 수 있다. 따라서 은유 교육의 궁극적인 목표는 새로운 유사성의 발견과 창조를 통한 창의적 사고와 표현을 생산하는 것이고 그 기본적인 목표는 난해하고 새로운 개념을 일반화 기능, 명료화 기능, 경험적 상관성에 의해 보다 용이하게 이해하고 사용하는 것이 된다.


## 2. 동사 의미의 교육 내용과 방법

앞서 은유는 인지적 기능에 따라 구조적 은유, 존재론적 은유, 지향적 은유로 구분되었는데 이러한 은유가 작용하는 동사의 의미는 다양한 인지적 원리에 의해 파악되는바 여기서는 아래와 같은 세 가지 원리에 근거하여 동사 의미의 교육 내용과 방법을 제시하고자 한다.

### 2.1. 원형의미와의 유사성 인식

먼저, 동사 '가다'의 의미 교육 내용과 방법에 대해 알아보기로 한다.

동사 '가다'는 추상적인 원형의미가 '변화'이고 교육 대상인 목표의미는 이 원형의미와 유사관계 즉, 포함관계가 성립되기에 동일 낱말의 의미로 범주화될 수 있다. 동사 '가다'의 의미 설명에서 '기준점'의 개념을 도입할 수 있는데 '전기가 가다'의 경우 '전기'가 기준점인 '화자'에서 멀어지어 결국 정전 사태에 이르게 된다. 이처럼 동사 '가다'의 의미를 원형의미인 '변화'와 관련하여 설명하면 우선, 목표의미가 원형의미에 포섭되는 개념임을 제시하고 또한, 동사 '가다'는 대상이 기준점인 '화자'에서 멀어지는 특성을 지니기에 '상태소실'의 의미가 나타남을 제시한다.

다음, 동사 '오다'의 의미 교육 내용과 방법에 대해 알아보기로 한다.

동사 '오다'는 추상적인 원형의미가 '변화'이고 교육 대상인 목표의미는 이 원형의미와 유사관계 즉, 포함관계가 성립되기에 동일 낱말의 의미로 범주화될 수 있다. 또한, '전기가 오다'의 경우 '전기'가 기준점인 '화자'에 가까워지어 결국 전류가 흐르게 된다. 이처럼 동사 '오다'의 의미를 원형의미인 '변화'와 관련하여 설명하면 우선, 목표의미가 원형의미에 포섭되는 개념임을 제시하고 또한, 동사 '오다'는 대상이 기준점인 '화자'에 가까워지는 특성을 지니기에 '상태생성'의 의미가 나타남을 제시한다.

## 2.2. 경험적 상관성 인식

먼저, 동사 '오르다'의 의미 교육 내용과 방법에 대해 알아보기로 한다.

동사 '오르다'의 의미에 「높음은 위」의 개념적 은유가 적용되는 경우가 있는데 '혈압이 오르다'와 같이 특정 수치가 높아지는 상황을 표현할 경우 동사 '오르다'가 사용된다. 또한, '살이 오르다'와 같이 「많음은 위」의 개념적 은유가 적용되는 경우도 있는데 이처럼 특정 사물이 많아지는 상황을 표현할 경우 동사 '오르다'가 사용된다. 이러한 은유적 의미들은 실제로 어떤 물건이 많이 쌓일수록 그 높이가 높아지거나 수량이 많아지는 경험적 사실과 관련되므로 이러한 경험적 상관성을 제시하는 것이 의미 이해에 유용하다.

다음, 동사 '내리다'의 의미 교육 내용과 방법에 대해 알아보기로 한다.

동사 '내리다'의 의미에 「적음은 아래」의 개념적 은유가 적용되는 경우가 있는데 '살이 내리다'와 같이 특정 사물이 적어지는 상황을 표현할 경우 동사 '내리다'가 사용된다. 이 은유적 의미는 체중이 감량되면 체량기의 수치가 줄어드는 경험적 사실과 관련되므로 이러한 경험적 상관성을 제시하는 것이 의미 이해에 용이하다.

또한, '체증이 내리다'와 같이 「소실은 아래」의 개념적 은유가 적용되는 경우도 있는데 이처럼 특정 현상이 사라지는 상황을 표현할 경우 동사 '내리다'가 사용된다. 이 은유적 의미는 음식물이 소화되는 경험적 사실과 관련되므로 이러한 경험적 상관성을 제시하는 것이 의미 이해에 도움이 된다.

## 2.3. 기본의미와의 연관성 인식

먼저, 동사 '주다'와 '받다'의 의미 교육 내용과 방법에 대해 알아보기로 한다.

동사 '주다'는 특정 대상이 한 곳에서 다른 한 곳으로 이동하는 상황을 표현할 경우에 사용될 수 있는데 그 대상이 구체적인 사물의 경우인 '선물을 주다'는 주어가 상대방에게 선물을 전달하여 상대방이 이를 소유하게 됨을 나타내고 그 대상이 추상적인 사물의 경우인 '사랑을 주다'는 주어가 상대방에게 사랑을 전달하여 상대방이 이를 소유하게 됨을 나타낸다. 이처럼 동사 '주다'의 기본의미와 확장의미는 상대방이 특정 대상을 소유한다는 점에서 공통적이므로 동사 '주다'의 확장의미를 설명할 경우 이러한 의미적 연관성을 제시하는 것이 의미 이해에 유용하다.

동사 '받다'는 동사 '주다'와 동일한 사건을 표현할 경우에 사용되나 사건을 기술하는 관점에서 차이가 있는데 동사 '주다'는 동작의 주체의 관점에서 사건을 기술하는 데에 반해 동사 '받다'는 동작의 수혜자의 관점에서 사건을 기술한다. 즉, '선물을 받다'는 주어가 상대방이 주는 선물을 소유하게 됨을 나타내고 '사랑을 받다'는 주어가 상대방이 주는 사랑을 소유하게 됨을 나타낸다. 따라서 동사 '받다'의 확장의미를 설명할 경우 기본의미와의 연관성을 제시하는 동시에 의미적 대립관계를 보이는 동사 '주다'의 대응되는 표현도 함께 제시하는 것이 의미 이해에 유용하다.

다음, 동사 '사다'와 '팔다'의 의미 교육 내용과 방법에 대해 알아보기로 한다.

동사 '사다'는 사는 이가 파는 이에게 상응한 대가를 지불하고 특정 대상을 소유하는 상황을 표현할 경우에 사용될 수 있는데 그 대상이 구체적인 사물의 경우인 '물건을 사다'는 주어가 상대방이 판매하는 물건을 소유하게 됨을 나타내고 그 대상이 추상적인 사물의 경우인 '노동력을 사다'는 주어가 상대방이 제공하는 노동력을 소유하게 됨을 나타낸다. 이처럼 동사 '사다'의 기본의미와 확장의미는 주어가 특정 대상을 소유한다는 점에서 공통적이므로 동사 '사다'의 확장의미를 설명할 경우 이러한 의미적 연관성을 제시하는 것이 의미 이해에 용이하다.

동사 '팔다'는 동사 '사다'와 동일한 사건을 표현할 경우에 사용되나 사건을 기술하는 관점에서 차이가 있는데 동사 '사다'는 사는 이의 관점에서 사건을 기술하는 데에 반해 동사 '팔다'는 파는 이의 관점에서 사건을 기술한다. 즉, '물건을 팔다'는 주어가 상대방에게서 대가를 받고 자신의 물건을 넘기어 상대방이 이를 소유하게 됨을 나타내고 '노동력을 팔다'는 주어가 상대방에게서 대가를 받고 자신의 노동력을 넘기어 상대방이 이를 소유하게 됨을 나타낸다. 따라서 동사 '팔다'의 확장의미를 설명할 경우 기본의미와의 연관성을 제시하는 동시에 의미적 대립관계를 보이는 동사 '사다'의 대응되는 표현도 함께 제시하는 것이 의미 이해에 용이하다.

## 3. 동사 의미의 수업 설계

여기서는 동사 의미의 수업 구성을 위해 직접 교수법을 채택하고자 하는데 이는 수업 초반이 교사가 구조화된 언어 지식을 전수하는 교사 주도형으로 시작되다가 차츰 학습자의 인지 능력과 학습자와 교사, 학습자 간의 상호작용을 촉진하는 학습자 중심의 수업으로 진행되는 교수법이다. 그럼 아래에 이 직접 교수법의 기본 사항에 대해 알아보고 이를 적용한 동사 의미의 수업 모형을 제시하기로 한다.

### 3.1. 동사 의미의 수업 모형

#### 3.1.1. 수업 목표

직접 교수법은 초기에 학습자가 반복 연습과 훈련을 통해 단순한 기능과 지식을 익히도록 고안된 것이다. 그러나 교육 현장에서의 직접 교수법은 단순한 지식과 기능의 습득뿐만 아니라 고등 사고 능력 함양을 위해 활용되기도 하는데 이는 직접 교수법의 활용 범위가 확대된 것도 있지만 직접 교수법의 의미가 초기와 많이 달려졌기 때문으로 볼 수 있다. 직접 교수법은 어떤 목적으로 사용하는가에 따라 그 의미가 여러 가지로 해석될 수 있는데 이에 대해 이성영(1996: 127-8)은 직접 교수법의 용어가 의미하는 바를 다음과 같은 다섯 가지로 정리하였다.

첫째, 교사 주도의 수업을 의미한다. 이는 직접 교수법에 대한 가장 넓은 개념으로 여타의 개념을 포괄한다. 곧 직접 교수법이란 학생들 스스로 배우거나 학습지를 통한 개별적인 수업이 아니라 교사가 주도적인 역할을 수행하면서 학습 내용을 학생들에게 직접 가르치는 수업 형태라고 보는 것이다.

둘째, 효율적인 교사 행위를 의미한다. 이는 수업 과정과 수업 결과 분석에 토대를 둔 것으로 효율적인 교사 행위 곧 학생들의 성적을 많이 높여 주는 교사들의 행동 또는 교수·학습 요인이 무엇이지를 분석해 낸 후 그에 따라 진행하는 수업 형태가 직접 교수법이라는 것이다.

셋째, 인지 전략을 가르치는 수업 형태를 의미한다. 애초에 직접 교수법은 교수·학습 내용이 잘 구조화되어 있는 지식 영역이나 기초 기능 영역을 가르치기 위한 수업 형태로 개발되었으나 이를 교수·학습 내용이 명확하게 구조화되어 있지 않은 영역인 독해, 작문, 학습 기술, 예측하기, 문제점 발견하기 등 고등 사고 기능을 가르치는 데에도 적용하려는 시도가 나타났다. 따라서 이러한 직접 교수법은 고등 인지 전략을 가르치는 수업 형태를 의미한다.

넷째, DISTAR 프로그램을 의미한다. 즉 DISTAR 프로그램에 적용된 교수법이 직접 교수법이라는 것이다. 이 프로그램은 1960년대에 읽기와 산수를 가르치기 위해 학습지로 개발된 교육 프로그램인데 여기서는 가르쳐야 할 내용을 위계적으로 잘 구조화하여 제시함으로써 교실에서 교사가 할 역할을 학습지가 대신하도록 한 것으로 볼 수 있다.

다섯째, 바람직하지 못한 수업을 의미한다. 이러한 의미의 직접 교수법이란 고등 사고 기능을 희생하는 단편적인 지식 위주의 수업, 학생들의 능동적인 참여가 배제된 수업, 권위적이고 주입식의 수업을 말한다.

이처럼 직접 교수법의 용어는 여러 가지 서로 다른 의미로 사용되는데 '바람직하지 못한 수업'의 관점을 제외하고는 이들은 모두 '어떤 수업이 좋은 수업인가'를 추구한다는 점에서 일치한바 이는 결국 직접 교수법의 토대이고 서로 다른 의미를 '직접 교수법'이라는 하나의 이름으로 부르게 된 까닭이다. 그럼 아래에 이 직접 교수법의 원리에 대해 알아보도록 한다.

## 3.1.2. 수업 원리

직접 교수법의 원리에 대해 김창원(2005: 177-9)은 다음과 같이 제시하고 있다.

첫째, 직접 교수법은 과제와 학생 역할의 세분화를 통한 단계적인 학습을 중시한다. 직접 교수법은 목표 달성을 위한 활동을 세분화하고 각 단계를 차근차근 밟아 전체에 도달하는 것을 그 기본 방향으로 삼고 있다. 따라서 전체 과제를 단계화시키는 작업이 무엇보다도 중요하다. 또한 각 단계별로 학생들이 어떠한 역할을 수행해야 하는지에 대한 세심한 고려가 있어야 하고 실제의 교수·학습 상황에 투입할 수 있는 잘 구조화된 교수·학습 계획이 세워져야 한다.

둘째, 직접 교수법은 집중적이고 반복적인 연습을 통해 이루어진다. 학습자가 연습하는 시간을 늘려 새로운 개념이나 기능[67]을 유지하는 능력을 향상시킬 수 있도록 해야 한다. 모든 활동 단계를 구체적으로 나누고 연습을 주기적으로 반복한다. 즉, 과제 해결을 위한 각 세부 단계별로 충분한 연습을 하여 일정 수준의 수행 능력이 생기게 한다. 세부 단계별 능력이 생기지 않을 경우에는 다음 단계로 나아갈 수 없기 때문이다. 따라서 하위 과제별로 연습을 집중하여 전체 학습에 효과를 거두는 방식을 취해야 한다. 교사의 효율적인 가르침을 바탕으로 학습자자 능동적이고 집중적이며 반복적인 연습을 해야만 학습 목표에 도달할 수 있는 것이다.

셋째, 교정적 피드백이 이루어져야 한다. 모든 교수·학습 방법이 그러하듯이 직접 교수법도 교정적 피드백을 중시한다. 직접 교수법의 목표는 교사의 능숙한 교수 방법의 신장이 아니라 학습자의 학습 능력 신장이다. 교수·학습 과정 중 교사 중심의 학습이 이루어지고 난 후에야 비로소 학

---

67) 여기서의 기능은 사고력, 인지능력뿐만 아니라 고등의 인지 전략을 활용하는 능력을 포함한다.

습자가 학습 목표에 도달할 수 있기 때문에 교수·학습 과정이나 이 과정이 끝난 후에도 학습자는 스스로 학습하고 교정을 받을 수 있도록 노력하는 것이 필요하다. 따라서 교사는 항상 학습자가 스스로 학습할 수 있는 장치 즉, 교정적 피드백 장치 개발에 주의를 기울여야 할 것이다.

넷째, 직접 교수법을 활용하기 위해서는 학습자 스스로 학습 과제를 완성해야 함을 인식할 수 있도록 분위기를 형성하고 학습자가 자신의 능력 향상에 대한 높은 기대와 긍정적 정서를 갖도록 해 주어야 한다. 학습자 스스로 자신이 해낼 것이라는 기대를 갖게 하고 교사 스스로 학생들에게 높은 기대를 하면 학습자의 능력 향상에 긍정적인 영향을 미친다.

또한, 학습자가 학습 과제를 성공적으로 수행할 수 있도록 학습 시간을 극대화해야 한다. 학습자의 높은 성취도는 실제로 능동적으로 수업에 참여하는 시간과 관련이 있기 때문에 이러한 학습 시간을 극대화하는 노력이 필요하다.

## 3.2. 동사 의미의 수업 구성

### 3.2.1. 수업 절차

직접 교수법의 수업 절차68)는 '과제 파악→ 유추 설명→ 유추 적용→ 질의·응답→ 단계적 연습→ 독립적 연습'로 이루어진다. 아래에 이들 각 단계의 내용에 대해 간략히 살펴보기로 한다.

### (1) 과제 파악

과제 파악 단계에서는 수업의 틀을 제시하고 전체 수업을 몇 개의 부분으로 나누어 학습자가 어떤 과정을 거쳐 학습하게 될 것인지 이해하도록

---

68) 직접 교수법의 수업 절차에 대해서는 최현섭 외(1995: 257-263)을 참조할 수 있다.

한다. 교육 목표와 학습 과제가 무엇인지 주지시키고 설정된 목표의 수준을 명시하여 동기를 유발한다. 학생이 이미 가지고 있는 지식이나 경험과 새로 학습할 요소와의 관계를 설명하여 학습을 촉진시킨다.

### (2) 유추 설명

교사는 새로운 개념, 특성, 규칙, 원리, 절차에 대하여 상세히 설명하는데 이는 곧 과제를 수행하는 방법을 설명하는 것으로 이처럼 직접 교수법에서의 '직접'은 교사가 주도적으로 학생들에게 과제 수행 방법을 교수한다는 의미이다.

### (3) 유추 적용

교사는 자신이 설명한 원리나 절차를 가장 잘 보여 줄 수 있는 예를 찾아서 학습자 앞에서 적절한 시범을 보인다. 교사의 시범은 학습자가 모방하게 되기 때문에 원리나 절차에 잘 맞아야 한다. 교사의 설명과 시범이 가장 중요한 요소이기 때문에 교사가 가르치려는 목표와 그 목표 달성을 위한 방법에 숙달되어 있지 않으면 직접 교수법은 사용할 수 없다.

여기서 원리와 절차가 드러나게 시범을 보여야 할 뿐만 아니라 이에 대한 설명도 곁들여야 한다는 점에 주목해야 한다. 원리나 절차가 없는 시범은 단순한 반복 연습에 지나지 않기 때문에 교육적인 효과를 기대하기 어렵다.

### (4) 질의 · 응답

교사는 학습자가 원리나 절차를 잘 알고 있는지 확인하기 위해 학습자에게 질문을 한다. 학습자는 자신이 기억하고 학습한 내용을 대답하여 이해 정도 및 기억 정도를 확인하게 된다. 학습자가 대답하지 못하면 교사는 무의식적인 반복을 피하기 위해 다시 설명하기 단계로 되돌아가는 것이 필요하다.

교사가 설명한 내용은 학습자의 대답으로 나타난다. 즉, 교사가 설명한 내용을 학생들이 잘 알고 있는지 질문하면 학습자는 교사가 가르친 원리나 절차를 학생 스스로 설명할 수 있어야 한다. 교사가 설명한 내용을 학생이 다시 반복하여 설명하도록 하는 활동이 바로 질문과 대답이다. 여기서 학습자가 설명하지 못할 경우 다음 단계로 나아갈 수 없다.

### (5) 단계적 연습

학생이 기본 지식을 갖추었다고 판단되면 과제를 수행하는 단계를 세분하여 한 번에 한 가지씩 처리하도록 한다. 학습의 난이도를 고려하여 낮은 단계에서부터 높은 단계로 나아갈 수 있도록 한다. 각 단계를 거쳐 가면서 교사의 역할을 축소하고 학생의 역할을 확대하는 것이 중요하며 교정적인 피드백이 요구된다.

### (6) 독립적 연습

학습자의 성취 수준이 높아지면 스스로 문제를 해결할 수 있는 상황을 제시하고 원리와 절차에 따라 앞서 수행한 단계의 연습을 통해 학습한 기능·능력을 발휘하도록 한다. 이 단계에서는 일단 학생의 수행이 끝난 후에 교정적 피드백을 주도록 한다.

이러한 직접 교수법의 수업 절차를 그림으로 나타내면 다음과 같다.

| 과제 파악 | • 수업 목표 전달 |
| 유추 설명 | • 은유적 의미 제시 |
| 유추 적용 | • 은유의 원리 설명 |
| 질의 및 응답 | • 은유에 대한 학습자의 이해 점검 |
| 단계적 연습 | • 단계별 과제 수행 |
| 독자적 연습 | • 스스로 목표 달성을 위한 기능 수행 |

<그림 Ⅳ-1> 직접 교수법의 수업 절차

## 3.3.2. 수업 방법

여기서는 이러한 직접 교수법의 수업 절차에 따라 한국어 동사 '가다'를 예로 들어 그 은유적 의미에 대한 수업 구성을 마련해 보고자 한다. 수업에 참여하는 학습자들은 고급 학습자들로 이미 '가다'의 '공간변화'의 의미인 문자적 의미와 '시간변화'의 의미인 은유적 의미를 습득한 상태를 전제하기로 하고 이에 '가다'의 '상태변화' 의미에 속하는 여러 하위 유형의 의미들을 학습 목표로 삼고자 한다. 이러한 수업에 적용되는 직접 교수법은 수업 초반에는 교사가 학습자들에게 미리 준비한 자료를 통해 학습 내용을 제시하고 설명하면서 학습자들의 이해를 돕는다. 그러나 수업이 진행됨에 따라 학습자들은 주어진 과제나 기능을 수행하는 과정에서 학습 내용의 내재화를 이루는 방식으로 진행된다. 아래에 이러한 수업 진행 과정에 대해 구체적으로 기술하기로 한다.

먼저, 과제 파악 단계에서는 학습자로 하여금 수업의 목표를 확인하게 하는 것이 중요한데 이에 앞서 학습자의 동기 유발을 위해 사전에 학습한 동사 '가다'의 의미를 제시하여 본 수업에서 학습하고자 하는 내용이 '가다'의 또 다른 의미임을 인지시킨다.

> (20) ㄱ. 학교에 가다
> ㄴ. 시간이 가다

위와 같이 '가다'의 의미를 제시하여 학습자들로 하여금 이러한 의미를 상기하도록 한 후 본 수업에서 학습하게 될 '가다'의 또 다른 의미를 제시하여 수업의 학습 목표를 분명히 한다.

> (21) 이번 홍수로 그 마을에 상당한 피해가 갔다.

다음, 유추 설명 단계에서는 교사가 앞서 제시한 '가다'의 새로운 의미에 대해 학습자들이 이해하기 쉽게 설명한다. 즉, '피해가 가다'에서 '가다'는 '피해가 없던 데로부터 피해가 생겨남'을 의미함을 학습자들에게 전달한다. 그리고 '가다'가 이처럼 '상태생성'의 의미를 나타낼 수 있음을 학습자들에게 알려 주면서 동사 '가다'는 '상태생성'의 의미로 명사 '피해' 이외에도 '상태'를 나타내는 다양한 명사와 결합할 수 있음을 설명한다.

> (22) 정(마음, 손해, 무리)이/가 가다

또한, 유추 적용 단계에서는 교사가 먼저 '가다'가 포함된 다양한 예문들 중에서 '상태생성'의 의미를 나타내는 '가다'의 표현을 고른 후 이들의 의미를 하나씩 구체적으로 학습자들에게 설명하여 학습자들이 '가다'의 다양한 상태의 생성을 나타내는 의미를 이해하는 것을 촉진시키도록 한다. 이 경우 '가다'의 기본의미인 '공간변화'의 의미나 '시간변화'를 나타내는 의미들은 학습자들이 이미 습득한 것으로 볼 수 있기 때문에 그 외의 '상태변화'를 나타내는 의미들을 중심으로 제시하도록 한다.

    (23) 시선(금, 신호, 맛)이/가 가다

  위와 같이 제시된 '가다'의 다양한 '상태변화'를 나타내는 표현들 중에서 교사는 '금이 가다'를 '상태생성'의 의미를 나타내는 표현으로 선택하고 이 표현은 '금이 없던 데로부터 금이 생김'의 의미를 나타냄을 학습자들에게 설명한다. 이러한 학습 목표가 되는 의미의 표현을 선택하고 그 의미를 설명하는 과정은 나중에 학습자들이 스스로 해당 과제를 수행하는 데 모범을 보여 주는 역할을 한다는 점에서 유용하다. 또한, 이러한 의미 설명에 시각적인 도식을 활용할 수 있는데 예컨대, '금이 가다'에서 '가다'의 의미를 다음과 같이 도식화하여 설명할 수 있다.

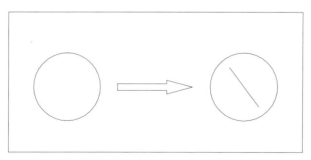

&lt;그림 Ⅳ-2&gt; '금이 가다'의 의미 도식

  그리고 질의·응답 단계에서는 교사가 학습자들이 '가다'의 '상태생성'의 의미를 알고 있는지 확인하기 위해 질문한다. 만약 학습자들이 해당 질문에 제대로 대답하면 다음 단계로 넘어가고 만약 학습자들이 제대로 대답하지 못한다면 한 번 더 '상태생성'의 의미를 예와 함께 제시하면서 학습자들의 이해를 돕는다. 또한, 학습자들도 궁금한 점을 교사에게 질문할 수 있는데 교사는 제기된 질문에 대해 수업의 흐름을 방해하지 않는 선에서 간결하게 대답하는 것이 좋다.

이제 단계적 연습 단계에서는 앞서 교사가 보인 시범에 따라 학습자들이 스스로 특정 과제를 수행하도록 한다. 동사 '가다'가 포함된 완성된 텍스트를 제시하여 그 속에서 '상태생성'의 의미를 나타내는 '가다'의 표현을 찾아내게 하고 이들 표현의 의미를 설명하게 한다. 학습자들의 과제 수행이 끝난 후 교사는 학습자 개인별로 자신의 과제 수행 결과를 발표하게 하고 제대로 수행하지 못한 부분에 대해서는 적절한 피드백을 제공하여 학습자들이 올바른 과제를 수행할 수 있도록 도움을 제공한다.

마지막으로 독자적 연습 단계에서는 앞선 단계를 통해 학습한 '가다'의 '상태생성'의 의미를 실제 상황에서 사용할 수 있도록 연습의 기회를 제공한다. 이 경우 학습자들을 그룹별로 묶어 서로 간의 상호작용을 통해 '가다'의 목표의미를 사용할 수 있게 상황을 만들어 나가는 것이 중요하다. 그리고 교사는 이러한 그룹 활동을 지켜보면서 필요한 경우에 학습자들의 기능 활동 수행이 제대로 이루어질 수 있도록 조언을 제공할 수 있다.

이러한 수업 절차 및 방법에 따라 '가다'의 기타 '상태변화'의 의미인 '상태소실'과 '상태도달'의 의미도 교수·학습할 수 있는데 이렇게 동사 '가다'의 가장 추상적인 의미라 할 수 있는 '상태변화'의 의미 유형에 대한 교수·학습이 이루어진 후에는 동사 '가다'의 전체적인 의미를 구조화할 수 있는 교수·학습이 이루어지는 것이 필요하다. 즉, 다양한 의미 유형들이 '가다'의 의미로 범주화될 수 있음을 보이는 것은 학습자들로 하여금 '가다'의 다의성에 대한 인식을 높여 주는 계기가 될 것이다. 이러한 '가다'의 다의성을 나타내기 위해서는 그 구조를 방사상으로 나타내는 것

이 유용한데 그 중심에는 추상적인 원형의미가 있고 구체적인 의미들은
이를 중심으로 그 주변에 배치되는 형태로 구성할 수 있다. 이를 그림으
로 보이면 다음과 같다.

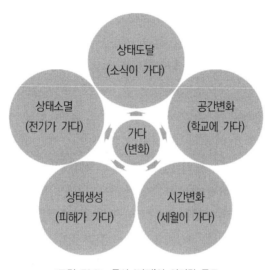

<그림 Ⅳ-3> 동사 '가다'의 의미망 구조

　이와 같은 의미망 구조의 제시는 학습자들로 하여금 해당 동사의 구체
적인 의미들이 그 추상적인 원형의미를 중심으로 은유적 확장에 의해 실
현됨을 이해하는 데 유용하다고 할 수 있다. 그러므로 특정 동사의 의미
유형을 모두 학습한 후에는 이와 같이 학습자 스스로 해당 동사의 의미망
구조를 그려 보는 연습을 통해 그 동사의 다의성에 대한 전체적인 인식을
높일 수 있다.
　이제 동사 '오르다'와 '내리다'의 의미 수업 과정을 더 살펴보기로 하는
데 앞서 제시한 직접 교수법의 수업 절차 및 방법에 따라 수업을 진행하
면 그 구체적인 과정은 다음과 같다.

먼저, '살이 오르다'의 의미 수업 과정을 살펴보기로 한다.

교사는 먼저 본 수업에서 학습하게 될 동사 '오르다'를 칠판에 적어 학습자들로 하여금 사전에 학습한 '오르다'의 기본의미를 상기하도록 하고 이와 더불어 동사 '오르다'의 기본의미는 '낮은 곳에서 높은 곳으로 이동하다'로 '상승'의 의미를 나타내고 있음을 설명한다. 교사는 동사 '오르다'가 이러한 기본의미 외에 다른 의미도 나타내는 다의어임을 알려 주고 그러한 확장의미들 중 본 수업에서 학습하게 될 '오르다'의 의미를 '살이 오르다'와 같이 구의 형태로 제시하고 난 후 그 의미를 학습자의 모국어인 중국어로 번역하여 제시함으로써 학습자들로 하여금 본 수업의 목표를 분명히 인식하도록 한다.

다음, 교사는 이 목표의미를 학습자들이 이해하기 쉽게 설명해야 하는데 이 경우 앞서 제시한 개념적 은유에 의한 의미 유형 구분 결과를 활용한다. 즉, '살이 오르다'에서 '오르다'의 의미에는 「많음은 위」 또는 「높음은 위」의 은유가 작용하기에 해당 동사를 사용하여 체중이 늘어나는 상황을 표현할 수 있음을 설명한다. 또한, 학습자들이 이러한 의미를 용이하게 기억할 수 있도록 다음과 같은 시각적인 도식을 제시한다.

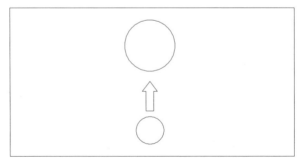

<그림 Ⅳ-4> '살이 오르다'의 의미 도식

그리고 학습자들이 해당 목표의미를 제대로 이해했는지 알아보기 위해 질문을 통해 이를 확인한다. 또한, 교사는 같은 개념적 은유가 작용하는 다른 표현 즉, '가격이 오르다', '기온이 오르다'와 같은 표현을 더 들어 학습자들의 이해를 돕고 나아가 학습자들이 해당 과제를 제대로 수행하도록 시범을 보인다.

> 교사: 주양이는 요즘 볼에 <u>살이</u> 올라서 그런지 더 귀여워 보여요.
> 상품의 공급이 수요를 따라가지 못하면 그 <u>상품 가격은 오르게</u> 되지요.
> 여름이 되면 봄에 비해 <u>기온이 오르지요.</u>

이러한 교사의 설명이 이루어지고 난 후 학습자들로 하여금 이 목표의미가 실현되는 표현을 직접 만들어 보는 과제를 수행하고 그 결과를 발표하게 한다. 그리고 교사는 이러한 발표 결과에 대해 간단한 피드백을 제공하고 학습자들의 오류나 실수에 대해서는 최소한의 교정을 시행한다.

> 학습자1: 저는 지난주에 감기에 걸려 <u>체온이 많이 올랐어요.</u>
> 학습자2: 겨울철에 들어 <u>채소 값이 조금 오른다고</u> 합니다.
> 학습자3: 저는 요새 운동을 안 했더니 <u>살이 좀 올랐어요.</u>

그 다음 단계에서는 앞서 이루어진 목표의미에 대한 학습을 토대로 학습자들이 실제로 해당 목표의미를 사용할 수 있는 상황을 만들어 보는 활동을 진행하도록 하였다. 이러한 수업 활동은 그룹별로 진행하여 서로 간의 상호작용을 통해 목표의미에 맞는 상황을 만들어 가도록 구성하는 것이 효과적이다. 그리고 교사는 이러한 활동이 제대로 이루어지고 있는지 관찰하고 필요한 경우에는 적절한 피드백을 제공하여 활동의 원활한 진행에 도움을 제공한다. 아래에 학습자들의 그룹 활동을 예시해 보이기로 한다.

학습자4: 너 한국 배우 김수현 알아?

학습자5: 알지. '별에서 온 그대'라는 드라마로 많이 알려졌잖아.

학습자4: 맞아. 요즘 김수현 <u>인기가 너무 올라서</u> 중국에도 팬들이 대단히 많아.

학습자5: 인기 많아서 정말 좋겠다. 게다가 돈도 많이 벌고.

이와 같은 수업 활동을 통해 학습자들이 해당 목표의미에 작용하는 개념적 은유를 이해하고 나아가 실제로 그 의미를 사용할 수 있는 기회를 갖도록 하여 학습자들의 기능 수행 능력을 향상시키는 데 중점을 둔다.

이상으로 동사 '오르다'의 은유적 의미들 중 「많음은 위」 또는 「높음은 위」의 은유가 작용하는 의미의 수업 과정을 알아보았는데 아래에서는 이와 대립관계를 보이는 동사 '내리다'의 은유적 의미들 중 「적음은 아래」 또는 「낮음은 아래」의 은유가 작용하는 의미의 수업 과정을 알아보기로 하는데 이처럼 대립관계를 보이는 의미들을 서로 대조하는 방식으로 가르치면 그 의미 기억에 유용할 수 있다.

먼저, 교사는 학습자들에게 바로 앞서 배운 동사 '오르다'와 대립관계를 보이는 동사 '내리다'의 의미를 학습하게 됨을 알려 주고 이 동사 '내리다'를 칠판에 적어 학습자들이 사전에 배운 '내리다'의 기본의미를 상기하도록 한다. 다음, 교사는 '내리다'의 기본의미가 '어떤 사물이 높은 곳에서 낮은 곳으로 이동하다'로 '하강'의 의미임을 설명하고 이 의미는 앞서 나온 '오르다'의 기본의미와 서로 상반되는 것임을 제시한다. 그리고 동사 '오르다'의 경우와 마찬가지로 동사 '내리다'도 여러 가지 의미로 사용되는 다의어임을 알려 주고 그러한 확장의미들 중 본 수업에서 학습하게 될 '내리다'의 의미를 '살이 내리다'와 같이 구의 형태로 제시한 후 학습자의 모국어인 중국어로 그 의미를 설명하여 목표의미에 대한 인식을 분명히 한다.

다음, 교사는 이 목표의미를 학습자들이 이해하기 쉽게 설명하기 위해 앞선 '오르다'의 경우와 마찬가지로 해당 목표의미에 작용하는 개념적 은유를 제시한다. 즉, '살이 내리다'에서 '내리다'의 의미에는 「적음은 아래」 또는 「낮음은 아래」의 은유가 작용하기에 해당 동사를 사용하여 체중이 줄어드는 상황을 표현할 수 있음을 설명한다. 또한, 학습자들이 이러한 의미를 용이하게 기억할 수 있도록 다음과 같은 시각적인 도식을 제시한다.

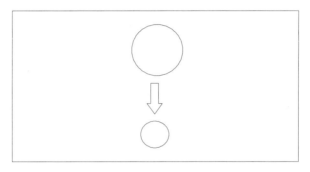

<그림 IV-5> '살이 내리다'의 의미 도식

　그리고 학습자들이 해당 목표의미를 제대로 이해했는지 알아보기 위해 질문을 통해 이를 확인한다. 또한, 교사는 같은 개념적 은유가 작용하는 다른 표현 즉, '가격을 내리다', '열을 내리다'와 같은 표현을 더 들어 학습자들의 이해를 돕고 나아가 학습자들이 해당 과제를 제대로 수행하도록 시범을 보인다.

　　교사: 운동을 꾸준히 하면 <u>살이 내리는</u> 것은 시간문제예요
　　대형 마트에서 많은 손님을 끌기 위해 <u>상품 가격을 내리고</u> 있어요.
　　감기에 걸린 몸의 <u>열을 내리기</u> 위해서는 해열제를 먹는 것이 효과가 빨라요

　이처럼 교사의 설명이 끝난 뒤 학습자들로 하여금 이 목표의미가 실현

되는 표현을 직접 만들어 보는 과제를 수행하고 그 결과를 발표하게 한다. 그리고 교사는 이러한 발표 결과에 대해 간단한 피드백을 제공하고 학습자들의 오류나 실수에 대해서는 최소한의 교정을 시행한다.

> 학습자6: 고혈압 환자들은 <u>혈압을 내리기</u> 위해서는 될수록 짠 음식을 피하는 것이 좋아요
> 학습자7: 요즘 다이어트 하기 위해 식단 조절을 했더니 <u>살이 내렸어요.</u>
> 학습자8: 자동차 제조회사들에서는 자신들의 제품을 더 많이 팔기 위해 자동차의 <u>가격을 내리고</u> 있어요.

다음 단계에서는 앞서 이루어진 목표의미에 대한 학습을 토대로 학습자들이 실제로 해당 목표의미를 사용할 수 있는 상황을 만들어 보는 활동을 진행하는 것이 유용하다. 이에 그룹별로 학습자들 서로 간의 상호작용을 통해 목표의미에 맞는 상황을 만들어 가도록 하였는데 이에 대해 교사는 이러한 활동이 제대로 이루어지고 있는지 관찰하고 필요한 경우에는 적절한 피드백을 제공하여 활동의 원활한 진행에 도움을 제공한다. 아래에 학습자들의 그룹 활동을 예시해 보인다.

> 학습자9: 나 요즘 감기에 걸려 몸에 열이 많이 나.
> 학습자10: 그럼 빨리 <u>열이 내리도록</u> 해야지.
> 학습자9: 약을 먹었는데도 별 효과가 없어. 무슨 좋은 방법 없을까?
> 학습자10: 따뜻한 생강차를 자주 마셔. 그거 아마 효과가 있을 거야.

이러한 수업 활동을 통해 학습자들이 해당 목표의미에 작용하는 개념적 은유를 이해하고 나아가 실제로 그 의미를 사용할 수 있는 기회를 갖도록 하여 학습자들의 기능 수행 능력을 향상시키는 데 중점을 두도록 한다.

이상으로 동사 '오르다'와 '내리다'의 서로 대립되는 두 가지 의미에 대

한 수업 과정을 살펴보았는데 교사는 수업의 마지막 단계에서 이들 대조되는 의미를 예문과 함께 제시하고 이들 각각의 의미에 작용하는 은유를 반복적으로 설명함으로써 학습자들로 하여금 이들 의미를 서로 대조하는 가운데에서 해당 의미에 대한 이해와 기억을 강화하도록 한다. 또한, 학습자들이 수업 내용을 연습하고 실제로 목표의미를 사용하여 상황에 맞는 표현을 생산할 수 있도록 짧은 글짓기나 대화문을 작성하는 과제를 내 주는 것으로 수업을 마무리한다.

요컨대, 앞선 장에서 다룬 동사의 의미 구분 결과를 동사 의미 교육의 기본적인 내용으로 삼고 이를 교수·학습하기 위한 구체적인 방법으로 목표의미와 원형의미 간의 유사성 인식하기, 경험적 상관성을 통한 목표의미 이해하기, 목표의미와 기본의미 간의 연관성 인식하기 등의 의미 교수·학습 방법을 도입하는 수업은 학습자들이 동사의 은유적 의미를 이해하고 습득하는 데에 인지적 유용성을 제공할 수 있을 것으로 본다.

# V. 학습자 중심의 교수법을 지향하며

이 책은 낱말의 의미에 대한 개념적 접근에 의해 그 의미를 추상적인 원형의미와의 유사성에 의해 형성되는 구체적인 의미들의 집합으로 간주하였다. 이러한 낱말의 의미에 대한 범주적 관점은 낱말의 의미를 기본의미에서 시작하여 그 적용되는 문맥의 범위가 점차적으로 확대됨에 따라 확장의미들이 생성되는 것으로 보는 의미 확장의 관점과 차이가 있는데 특히, 언어 교육적 관점에서 어휘 능력의 성취와 관련하여 모국어 화자들은 특정 낱말의 다양한 의미들을 실제의 언어생활에서 자연스럽게 습득하는 데에 비해 외국어 학습자들은 이들 의미를 일일이 기억하고 사용하는 과정에서 터득해야 한다는 점에서 의미 확장 관점의 다의어 교육은 학습자들에게 상당한 인지적 부담을 주게 마련이다.

낱말의 의미 교육은 이제까지 대체적으로 기본의미에 대한 교육을 실시한 후 약간의 확장의미를 기본의미와의 관련성에 의해 가르치는 것이 일반적이었는데 이러한 교육 현황은 교과서 내 다의어의 교육 내용에 대한 검토와 교사·학습자에 대한 설문조사를 통해 알 수 있었다. 또한, 기존의 확장의미에 대한 교육 방법은 구체적인 예문을 제시하거나 학습자 모국어와의 대응 관계를 제시하는 방식으로 학습자들의 의미 이해를 도모하고자 하였다. 그러나 앞서 논의하였듯이 낱말의 의미는 일반적으로 개념적 은유에 의해 구성되는데 이 개념적 은유는 근본적으로 언어적이라기보다는 사고적이라 할 수 있기에 다의어의 교육이 단순히 언어 자료를 제시하면서 의미를 설명하는 차원에 머무는 것은 한계가 있을 수밖에 없다. 따라서 이러한 교육적 한계를 극복하고자 낱말의 의미 교육은 그 구성 원리인 개념적 은유에 대한 파악을 통해 실시하는 것이 바람직함을 보이고자 하였다.

이를 위해 우선 개념적 은유에 의한 낱말의 의미 분류를 진행하였는데 여기서 분석 대상으로 삼은 낱말들은 상태변화 범주와 소유변화 범주에 속하는 동사들인데 해당되는 범주별로 각각 4개씩 선정하여 총 8개 동사의 의미를 구분하여 그 의미 유형들을 제시하였다. 이러한 의미 유형들은 이들 동사의 의미 교육 내용의 마련에 기초적인 자료가 될 수 있다. 또한, 학습자들이 특정 낱말의 여러 의미 유형들을 이해하고 습득하는 데에 난이도의 차이가 있을 것으로 보고 분석 대상 동사들과 학습자의 모국어에서 대응되는 동사들 간의 의미적 대응 관계에 의해 앞서 구분된 의미 유형들을 단계적으로 제시하였는데 이러한 의미의 등급화는 의미의 제시 순서에 타당한 근거를 제공할 수 있다는 점에서 의의가 있다.

그리고 동사의 의미 교육 방법과 관련하여 기존의 의미 확장 규칙에 의한 언어적 방법보다는 개념적 은유에 의한 인지적 방법이 효과적일 수 있음을 보이고자 하였다. 이를 위해 목표의미와 원형의미 간의 유사성을 이해하고 신체적 경험에 의해 목표의미를 지각적·인지적으로 이해하며 목표의미와 기본의미 간의 연관성을 이해하는 방법을 들었다. 이러한 다의어의 교육 방법은 학습자의 일반적인 인지 능력을 활용한 원리 중심의 교육이라는 점에서 규칙 위주의 기계적인 다의어의 교육 방법과 차별화된다 하겠다.

마지막으로 동사의 의미 교육에 적합한 수업 모형으로 직접 교수법을 채택하였는데 여기서 직접 교수는 교사가 수업 초반에 학습자들에게 수업 목표를 분명히 전달함과 아울러 잘 구조화된 수업 내용을 제시하며 이에 대해 학습자들은 제시된 수업 목표를 정확히 인식하고 이를 달성하기 위해 수업 후반으로 가면서 학습자 스스로 주도적인 학습을 진행할 수 있도록 설계된 수업을 의미한다. 따라서 이 직접 교수법이 적용된 수업은 그 주도권이 교사에서 점차적으로 학습자로 이행되므로 교사는 학습의 조력자 역할을 하고 학습자는 학습의 주체가 되는 진정한 의미의 학습자 중심 수업으로 거듭날 것이다.

# 참/고/문/헌

## 1. 교재

『韓國語閱讀』 1-3, 世界圖書出版公司, 2007.
『韓國語』 1-4, 民族出版社, 2008.
『標準韓國語』 1-6, 北京大學出版社, 2002.

## 2. 사전

『표준국어대사전』 상·중·하, 두산동아, 1999.
『연세 한국어사전』, 연세대학교 언어정보개발연구원, 두산동아, 1998.
『(외국인을 위한) 한국어 학습 사전』, 서상규, 신원프라임, 2006.
『고급 한국어 학습 사전』, 최종희, 커뮤니케이션북스, 2013.
『現代漢語詞典』 第六版, 中國社會科學院語言硏究所, 商務印書館, 2012.

## 3. 논저

강기진(1985), 「국어 다의어의 의미구조」, 『한국문학연구』 8, 동국대학교 한국문학연구
　　　　소, 25-41쪽.
강남욱(2011), 「한국어 학습자의 시제 개념 습득 연구: 과거 시제 형태의 습득 양상을
　　　　중심으로」, 『국어교육연구』 49, 국어교육학회, 239-268쪽.
＿＿＿＿(2014), 「온-오프 블렌디드 러닝을 활용한 <한국어교육학 개론> 강좌의 구성과
　　　　운영에 대한 사례 연구」, 『우리말교육현장연구』 8-1, 우리말교육현장학
　　　　회, 181-210쪽.
강남욱·김호정(2012), 「한국어 교재 평가론의 통시적 고찰」, 『국어교육연구』 29, 서울
　　　　대학교 국어교육연구소, 1-33쪽.
강범모(2002), 「생성어휘부 이론의 다의어 기술 방법과 그 적용: 동사 '사다'와 '팔다'」,
　　　　『어학연구』 38-1, 서울대학교 언어교육원, 275-293쪽.
강보유(2002), 「중국 대학교에서의 한국어 교육과 교수법」, 『한국어 교육』 13-2, 국제한
　　　　국어교육학회, 1-19쪽.
강연임(2010), 「매체에 의한 어휘의미의 변용과 국어교육적 수용방안」, 『한국언어문학』
　　　　75, 한국언어문학회, 5-26쪽.

강현화(2000), 「코퍼스를 이용한 부사의 어휘 교육 방안 연구」, 『이중언어학』 17-1, 이중언어학회, 57-75쪽.

_____(2001), 「빈도를 나타내는 시간부사의 어휘 교육 방안 연구」, 『한국어 교육』 12-1, 국제한국어교육학회, 1-17쪽.

_____(2010), 「한국어 어휘학습 교재 개발을 위한 기초 연구: 학습자 요구분석을 중심으로」, 『언어와 문화』 6-2, 한국언어문화교육학회, 45-67쪽.

_____(2011), 「한국어 어휘 교육 연구방법론 동향 분석」, 『이중언어학』 47, 이중언어학회, 453-479쪽.

강현화·최진희(2009), 「언어교육용 어휘사전 분석 연구: 국외 및 국내의 어휘교육용 사전 분석을 중심으로」, 『한국사전학』 13, 한국사전학회, 48-83쪽.

강현화·홍혜란(2009), 「한국어 학습자를 위한 어휘 학습용 워크북 개발 모형 연구- 그림 어휘사전 워크북 개발 사례를 중심으로 -」, 『한국어 교육』 20-3, 국제한국어교육학회, 1-30쪽.

고경태(2008), 「다의성 동사 교육의 목표와 내용에 대하여 - "보다"를 중심으로 -」, 『한국어 교육』 19-2, 국제한국어교육학회, 1-21쪽.

_____(2010), 「한국어교육에서 일반 말뭉치 활용의 확대를 위한 제언」, 『국어문학』 49, 국어문학회, 65-88쪽.

고광주(2003), 「국어의 격교체 구문 연구」, 『한국어학』 18, 한국어학회, 389-408쪽.

고석주(2007), 「이동 동사 "가다"와 "오다"의 의미: 기준점 해석을 중심으로」, 『한국어학』 36, 한국어학회, 73-97쪽.

고춘화(2010), 「의미 중심의 동사 교육 방안 연구」, 『語文學』 107, 한국어문학회, 1-24쪽.

곽지영(2007), 『한국어 교수법의 실제』, 연세대학교 출판부.

구본관(2009), 「패러다임의 변화와 문법 교육의 방향」, 『語文學』 103, 한국어문학회, 1-40쪽.

_____(2010), 「국어 품사 분류와 관련한 몇 가지 문제」, 『형태론』 12-2, 박이정, 179-199쪽.

_____(2010), 「문법 능력과 문법 평가 문항 개발의 방향」, 『국어교육학연구』 37, 국어교육학회, 185-218쪽.

_____(2011), 「어휘 교육의 목표와 의의」, 『국어교육학연구』 40, 국어교육학회, 27-59쪽.

_____(2011), 「어휘 교육의 이론과 실제」, 『우리말교육현장연구』 5-2, 우리말교육현장학회, 49-92쪽.

구현정(2003), 「한국어 '주다'류 동사의 문법화 양상」, 『언어학』 37, 한국언어학회, 3-24쪽.

김광해(1993), 『국어 어휘론 개설』, 집문당.

_____(1997), 『국어지식 교육론』, 서울대학교 출판부,

_____(2003), 「국어교육용 어휘와 한국어교육용 어휘」, 『국어교육』 111, 한국어교육학

회, 255-291쪽.

_____(2003),『등급별 국어교육용 어휘』, 박이정.

_____(2008),『어휘 현상과 교육』, 박이정.

김기혁(2002),「국어 문법에서 격과 의미역할」,『한국어학』17, 한국어학회, 45-70쪽.

김동환(1999),「틀의미론과 의미구조」,『언어과학연구』16, 언어과학회, 73-101쪽.

_____(2010),「인지언어학 연구 방법론」,『우리말연구』27, 우리말학회, 5-28쪽.

김명숙(2003),「의미 확장 현상의 개념화 과정: 동사 'take'의 의미분석」,『담화와 인지』10-1, 담화・인지언어학회, 27-47쪽.

김명진・이승아(2008),「영어 관용어 교육- 개념적 은유와 근원 영역의 보편성을 활용한 실험 연구」,『응용 언어학』24-1, 한국응용언어학회, 19-41쪽.

김미령(2004),「격교체 양상에 따른 동사 분류에 대한 연구 - "-에/를" 교체 동사의 특성과 분류를 중심으로 -」, 한국어학 25, 한국어학회, 161-190쪽.

김병운(2012),『한국어교육 연구에 대한 회고와 과제』, 한국문화사.

김봉주(1988),『개념학: 의미론의 기초』, 한신문화사.

김성일(1998),「은유의 개념의미론적 분석」,『현대영미어문학』16-1, 현대영미어문학회, 311-336쪽.

김송원(1986),「동사 "풀다"의 의미 고찰- 기본 의미와 변화의 모습 -」,『한글』193, 한글학회, 121-138쪽.

김신회(2009),「국어사전의 다의어의 기술에 대하여 - 용언의 경우」,『언어사실과 관점』23, 연세대학교 언어정보연구원, 153-185쪽.

김양진(2005),『국어 연구와 의미 정보』, 월인.

김영규(2006),「한국어교육학 연구방법론의 과제와 전망」,『한국어 교육』17-2, 국제한국어교육학회, 267-287쪽.

김영수(2007),「중국의 한국어학과 교육과정 내실화를 위한 기초 연구: 중한번역과를 중심으로」,『한중인문학연구』20, 한중인문학회, 417-435쪽.

김윤신(2001),「한국어 동사의 어휘의미구조와 피동화의 제약」,『언어학』30, 한국언어학회, 89-112쪽.

_____(2006),「한국어 동사의 사건구조와 어휘상」,『한국어학』30, 한국어학회, 31-61쪽.

김의수(1999),「핵이동과 격교체 양상」,『한국어학』9-1, 한국어학회, 129-156쪽.

김재욱(2010),『한국어 교수법』, 형설출판사.

김정아(2004),「원형 이론에 근거한 다의어의 의미 구조 분석: eye, head와 give를 중심으로 하여」, 영어학연구 17, 한국영어학회, 43-66쪽.

김주식(2003),「다의성의 내적 구조 연구」,『언어과학연구』25, 언어과학회, 23-44쪽.

_____(2010),「영어 관용어의 개념적 동기화」,『언어과학연구』52, 언어과학회, 17-36쪽.

김지영(2004),「한국어 어휘 교육 항목 선정을 위한 기초 연구」,『한국어 교육』15-2,

국제한국어교육학회, 93-114쪽.

김진우(2014), 『언어와 언어이론: 소쉬르에서 촘스키까지』, 한국문화사.

김진해(2006), 「코퍼스언어학적 관점에서 본 의미의 본질」, 『한국어 의미학』 21, 한국어 의미학회, 75-104쪽.

김창원(2005), 『국어과 수업 모형』, 삼지원.

김태자(1984), 「다의어고」, 『한국언어문학』 23, 한국언어문학회, 195-212쪽.

김현권(2001), 「전사사전에서의 동사 어휘의미정보 기술」, 『언어학 30』, 한국언어학회, 137-166쪽.

김현권·김미영(2003), 「동사 항목과 의미 기술: 논항 설정, 다의 구분, 상관 항목 기술」, 『한국사전학』 2, 한국사전학회, 211-245쪽.

김현권·김병욱(2003), 「어휘 의미 지식 표상의 방법 - 한국어 '사다/팔다'의 프레임 의 미론적 접근 -」, 『한글』 262, 한글학회, 171-214쪽.

_____(2005), 「한국어 어휘 의미 지식 데이터베이스 체계 구축 연구— 소유동사의 의 미 분류와 의미 기술 —」, 『한글』 268, 한글학회, 123-163쪽.

김호정(2007), 「언어 인식 고양을 위한 문법 교육 요소 및 내용에 관한 고찰: 제이언어 로서의 한국어 문법 교육 관점에서」, 『국어교육』 122, 한국어교육학회, 317-352쪽.

_____(2007), 「한국어 쓰기 교육의 원리와 교육 방안 탐색」, 『국어교육학연구』 30, 국 어교육학회, 233-260쪽.

나은미(2008), 「유추를 통한 한국어 어휘 교육」, 『한국어학』 40, 한국어학회, 177-202쪽.

나익주(1993), 「다의어의 원형의미론적 분석: turn의 경우」, 『영어영문학21』 8, 21세기영 어영문학회, 231-260쪽.

_____(2012), 「다의어 'walk'의 인지의미론적 접근」, 『담화와 인지』 19-1, 담화·인지 언어학회, 55-79쪽.

남경완(2005), 「의미 관계로서의 다의 파생 관계에 대한 고찰」, 『한국어 의미학』 17, 한 국어의미학회, 151-175쪽.

남경완·이동혁(2004), 「틀의미론으로 분석한 "사다"와 "팔다"의 의미 분절 양상」, 『언어』 29-1, 한국언어학회, 1-24쪽.

남기심(1992), 「표제어의 풀이와 표제어 설정의 문제」, 『새국어생활』 2-1, 국립국어연구 원, 22-29쪽.

_____(1995), 「어휘 의미와 문법」, 『동방학지』 88, 연세대학교 국학연구원, 157-179쪽.

남민우(2011), 「은유 교육의 목표와 내용 연구」, 『문학교육학』 36, 한국문학교육학회, 257-285쪽.

남상은·김영주(2011), 「한국어 어휘 학습에서 기억 강화 전략이 어휘 기억에 미치는 영향」, 『국어국문학』 157, 국어국문학회, 5-35쪽.

남승호(2003), 「한국어 이동 동사의 의미구조와 논항교체」, 『語學研究』 39-1, 서울대학교 어학연구소, 111-145쪽.

노대규(1983), 「외국어로서의 한국어 시험과 평가」, 『이중언어학』 1-1, 이중언어학회, 139-170쪽.

노양진(2007), 「의미와 의미 지반」, 『범한철학』 45, 범한철학회, 163-185쪽.

노재민(2005), 「다의어 "바람"의 인지적 의미 연구」, 『새국어교육』 71, 한국국어교육학회, 429-453쪽.

도원영(2011), 「다의어의 단의 간 역학 관계에 관한 시고」, 『한국어 의미학』 37, 한국어의미학회, 103-130쪽.

도원영・이봉원・최경봉・한정한(2004), 「온톨로지에 기반한 한국어 동사 의미망 구축 시고: <싸움> 온톨로지를 중심으로」, 『한국어학』 24, 한국어학회, 41-64쪽.

류웅달(1988), 「영어 다의어 일반의미의 타당성과 필요성」, 『언어와 언어교육』 3, 동아대학교 어학연구소, 5-29쪽.

문금현(2005), 「한국어 다의어 교육의 현황과 전망」, 새국어교육 71, 한국국어교육학회, 67-89쪽.

_____(2006), 「한국어 어휘 교육을 위한 다의어 학습 방안 -동사 "보다"를 중심으로-」 『이중언어학』 30, 이중언어학회, 143-177쪽.

_____(2010), 「한국어 어휘 교육의 현황과 과제」, 『언어와 문화』 6-1, 한국언어문화교육학회, 109-135쪽.

민병곤(2006), 「텍스트 중심 말하기 교육 내용 구성의 전제와 함축」, 『어문학교육』 33, 한국어문교육학회, 7-30쪽.

_____(2012), 「화법 및 화법 교육에서 어휘의 위상 논고」, 『국어교육』 139, 한국어교육학회, 417-449쪽.

_____(2014), 「국어 교육에서 표현 교육의 확장과 통합 방안」, 『새국어교육』 99, 한국국어교육학회, 7-26쪽.

민현식(2000), 「한국어 교재의 실태 및 대안」, 『국어교육연구』 7-1, 서울대학교 국어교육연구소, 5-60쪽.

_____(2001), 『(국어교육을 위한) 응용국어학 연구』, 서울대학교 출판부.

_____(2004), 「한국어 표준교육과정 기술 방안」, 『한국어 교육』 15-1, 국제한국어교육학회, 50-51쪽.

박갑수(1998), 「외국어로서의 한국어 교육 평가」, 『이중언어학』 15-1, 이중언어학회, 7-40쪽.

박경선(2001), 「영어와 한국어의 색채어와 신체어에 나타나는 개념적 은유」, 『담화와 인지』 8-1, 담화・인지언어학회, 69-83쪽.

박덕유(2010), 「한국어의 시상 범주와 표현에 대한 연구 - 상을 중심으로 -」, 『우리말연구』 26, 우리말학회, 5-40쪽.

박동호(2000), 「대상부류 개념의 응용언어학적 활용 방안」, 『프랑스어문교육』 10-1, 한국프랑스어문교육학회, 35-52쪽.

_____(2003), 「다의어 분할의 원칙: 세종 체언 전자사전의 경우」, 『한국사전학』 1, 한국사전학회, 137-184쪽.

_____(2003), 「의미부류 체계의 구축과 적용」, 『語學研究』 39-1, 서울대학교 언어교육원, 243-268쪽.

박만규(2002), 「대상부류 이론에서의 다의성」, 『프랑스어문교육』 13, 한국프랑스어문교육학회, 57-85쪽.

_____(2003), 「관용표현의 범주적 정체성 확립을 위하여: 의미론적 분석을 중심으로」, 『국어학』 41, 국어학회, 307-359쪽.

박수현(2008), 「한국어 어휘 교재에서의 학습 전략 적용 방안 연구」, 『언어와 문화』 4-2, 한국언어문화교육학회, 101-118쪽.

박승희(2004), 「대중매체의 교육적 수용과 은유 교육」, 『새국어교육』 67, 한국국어교육학회, 1-20쪽.

박영순(2000), 『한국어 은유연구』, 고려대학교 출판부.

박영순(2006), 「은유 연구의 성과와 방법론」, 『한국어 의미학』 20, 한국어 의미학회, 1-28쪽.

박정운(2000), 「범주화와 언어학」, 『한국어 의미학』 7, 한국어 의미학회, 67-86쪽.

_____(2001), 「개념적 은유 이론」, 『言語와 言語學』 28, 한국외국어대학교 외국어 종합연구센터 언어연구소, 85-107쪽.

_____(2004), 「개념적 은유와 시적 은유」, 『시학과 언어학』 7, 시학과 언어학회, 117-150쪽.

박종호(2012), 『한국어 동사 의미망 구축 방법론』, 청운.

박희문(2007), 「한국어 격조사 '-에/를' 교체에 대한 핵어중심 구구조문법의 응용」, 『언어연구』 23-3, 한국현대언어학회, 373-395쪽.

배도용(2002), 「다의어와 다의 현상: 우리말 명사를 중심으로」, 『언어』 27-3, 한국언어학회, 379-397쪽.

_____(2002), 『우리말 의미 확장 연구』, 한국문화사.

_____(2007), 「어휘의미론 연구의 현황과 전망: 어휘의미론 연구사를 중심으로」, 『우리말연구』 21, 우리말학회, 3-34쪽.

배승호(1996), 「은유의 화용론적 접근」, 『어문학』 57, 한국어문학회, 109-125쪽.

변영수(2007), 「"오르다"의 의미 확장 연구」, 『겨레어문학』 39, 겨레어문학회, 5-39쪽.

서경원(2005), 「생성어휘론의 다의어 기술」, 『언어연구』 20-3, 한국현대언어학회, 1-22쪽.

서상규(2013), 『한국어 기본어휘 연구』, 한국문화사.

성숙자(2002), 「독해력 신장을 위한 어휘 교육에서의 문맥 이용 방안」, 『우리말연구』 12, 우리말학회, 149-201쪽.

송현주(2010), 「동기화를 고려한 어휘 교육」, 『어문학교육』 41, 한국어문교육학회, 7-32쪽.

신동광(2011), 「어휘 교육의 발전 방향 탐색: 기본 어휘의 선정 기준-영어 어휘를 중심으로-」, 『국어교육학연구』 40, 국어교육학회, 217-243쪽.

신명선(2004), 「어휘 교육의 목표로서의 어휘 능력에 대한 연구」, 『국어교육』 113, 한국어교육학회, 263-296쪽.

_____(2006), 「학문 목적의 한국어 학습자를 위한 어휘 교육의 내용 연구」, 『한국어교육』 17-1, 국제한국어교육학회, 237-264쪽.

_____(2011), 「국어과 어휘 교육 내용의 유형화에 관한 연구」, 『국어교육학연구』 40, 국어교육학회, 61-101쪽.

신은경 · 송향근(2005), 「유형별 어휘를 중심으로 한 어휘 교재 개발 방안 연구」, 『이중언어학』 29, 이중언어학회, 165-194쪽.

신현숙(1998), 「한국어 어휘 교육과 의미 사전」, 『한국어 교육』 9-2, 국제한국어교육학회, 85-103쪽.

_____(2011), 「의미망을 활용한 한국어 어휘 교육」, 『한국어문학연구』 56, 한국어문학연구학회, 449-479쪽.

신효필(2007), 「미크로코스모스 온톨로지로의 한국어 기본동사의 사상」, 『언어학』 49, 한국언어학회, 305-324쪽.

_____(2010), 「국어교육과 디지털 리터러시: 자연언어처리를 위한 한국어 어휘 자원과 언어 교육에의 응용」, 『국어교육학연구』 39, 국어교육학회, 65-89쪽.

_____(2010), 「한국어 어휘의 미크로코스모스 온톨로지로의 사상과 언어자원의 결합」, 『언어학』 56, 한국언어학회, 159-196쪽.

신희삼(1996), 「다의어 형성에 관하여」, 『한국언어문학』 37, 한국언어문학회, 117-134쪽.

_____(2004), 「외국어로서 한국어 어휘교육 방안 연구」, 『국어문학』 39, 국어문학회, 142-163쪽.

_____(2010), 「단어 형성의 원리를 이용한 한국어 어휘교육의 방안에 관하여」, 『한국언어문학』 74, 한국언어문학회, 61-89쪽.

안젤라(2006), 「어휘적 접근법을 통한 한국어 교육 방안」, 『한국어 교육』 17-1, 국제한국어교육학회, 459-497쪽.

양명희(2010), 「고급 한국어 어휘 교재 개발을 위한 기초 연구」, 『반교어문연구』 29, 반교어문학회, 141-162쪽.

오예옥(2004), 『형식의미론과 인지의미론에서 본 어휘의미론』, 역락.

오주영(2004), 「영어 구동사의 인지적 학습에 관한 연구」, 『언어과학』 11-1, 한국언어과학회, 145-164쪽.

오충연(2008), 「국어 피동의 상」, 『語文學』 100, 한국어문학회, 111-141쪽.

오현정(2010), 「동사 '걸다'의 인지의미 연구」, 『한국어 의미학』 32, 한국어 의미학회,

141-168쪽.

오형엽(2008), 「인지언어학적 은유론의 수사학적 고찰: 레이코프와 존슨을 중심으로」, 『語文學』 102, 한국어문학회, 499-528쪽.

원미진(2010), 「한국어 학습자의 어휘 학습 전략에 관한 연구」, 『한국사전학』 15, 한국사전학회, 194-219쪽.

_____(2011), 「한국어 어휘 교육 연구의 방향 모색」, 『한국어 교육』 22-2, 국제한국어교육학회, 255-279쪽.

유경민(1999), 「은유에 의한 의미 확장」, 『한국어 의미학』 5, 한국어 의미학회, 179-214쪽.

유현경(2003), 「'주다' 구문에 나타나는 조사 '에게'와 '에'」, 『한국어학』 20, 한국어학회, 155-174쪽.

유혜원(2011), 「'이'와 '에'의 교체 구문에 대한 연구」, 『한국어학』 50, 한국어학회, 173-202쪽.

육미란(2008), 『이동동사 '가다'의 의미 연구』, 충남대학교 박사학위논문.

윤석민(2000), 「도식(圖式)의 개념과 언어연구: 개론적 고찰」, 『외국어교육연구논집』 14, 한국외국어대학교 외국어교육연구소, 103-120쪽.

_____(2003), 「'원형이론'과 언어의미」, 『언어와 언어학』 31, 한국외국어대학교 외국어종합연구센터 언어연구소, 95-114쪽.

이경수(2009), 「동사 '지르다'의 의미 확장에 대한 인지언어학적 고찰」, 『한국어 의미학』 30, 한국어 의미학회, 181-204쪽.

이관규(2011), 「문법 교육과 어휘 교육」, 『국어교육학연구』 40, 국어교육학회, 127-158쪽.

이광정(2001), 「국어 어휘의 품사별 의미 구조: 품사 분류사에 나타난 의미 문제를 중심으로」, 한국어 의미학 8, 한국어의미학회, 1-81쪽.

이기동(1977), 「동사 「오다」, 「가다」의 의미 분석」, 『외국어로서의 한국어교육』 2-1, 외국어로서의 한국어교육, 139-159쪽.

_____(1984), 「다의어와 의미의 일관성」, 『인문과학』 52, 연세대학교 인문학연구원, 17-48쪽.

_____(1986), 「낱말의 의미와 범주화」, 『동방학지』 50, 연세대학교 국학연구원, 289-332쪽.

_____(1992), 「다의 구분과 순서의 문제」, 『새국어생활』 2-1, 국립국어연구원, 55-71쪽.

이기종(1995), 「'떨어지다'의 인지론적 해석」, 『한남어문학』 20, 한남대학교 한남어문학회, 197-223쪽.

이동혁(2007), 「의미 범주 체계의 구축과 사전에서의 활용」, 『한국어 의미학』 24, 한국어 의미학회, 51-82쪽.

_____(2009), 「개념적 은유 이론에 기반한 글쓰기 전략 교육에 대하여」, 『한국어학』 44, 한국어학회, 245-272쪽.

_____(2009), 「의미교육 개선을 위한 인지언어학의 함의」, 『우리말 글』, 우리말글학회, 43-66쪽.

_____(2011), 「결합적 어휘 의미관계의 독립성과 특성에 대하여」, 『어문학교육』 43, 한국어문교육학회, 147-176쪽.

이민우(2008), 「국어 동사 "지다"의 다의적 의미관계 분석」, 『한국어 의미학』 27, 한국어 의미학회, 127-150쪽.

_____(2009), 「다의성과 다의화」, 『언어학연구』 14, 한국중원언어학회, 107-122쪽.

_____(2012), 「의미 확립 단계를 이용한 한국어 다의어 교육 방안」, 『언어학연구』 22, 한국중원언어학회, 163-177쪽.

이봉원, 이동혁, 도원영(2005), 「의사소통 영역 온톨로지에 기반한 동사 의미망 구축」, 『어문논집』 52, 민족어문학회, 67-96쪽.

이성영(1996), 「직접 교수법에 대한 비판적 고찰」, 『한국초등국어교육』 12, 한국초등국어교육학회, 123-147쪽.

이수미(2003), 「다의성과 의미 영역」, 『불어불문학연구』 56-2, 한국불어불문학회, 747-766쪽.

이숙의(2010), 「어휘 교육 자료로서의 어휘의미망 활용에 관하여」, 『한국어 교육』 21-2, 국제한국어교육학회, 141-165쪽.

_____(2012), 「국어 용언의 품사 분류에 관한 인지적 접근」, 『語文研究』 72, 어문연구학회, 133-160쪽.

_____(2013), 『한국어 동사 온톨로지 구축 연구: 동사 상위 개념 체계 분류와 영역 온톨로지 구축의 실제』, 역락.

이승은(2011), 「한국어 어휘교육 실험연구에 대한 연구방법론적 고찰」, 『한국어 교육』 22-4, 국제한국어교육학회, 321-346쪽.

이유경(2009), 「한국어 어휘 교육 연구를 위한 이론의 고찰」, 『한국어 교육』 20-1, 국제한국어교육학회, 135-160쪽.

_____(2011), 「한국어 어휘 의미 교육 등급 선정을 위한 기초 연구 - 동사를 중심으로 -」, 『이중언어학』 47, 이중언어학회, 111-138쪽.

이은령(2005), 「피동 정보를 통한 한국어 동사 어휘의미망 정제」, 『한국어학』 28, 한국어학회, 139-166쪽.

이은령・윤애선(2007), 「표준국어대사전의 동사 정보 개선을 위한 연구: 한국어 어휘의미망의 구축에서 나타난 문제점을 중심으로」, 『韓民族語文學』 51, 한민족어문학회, 157-194쪽.

이재욱・남기춘(2001), 「한국어 학습자의 어휘학습 전략 연구」, 『우리어문연구』 17, 우리어문학회, 25-53쪽.

이정민・강현화(2008), 「한국어 독학용 어휘학습 교재 개발 방안 - 좁은 독서를 통한 점증적 어휘학습 전략 활용 -」, 『한국어 교육』 19-1, 국제한국어교육학회, 1-22쪽.

이정민·김영주(2010), 「한국어 학습자의 어휘력과 언어 능력의 상관관계 연구」, 『응용 언어학』 26-2, 한국응용언어학회, 27-49쪽.

이정식(2003), 『다의어 발생론』, 역락.

이정희·서진숙(2010), 「효과적인 한국어 어휘 교육을 위한 자료 개발의 실제」, 『이중언어학』 42, 이중언어학회, 195-218쪽.

이종열(1998), 「'가다'의 다의성에 대한 인지의미론적 연구」, 『한국어 의미학』 3, 한국어의미학회, 97-118쪽.

_____(2002), 「혼성에 의한 은유적 의미의 인지 과정」, 『담화와 인지』 9-1, 담화·인지언어학회, 97-122쪽.

_____(2004), 「국어 비유어에 나타난 인지사상의 기능과 양상」, 『언어과학연구』 30, 언어과학회, 255-276쪽.

이찬규(2008), 「인지·화용적 관점에서의 의미의 본질과 유형」, 『語文論集』 38, 중앙어문학회, 95-121쪽.

이창희(1998), 「영어 다의어 동사의 인지론적 고찰」, 『언어과학연구』 15, 언어과학회, 257-288쪽.

이현근(1999), 「개념론적 및 인지론적 어의 연구」, 『담화와 인지』 6-1, 담화·인지언어학회, 159-177쪽.

이현희(2008), 「한국어 동사의 어휘학습 자료 구성 방안 연구: Wordnet 구성을 이용한 한국어 이동동사 어휘망을 기반으로」, 『문법 교육』 8, 한국문법교육학회, 191-218쪽.

이현희·박미영(2009), 「어휘 교육을 위한 전자사전의 활용 방안」, 『새국어교육』 83, 한국국어교육학회, 375-406쪽.

임지룡(1993), 「원형이론과 의미의 범주화」, 『국어학』 23, 국어학회, 41-68쪽.

_____(1996), 「의미의 인지모형에 대하여」, 『어문학』 57, 한국어문학회, 321-340쪽.

_____(1998), 「다의어의 비대칭 양상 연구」, 『언어과학연구』 15, 언어과학회, 309-331쪽.

_____(2001), 「다의어 '사다', '팔다'의 인지의미론적 분석」, 『국어국문학』 129, 국어국문학회, 165-190쪽.

_____(2006), 「개념적 은유에 대하여」, 『한국어 의미학』 20, 한국어의미학회, 29-60쪽.

_____(2007), 「인지의미론 연구의 현황과 전망」, 『우리말연구』 21, 우리말학회, 51-104쪽.

_____(2009), 「다의어의 판정과 의미 확장의 분류 기준」, 『한국어 의미학』 28, 한국어의미학회, 193-226쪽.

_____(2011), 「다의어와 다면어의 변별 기준과 의미 특성」, 『언어과학연구』 58, 언어과학회, 169-188쪽.

임지룡·임혜원(2007), 「연결 도식과 그 은유적 확장」, 『한글』 276, 한글학회, 105-132쪽.

임지룡·정병철(2009), 「의미망 분석과 다의성 판정의 원리」, 『담화와 인지』 16-3, 담화

인지언어학회, 195-216쪽.

임채훈(2006), 「문장 의미와 사건」, 『한국어 의미학』 21, 한국어 의미학회, 183-220쪽.

전혜영(2006), 「한국어 은유표현의 교육」, 『Korean 연구와 교육』 2, 이화여자대학교 한국어문학연구소, 93-107쪽.

정병철(2007), 「다의 동사 '잡다'의 인지적 접근에 의한 사전 처리 연구」, 『한국어 의미학』 24, 한국어 의미학회, 243-273쪽.

_____(2009), 『시뮬레이션 의미론에 기초한 동사의 의미망 연구』, 한국문화사.

정수진(2009), 「한국어 다의어 교육 방안」, 『문학과 언어』 31, 문학과언어학회, 29-54쪽.

정연숙(2009), 『한국어 학습사전의 내용 구조』, 역락.

정영식(2002), 「영상 도식 변형에 근거한 다의성」, 『현대영미어문학』 20-1, 현대영미어문학회, 29-70쪽.

정주리(2000), 「구성문법적 접근에 의한 문장 의미 연구」, 『한국어학』 12-1, 한국어학회, 279-307쪽.

정승혜(2005), 「은유의 기능과 국어교육적 함의」, 『국어교육』 118, 한국어교육학회, 181-219쪽.

정호성(2000), 「『표준국어대사전』 수록 정보의 통계적 분석」, 『새국어생활』 10-1, 국립국어연구원, 55-72쪽.

정희정(2011), 「한국어문법교육방법론의 연구 동향 및 과제」, 『이중언어학』 47, 이중언어학회, 481-506쪽.

조경순(2003), 「국어 세 자리 서술어의 의미구조 고찰」, 『한국어 의미학』 13, 한국어 의미학회, 117-141쪽.

_____(2008), 「국어 수여동사 연구: 소유의 변화를 중심으로」, 『한국어 의미학』 27, 한국어 의미학회, 267-289쪽.

조남신(1993), 「다의어의 어휘의미 계층과 의미배열」, 『인문과학』 69-70, 연세대학교 인문과학연구소, 255-288쪽.

_____(2001), 「사전에서 다의어의 의미 기술과 결합성」, 『슬라브학보』 16-1, 한국슬라브학회, 107-126쪽.

조현숙·이상철(2007), 「영어 완수구문과 사건 의미론」, 『언어연구』 23-2, 한국현대언어학회, 305-320쪽.

조현용(2008), 「외국인을 위한 한국어 어휘 교재 연구」, 『외국어교육연구』 22-1, 한국외국어대학교 외국어교육연구소, 181-202쪽.

_____(2011), 「한국어 어휘 평가의 현황과 전망 -한국어능력시험(TOPIK)을 중심으로-」, 『이중언어학』 47, 이중언어학회, 189-215쪽.

주영경(1995), 「현대언어학에 있어서 품사분류의 방향」, 『불어불문학연구』 30-2, 한국불어불문학회, 1085-1102쪽.

차준경(2002), 「국어의 규칙적 다의성에 대하여」, 『어문논집』 46, 민족어문학회, 121-140쪽.

차준경・임해창(2010), 「어휘 의미망의 형태 의미 관계 설정- 국어의 사건 명사를 중심으로 -」, 『한민족문화연구』 34, 한민족문화학회, 165-191쪽.

채현식(2009), 「용례 기반 이론에서의 어휘 지식 표상」, 『형태론』 11-2, 박이정, 269-286쪽.

채희락(1999), 「이동동사의 정의와 분류」, 『현대문법연구』 15-1, 현대문법학회, 79-100쪽.

천시권(1977), 「다의어의 의미분석」, 『국어교육연구』 9-1, 국어교육학회, 1-9쪽.

최경봉(1999), 「단어 의미의 구성과 의미 확장 원리: 다의어 문제를 중심으로」, 『한국어학』 9-1, 한국어학회, 307-331쪽.

_____(2001), 「지식기반 구축을 위한 어휘의 의미 분류: 명사의 분류를 중심으로」, 『담화와 인지』 8-2, 담화・인지언어학회, 275-303쪽.

_____(2010), 「≪국어학≫ 50년-의미 연구의 성과와 전망」, 『국어학』 57, 국어학회, 421-468쪽.

최길시(2000), 『(외국인을 위한)한국어 교육의 실제』, 태학사.

최진아(2007), 「중등 국어 교육의 은유 학습 내용」, 『한국어 의미학』 22, 한국어 의미학회, 237-266쪽.

최현섭(1999), 『국어교육학개론』, 삼지원.

최호철(1998), 「구조 의미론의 수용 양상과 국어 어휘 의미론의 과제」, 『한국어 의미학』 2, 한국어 의미학회, 11-39쪽.

_____(2006), 「전통 및 구조 언어학에서 본 의미의 본질」, 『한국어 의미학』 21, 한국어 의미학회, 31-49쪽.

_____(2013), 『한국어 단어의 의미구조와 의미관계 연구』, 한국문화사.

하치근(2010), 「언어 능력과 인지 능력의 상관관계」, 『한글』 287, 한글학회, 5-43쪽.

한상미(2002), 「학습자 자율성에 기초한 한국어 어휘 교육 사례 연구: 인터넷 사전과 인터넷 자료 검색 과정을 중심으로」, 『한국어 교육』 13-2, 국제한국어교육학회, 279-307쪽.

_____(2011), 「담화 및 화용과 한국어 교육 연구」, 『이중언어학』 47, 이중언어학회, 507-551쪽.

한유석(2004), 『한국어 시소러스 연구』, 한국문화사.

한재영(2005), 『한국어 교수법』, 태학사.

_____(2010), 『한국어 어휘 교육』, 태학사.

한정한(2011), 「통사 단위 단어」, 『국어학』 60, 국어학회, 211-232쪽.

허선익(2009), 「국어지식 교육의 자리매김과 그 원리」, 『국어교육학연구』 34, 국어교육학회, 497-528쪽.

허재영(2007), 『(제2언어로서의) 한국어 교육의 이해와 탐색』, 보고사.

_____(2012), 「국어 어휘 분류 체계의 역사적 흐름」, 『겨레어문학』 48, 겨레어문학회, 431-460쪽.

홍달오(2009), 「한국어 시간 표현의 인지언어학적 고찰- 동사 '보내다/지내다'의 의미 비교를 중심으로」, 『語文論集』 41, 중앙어문학회, 127-155쪽.

홍사만(2008), 『국어 의미 분석론』, 한국문화사.

홍승욱(2005), 「은유의 개념융합적 고찰」, 『영어영문학연구』 31-1, 대한영어영문학회, 229-249쪽.

Aitchison, J.(1987), *Words in the mind an introduction to the lexicon,* New York: Basil Blackwell.

Aitchison, J.(1994), *Words in the mind an introduction to the lexicon,* 2nd ed, Oxford: Blackwell.

Baum, E. B.(2004), *What is thought?,* Cambridge, Mass.: MIT Press.

Beck, R. C.(2004), *Motivation theories and principles,* 5th ed, Upper Saddle River, N.J.: Pearson/Prentice Hall.

Benati, A. G., Laval, C. & Arche, M. J.(2014), *The grammar dimension in instructed second language learning,* London: Bloomsbury Academic.

Croft, W. & Cruse, D. A.(2004), *Cognitive linguistics,* Cambridge; New York: Cambridge University Press, 김두식・나익주 옮김(2010), 인지언어학, 박이정.

Diller, A. M.(1991), Cohérence métaphorique, action verbale et action mentale, Communications 53, 209-228.

Evans, V.(2003), *The structure of time language, meaning, and temporal cognition,* Amsterdam: John Benjamins Pub.

_____(2009), *How words mean lexical concepts, cognitive models, and meaning construction,* Oxford: Oxford University Press.

_____(2013), *Language and time: a cognitive linguistics approach,* Cambridge: Cambridge University Press.

Evans, V. & Green, M.(2006), *Cognitive linguistics: an introduction,* Mahwah, N.J.: L. Erlbaum, 임지룡・김동환 옮김(2008), 인지언어학 기초, 한국문화사.

Fauconnier, G.(1997), *Mappings in thought and language,* Cambridge; New York: Cambridge University Press.

Geeraerts, D.(1997), *Diachronic prototype semantics: a contribution to historical lexicology,* Oxford: Clarendon Press; New York: Oxford University Press.

_____(2006), *Words and other wonders: papers on lexical and semantic topics,* Berlin; New York: Mouton de Gruyter.

_____(2009), *Theories of lexical semantics,* Oxford; New York: Oxford University Press, 임지룡・김동환 옮김(2013), 어휘의미론의 연구 방법: 역사 의미론에서 인지 의미론까지, 경북대학교출판부.

Gibbs, R. W.(1994), *The poetics of mind: figurative thought, language, and understanding,*

Cambridge: Cambridge University Press, 나익주 옮김(2003), 마음의 시학: 비유적 사고, 언어, 이해, 한국문화사.

Givón, T.(1979), *Syntax and semantics,* New York: Academic Press.

Haley, M. H. & Austin, T. Y.(2014), *Content-based second language teaching and learning: an interactive approach,* 2nd ed, Boston: Pearson.

Jackendoff, R. S.(1983), *Semantics and cognition,* Cambridge, Mass.: MIT Press.

James F. B.(1986), *Teaching Main Idea Comprehension,* International Reading Association.

Kövecses, Z.(2000), *Metaphor and emotion: language, culture, and body in human feeling,* Cambridge; New York: Cambridge University Press; Paris: Editions de la Maison des sciences de l'homme, 김동환 옮김(2009), 은유와 문화의 만남: 보편성과 다양성, 연세대학교출판부.

Kövecses, Z.(2010), *Metaphor: a practical introduction,* 2nd ed, New York: Oxford University Press.

Lakoff, G.(1987), *Women, fire, and dangerous things: what categories reveal about the mind,* Chicago: University of Chicago Press, 이기우 옮김(1994), 인지 의미론: 언어에서 본 인간의 마음, 한국문화사.

_____(1993), *The contemporary theory of metaphor,* In A. Ortony, ed, Metaphor and Thought, 2nd ed, Cambridge: Cambridge University Press.

_____(1996), *Moral politics: what conservatives know that liberals don't,* Chicago: University of Chicago Press.

Lakoff, G. & Johnson, M.(1980), *Metaphors We Live By,* Chicago: University of Chicago Press.

Langacker, R. W.(1990), *Concept, image, and symbol: the cognitive basis of grammar,* Berlin: Mouton de Gruyter.

_____(2000), *Grammar and conceptualization,* Berlin; New York: Mouton de Gruyter.

Lantolf, J. P.(2000), *Sociocultural theory and second language learning,* Oxford: Oxford University Press.

Leech, G.(1974), *Semantics,* Penguin book Ltd.

Leezenberg, M.(2001), *Contexts of metaphor,* Amsterdam: Elsevier.

Littlemore, J.(2009), *Applying cognitive linguistics to second language learning and teaching,* New York: Palgrave Macmillan.

Lyons, J.(1977), *Semantics,* Cambridge: Cambridge University Press.

Merriam, S. B., Caffarella, R. S. & Baumgartner, L.(2007), *Learning in adulthood a comprehensive guide,* 3rd ed, San Francisco: Jossey-Bass, 기영화, 홍성화, 조윤정, 김선주 공역(2009), 성인학습론, 제3판, 아카데미프레스.

Ogden, C. K. & Richards, I. A.(1923), *the Meaning of meaning,* N.Y.: A Harvest/HBJ book.

Reddy, M. J.(1979), *The conduit metaphor: A case of frame conflict in our language about language*, Metaphor and Thought, 2nd ed, A. Ortony(1993)(ed.), 164-201, Cambridge: Cambridge University Press.

Ronald W. L.(2002), *Image, Concept, and Symbol: The Cognitive Basis of Grammar*, 2nd Ed, GmbH & Co. KG. 나익주(2005) 옮김, 『개념·영상·상징: 문법의 인지적 토대』, 박이정.

Saussure, F. d.(1916), *Cours de linguistique générale*, 샤를 바이, 알베르 세슈에 엮음, 최승언 (2006) 옮김, 일반언어학 강의, 제2판, 민음사.

Schmid, H. J.(2012), *Cognitive pragmatics*, Berlin; Boston: De Gruyter Mouton.

Schunk, D. H.(2004), *Learning theories: an educational perspective*. 4th ed, Upper Saddle River, N.J.: Pearson/Merrill/Prentice Hall, 노석준·소효정·오정은·유병민·이동 훈·장정아(2006) 공역, (교육적 관점에서 본). 학습이론, 제4판, 아카데미 프레스.

Schwieter, J. W.(2013), *Studies and global perspectives of second language teaching and learning*, Charlotte: Information Age Publishing, Inc.

Smith, E. E. & Medin, D. L.(1981), *Categories and concepts*, London: Harvard University Press.

Sweetser, E.(1990), *From etymology to pragmatics: metaphorical and cultural aspects of semantic structure*, Cambridge; New York: Cambridge University Press.

Talmy, L.(2000), *Toward a cognitive semantics*, Cambridge, Mass.: MIT Press.

Taylor, J. R.(1995), *Linguistic categorization prototypes in linguistic theory*, 2nd ed, London: Clarendon Press; New York: Oxford University Press.

_____(2002), *Cognitive grammar*, Oxford; New York: Oxford University Press.

_____(2003), *Linguistic categorization*, 3rd ed, New York: Oxford University Press.

Taylor, J. R., Cuyckens, H. & Dirven, R.(2003), *Cognitive approaches to lexical semantics*, Berlin; Hawthorne, NY: Mouton de Gruyter.

Terry, W. S.(2009), *Learning and memory: basic principles, processes, and procedures*, 4th ed, Boston: Pearson/AandB, 김기중, 남종호, 박영신, 장미숙, 정윤재(2011) 공 역, 학습과 기억, 제4판, 시그마프레스.

Tyler, A.(2012), *Cognitive linguistics and second language learning: theoretical basics and experimental evidence*, New York: Routledge.

Ullmann, S.(1962), *Semantics: An Introduction to the Science of Meaning*, Oxford: Basil Blackwell.

Ungerer, F. & Schmid, H. J.(1996), *An introduction to cognitive linguistics*, London; New York: Longman.

Zelinsky W. C.(1993), *The Semantics of prepositions: from mental processing to natural language processing*, Berlin; New York: Mouton de Gruyter.

【부록-1】

# 한국어 다의 동사 교육에 대한 교사 설문지
## - 한국어 다의 동사 교육 현황에 대한 설문 조사(교사용) -

한국어 교수 기간 (       )년

1-1. 한국어 동사의 다양한 의미들 중, 기본의미 이외의 확장의미에 대해 가르칠 필요가 있다고 생각하시는지요?(       )

　① 예(       )　　　　② 아니요(       )

1-2. 만약 동사의 확장의미에 대한 교수가 <u>필요하거나 필요하지 않다</u>고 생각하시면, 그 이유는 무엇인지 아래에 간략히 적어 주세요.

2-1. 실제로 수업시간에 동사의 확장의미를 가르치시는지요?(       )

　① 예(       )　　　　② 아니요(       )

2-2. 동사의 확장의미에 대한 교수가 주로 어느 단계에서 이루어지는 지요?(    )

① 초급 단계              ② 중급 단계
③ 고급 단계              ④ 단계의 구분 없이 필요한 경우

3-1. 동사의 확장의미를 어떤 방법으로 가르치고 계시는지요? 복수 응답 가능(    )

① 예문 제시를 통한 의미 설명
② 사전 활용을 통한 의미 설명
③ 의미 확장을 통한 의미 설명
④ 중국어의 대응 표현을 통한 의미 설명
⑤ 기타 (          )

3-2. 위의 (3-1) 문항의 선택 항목에 제시된 동사의 의미 교수 방법들 중, 어느 방법이 효과적이라고 생각하시는지요? 아래에 해당되는 항목의 번호와 함께 그 이유를 간략히 적어 주세요.

4-1. 의미 확장을 통한 의미 교수 방법이 효과적이라고 생각하시는지요?(    )

① 예(        )              ② 아니요(        )

4-2. 위의 문항 (4-1)에 대하여 '<u>예</u>' 또는 '<u>아니요</u>'라고 선택하신 이유
는 무엇인지 아래에 간략히 적어 주세요.



5-1. 동사의 다양한 확장의미를 가르칠 경우, 그 의미들을 학습 단계
에 따라 순차적으로 제시하면서 가르치는 것이 효과적이라고 생각하시는
지요? 아니면 여러 의미를 한꺼번에 제시하면서 동시에 가르치는 것이
효과적이라고 생각하시는지요?(     )

① 순차적 제시(       )     ② 동시에 제시(        )

5-2. 위의 문항 (5-1)에서 선택한 의미 제시 방법이 효과적이라고 생
각하시는 이유는 무엇인지요? 그 이유를 아래에 간략히 적어 주세요.



6-1. 학습자들이 동사의 확장의미에 대한 학습을 어려워하는지요?(    )

① 어려워한다(       )     ② 어려워하지 않는다(        )

6-2. 학습자들이 동사의 확장의미에 대한 학습을 어려워하는 이유는
무엇이라고 생각하시는지요? 복수 응답 가능(     ,     )

   ① 특정 동사가 무슨 이유로 해당 의미를 나타내는지 이해하기 어려
     워한다.
   ② 의미 확장의 규칙을 습득하기 어려워한다.
   ③ 새로 학습할 의미가 전에 학습한 같은 동사의 의미와 어떤 관계인
     지 이해하기 어려워한다.
   ④ 의미의 수가 많아서 각각의 의미를 일일이 기억하기 어려워한다.
   ⑤ 기타 이유(                                    )

7-1. 동사 '가다'의 여러 의미 가운데 '시간이 가다'에서 '가다'의 의미
를 어떤 방법으로 가르치시는지요? 그 의미 설명 방법을 간략히 적어 주
세요.

7-2. 동사 '가다'의 여러 의미 가운데 '정이 가다'에서 '가다'의 의미는
어떤 방법으로 가르치시는지요? 그 의미 설명 방법을 간략히 적어 주
세요.

8-1. 동사 '오르다'의 여러 의미 가운데 '연기가 오르다'에서 '오르다'의 의미를 어떤 방법으로 가르치시는지요? 그 의미 설명 방법을 간략히 적어 주세요.

8-2. 동사 '오르다'의 여러 의미 가운데 '열이 오르다'에서 '오르다'의 의미는 어떤 방법으로 가르치시는지요? 그 의미 설명 방법을 간략히 적어 주세요.

9-1. 혹시 동사의 확장의미를 은유를 통해 가르친 적이 있으신지요? (     ) (예컨대, '세월이 가다'에서 '가다'의 의미를 설명하기 위해 「시간은 이동」의 은유를 제시하면서 그 의미를 설명하는 방식)

　　　　① 예(　　　)　　　　　② 아니요(　　　　)

9-2. 만약 동사의 확장의미 설명에 은유적 설명 방식을 사용하고 계신다면, 위의 문항 (9-1)에서 제시한 동사 '가다'의 경우를 제외한 다른 동사와 그 동사의 의미에 적용될 수 있는 은유의 예를 하나만 들어 주세요.

10-1. 은유를 통한 동사의 확장의미 교수가 효과적이라고 생각하시는지요?(      )

      ① 예(        )        ② 아니요(        )

10-2. 동사의 확장의미 설명에 은유적 설명 방식이 <u>효과적이거나 효과적이지 않다고</u> 생각하시는 이유는 무엇인지 아래에 간략히 적어 주세요.

**【부록-2】**

# 한국어 다의 동사 학습에 대한 학습자 설문지
### - 關于韓國語多义动词学习的問卷調査(學生用) -

年級 (　　　　)

韓國語能力等級 (　　　　)級

學習韓國語時間 (　　　　)年 (　　　　)个月

1-1. 你覺得有沒有必要學習韓國語動詞的多義?

　　① 有(　　　　)　　　　　　② 沒有(　　　　)

1-2. 如果學習動詞的多義有必要或沒有必要的話, 簡單寫一下其理由。

2-1. 你覺得學習動詞的多義難嗎?

　　① 難(　　　　)　　　　　　② 不難(　　　　)

2-2. 如果學習動詞的多義難的話其理由是什么？可以多選。(　　　　　)

　　① 不易理解一个動詞爲什么能表達多种意思。

　　② 不好掌握詞義擴張規則。

　　③ 不太清楚新的詞義跟之前學過的詞義是什么關系。

　　④ 詞義太多容易産生混淆。

　　⑤ 其它理由(　　　　　　　　　　)

3-1. 在課堂上老師怎樣教動詞的多義？可以多選。(　　　　　)

　　① 用韓國語例句說明詞義　　② 用具体的動作或圖式說明詞義

　　③ 用詞義擴張知識說明詞義　　④ 用對應的漢語詞匯或詞組說明詞義

　　⑤ 其它方式(　　　　　　　　)

3-2.　你覺得在上个問題(3-1)的選項中哪个教學方式最爲有用？　請在下面寫一下相應的數字符号与其理由。

4-1. 你對老師在課堂上教動詞多義的方法滿意嗎？

　　① 滿意(　　　)　　　　　② 不滿意(　　　)

4-2. 你認爲老師應該怎樣教動詞多義爲好？簡單寫一下自己的想法。

5-1. 學習動詞多義時, 有沒有自己常用的學習方法。

　　① 有(　　　　)　　　　　　　② 沒有(　　　　)

5-2. 如果有的話都有哪些方法。可以多選。(　　　　　　　　　)

　　① 看例句推測詞義。

　　② 查詞典理解詞義。

　　③ 用詞義的擴張知識理解詞義。

　　④ 用漢語的對應關系理解詞義。

　　⑤ 其它方法(　　　　　　　　　)

2부
——
한국어 동사
교육 방안 연구

논항구조 인식을 통한 한국어 동사 교육 방안 연구/ 한국어 피동사 교육 방안 연구/
틀의미론 기반의 한국어 동사 교육 방안 연구

# 논항구조 인식을 통한 한국어 동사 교육 방안 연구

## -수여동사 '주다'를 중심으로-

## 1. 서론

그동안 한국어 교육에서 동사 교육은 주로 두 가지 측면에서 진행되어 왔는데 하나는 통사 측면에서의 교육이고 다른 하나는 의미 측면에서의 교육이다. 통사 측면에서 이루어진 교육 내용을 살펴보면 주로 문형을 통한 교육과 개별 격조사에 대한 교육이 주를 이루었고 의미 측면에서의 교육은 다의 관계를 통한 의미 교육이 주를 이루어 왔다. 이렇듯 동사 관련 교육이 꾸준히 진행되어 왔음에도 불구하고 동사 교육은 학습자의 지속적인 오류와 더불어 여전히 교육적 난제 중의 하나로 존속하고 있다. 동사는 문장의 핵으로 문장 생성에 있어 핵심적인 역할을 하는데 동사는 문장에 필요한 논항들을 선택하여 일정한 통사구조에 따라 이들 논항을 통사적으로 실현되게 한다. 이처럼 문장 생성에 있어 결정적인 역할을 하는 동사에 대한 교육은 중요할 수밖에 없다.

그러나 기존의 동사 교육에 대한 연구는 매우 미비하다고 할 수 있는데 동사 자체에 대한 교육 연구는 거의 이루어지지 않고 단지 동사의 주변 요소인 격조사나 문법 항목 관련 연구만이 어느 정도 이루어지고 있는 실정이다. 이러한 연구를 바탕으로 하는 동사 교육은 동사의 어휘적 특성에는 그다지 주목하지 않고 단지 어휘적 접근법의 입장에서 공기 관계에 의한 언어 항목을 가르치는 수준에 머물러 있다고 볼 수 있다. 이러한 관계로 말미암아 지금까지의 동사 교육 관련 연구들의 내용과 방법을 검토해 보면 그 교육적 효용성을 찾아보기 어려운 것이 사실인데 이에 본고는 기존의 교육이 동사의 고유한 특성을 제대로 활용하지 못한 문제가 있다고 보고 동사의 어휘적 특성을 살린 효과적인 동사 교육 방안을 제시하는 것을 목적으로 한다.

이를 위해 먼저, 2장에서 동사와 관련된 이론적 배경을 살펴보면서 동사 교육의 기제를 마련하고 다음, 3장에서 수여동사 '주다'를 중심으로 그 논항구조를 알아보고 마지막으로 4장에서 앞선 논의들을 바탕으로 동사 교육 방안을 제시하고자 한다.

## 2. 이론적 배경

여기서는 보편문법과 핵심문법에 대해 논의하고자 하는데 이는 인간의 보편적인 언어 지식과 특정 언어인 한국어 지식 간의 연계성을 모색해 한국어 동사 교수·학습에 유용한 교육적 기제를 제공하기 위한 것이다.

그럼 먼저, 보편문법에 대해 알아보기로 한다.

Chomsky(1981)의 LGB(Lectures on Government and Binding)로 시작된 지배-결속이론(Government and Binding Theory)에서 인간은 누구나 유전적으로 결정된 언어능력 또는 언어기능을 가지고 태어난다고 가정하고 이러한 생득적 언어능력 즉, 보편문법(Universal Grammar)을 주된 연구대상으로 삼고 있다. 이처럼 인간이 선천적인 언어능력을 공유한다고 가정하면 인간의 수많은 언어는 근본적으로 같다고 볼 수 있다. 따라서 이러한 보편문법을 명시적으로 규명할 수 있다면 이는 언어 교육에도 큰 촉진제 역할을 할 것으로 본다.

보편문법은 인간의 언어능력 성장의 최초 단계라 할 수 있는데 인간의 생득적 능력(innate capacity)인 보편문법은 규칙체계와 원리체계로 이루어지고[1] 또한 값이 결정되지 않은 매개변항(parameters)을 포함하는데 이는 적절한 언어 환경(linguistic environment)이 주어지면 해당 매개변항값이 결정되어 안정 상태인 개별 언어의 문법 즉, 핵심문법(Core Grammar)으로 정착된다. 따라서 핵심문법은 매개변항값이 결정된 보편문법이라 할 수 있다. 인간은 생득적으로 보편문법을 갖고 있고 실제 언어경험을 하면서 점차적으로 핵심문법을 갖게 되는데 이러한 언어경험을 하는 과정이 보편문법의 매개변항값이 결정되는 과정이고 이를 통해 인간은 핵심문법을 얻게 되는 것이다.

다음, 핵심문법에 대해 알아보기로 한다.

개별 언어들이 표면상 상당한 차이를 보이는 것은 보편문법의 매개변항값이 언어경험을 통해 서로 다르게 결정되기 때문이라 할 수 있다. 실제로 핵(head)과 보충어(complement)를 예로 들어 설명해 보면 언어학에서 주로 사용하는 4개의 주요 통사범주(NP, VP, AP, PP)들은 각각 핵심이 되는 요소인 어휘적 핵(N, V, A, P)을 포함하고 있다. 핵과 보충어 사이의 선후관계는 핵-보충어 매개변항(head-complement parameter)으로 설명되는데 예컨대 어린이가 영어 또는 중국어 환경에 노출되면 매개변항은 핵이 보충어를 선행하는 &lt;head-initial&gt;이라는 값을 갖게 되고 한국어 환경에 노출되면 핵이 보충어를 후행하는 &lt;head-final&gt;이라는 값을 갖게 되는 것이다. 이를 실제 예문으로 보이면 아래와 같다.

(1) ㄱ. John gave Mary a book.
　　ㄴ. 哲洙給了英姬一本書。

---

1) 보편문법은 규칙체계와 원리체계로 구성되는데 여기서 규칙체계는 어휘부(lexicon), 통사부(syntax), 해석부(interpretive components)로 구성되고 원리체계는 핵계층이론(X'theory), 지배이론(Government theory), 의미역이론(Theta theory), 격이론(Case theory), 결속이론(Binding theory), 한계이론(Bounding theory), 통제이론(Control theory)으로 구성된다.

ㄷ. 철수는 영희에게 책을 주었다.

위의 예문에서 보듯이 영어로 된 예문 (ㄱ)와 중국어로 된 예문 (ㄴ)에서 VP의 핵인 'gave'와 '給'는 그 보충어로 각각 'Mary'와 'a book', '英姬'와 '一本書'처럼 두 개를 요구하는데 이 두 보충어는 모두 동사핵인 'gave'와 '給'의 뒤에 위치한다. 이와 반대로 한국어의 예문(ㄷ)에서 VP의 핵인 '주었다'는 그 보충어로 역시 '영희에게'와 '책을'와 같이 두 개를 요구하는데 이 두 보충어는 모두 동사핵인 '주었다'의 앞에 위치한다. 이처럼 언어는 개별적인 매개변항의 값에 따라 서로 다르게 나타나는데 이를 통해 특정 언어의 핵심문법이 형성된다. 이러한 동사의 핵심문법은 언어 학습자의 보편문법의 규칙체계 속에 내재화되는데 이는 실제 언어 산출에 있어 자동화된 언어 지식으로 기능하게 된다.

본고는 동사 교육과 관련된 보편문법으로 의미역 구조를 선택하는데 특정 의미의 동사는 언어보편적으로 동일한 의미역 구조를 가지므로 학습자가 목표어의 대응 낱말을 습득하는 데에 유용한바 이는 의미역 구조가 언어의 의미 선택과 밀접히 관련되는 것으로 언어 생성에서 근원적인 역할을 수행하기에 가능하다.

또한 핵심문법으로 어순을 선택하는데 이는 의미 선택을 바탕으로 완전한 언어 형식을 산출하는 최종단계이므로 동사의 논항구조를 통사적으로 실현함에 있어 어순은 중요한 장치로 작용한다.

이제 아래에서는 한국어 수여동사를 예로 해당 동사의 어휘부에 등재된 논항구조를 살펴보면서 동사 교육에 필요한 요소를 구체적으로 점검하고자 한다.

## 3. 수여동사 및 그 논항구조

수여동사는 그 명칭에서 알 수 있듯이 언어보편적으로 '수여'의 의미를 지니고 있기에 의미 기준에 따라 동사 분류에서 수여동사로 구분된다. 아래에 이 수여동사의 정의 및 그 논항구조에 대해 알아보도록 한다.

### 3.1. 수여동사의 정의

지금까지 수여동사와 관련된 연구는 주로 두 가지 측면에서 이뤄져 왔는데 하나는 수여동사 구문에서의 '에게' 성분과 관련된 것이고 다른 하나는 수여동사의 의미와 관련된 것이다. 그럼 먼저 '에게' 성분과 관련된 기존의 논의를 살펴보면서 수여동사의 통사적 특징에 대해 알아보기로 한다.

'에게' 성분과 관련된 논의의 초점은 해당 성분의 필수성과 조사 '에게'의 형태음운론적 특징과 관련된 것이다. 먼저, 수여동사 구문의 '에게' 성분이 필수적인지 수의적인지에 대한 논란에 대해서는 전체적인 연구의 흐름으로 볼 때 그 필수성이 인정되는 경향이 우세하다. 대표적으로 송복승(1994)에서는 수여동사 구문의 '에게' 구성을 수여동사의 개별적인 어휘 특성에 의한 필수 성분으로 보아 수여동사의 보어로 처리하고 있다. 즉, '에게' 성분은 수여동사가 어휘부에서 어휘 내항으로 필요로 하는 어휘 목록에 포함된다는 것이다.

다음, 조사 '에게'의 형태음운론적 특징에 대해서는 이 '에게'를 처격 내지 여격 '에'의 이형태로 보는 입장과 독립적인 형태소로 보는 입장으로 갈린다. 전자와 관련된 논의로 박양규(1975: 99)에서는 여격이란 단지 무정체언에 '에'가 연결되는 환경에서 유정체언에는 '에게'가 연결된다고 하는 사실 그 자체를 말하는 것에 지나지 않으며 '에'와 '에게'는 상보적 분포를 보일 뿐만 아니라 순수히 통사론적 견지에서 보더라도 이들이 표시하는 관계 의미에 별다른 차이가 있는 것 같지는 않다고 하였다. 그리고 이와 비슷하게 이익섭·임홍빈(1983: 151-156)에서는 '에게'가 '에'와 동일한 의미를 지니고 있고 음운론적 환경에 따라 상보적 분포를 보이고 있는 한 형태소의 이형태 관계로 규정짓고 있다. 이들 논의는 김원경(1997), 이남순(1998), 성광수(1999) 등에서도 거의 그대로 이어졌다.

이에 반해 김승곤(1989)에서는 '에게'를 상대자리토씨로 분류하여 '에'와 별개의 형태소로 보았고 유현경(2003)에서는 '에게'가 기존의 논의에서 '에'의 이형태로 본 주장에 반박하면서 '에게'가 '에'와 별개의 형태소임을 밝히고자 하였고 이와 더불어 '주다' 구문에서 '에게' 성분의 필수성을 인정하고 해당 성분에 전체적으로 '수혜주' 역이 배당된다고 보았다.

이상의 '에게' 관련 논의들을 종합하면 수여동사 구문에서 '에게' 성분의 필수성에 대해서는 전체적으로 인정하는 입장이고 단순히 '에게'에 한해서는 '에'의 이형태라는 입장과 독립적인 형태소라는 입장이 엇갈리는 상황이다. 본고는 '에게' 성분이 수여동사 구문에서 필수적으로 요구되는 성분이라는 점에 동의하고 '에게'가 '에'와 이형태 관계이건 별개의 형태소이건 간에 이에 대해서는 더 이상 논의하지 않고 단지 한국어 교육적 시각에서 '에게' 성분의 의미역할에 관심을 보이고자 한다. 이에 대해서는 뒤에서 자세히 기술하도록 한다.

수여동사와 관련된 또 다른 논의의 핵심은 수여동사의 의미 자체에 있다. 수여동사의 의미에 대해 Shibatani(1999)에서는 그 의미를 '소유(possession)'와 '혜택(favor)'으로 보았다. 그러나 박승윤(2003)에서는 수여동사 '주다'의 의미적 특성이 '전달(transfer)'이라고 주장하면서 앞선 논의에서 제시한 '소유'와 '혜택'의 의미는 모두 '전달'의 의미로부터 얻어진 화용론적 함축(implication)이라고 보았다.[2] 허윤숙(2007:225)에서는 수여동사 '주다'의 의미를 '어떤 것을 갖거나 누리거나 하도록 남에게 넘기는 일을 뜻하며 마음이나 정신을 기울이거나 드러내 보이는 것 또는 어떤 이의 소유에서 다른 이의 소유로 대상이 이동하는 것을 말한다.'로 보면서 '주다'의 의미를 '전달'과 '혜택'으로 규정짓고 있다. 그리고 문화관광부(2000)에 따르면 '주다'의 여러 의미 가운데서 가장 고빈도로 나타난 의미는 '가지도록 건네다'로 전체 의미의 30%를 차지한다고 하였다. 구현정(2003)에서는 수여동사 '주다'의 원형적인 의미를 '[전달자]가 [소유]하고 있는 [전달체]를 [피전달자]에게 [전달]하여 [혜택]을 끼치는 것'이라고 정의하였다. 또한, 황봉희(2003)에서는 수여동사의 의미를 구문 속에서 파악하고자 하였는데 수여동사 구문의 의미를 기본 의미와 주변 의미로 대별하고 기본 의미에는 '대상의 이동'을 들었고 주변 의미로는 '행위의 전달', '감정의 표현' 및 기타3)를 들고 있다.

이상의 수여동사와 관련된 기존의 논의를 바탕으로 본고는 수여동사를 통사·의미적 기준에 따라 통사적으로 '에게' 성분을 필수적으로 요구하고 의미적으로 '대상의 이동'을 나타내는 동사 부류로 정의하고자 한다. 즉, 본고는 수여동사를 구문론적으로는 '에게' 논항을 취하고 의미론적으로는 '대상의 이동'을 나타내는 동사 부류로 보는 입장을 취한다.4) 그럼 아래에 수여동사가 갖는 논항구조에 대해 논의하면서 수여동사의 어휘적 특성을 좀 더 알아보기로 한다.

---

2) 이러한 주장의 근거는 '전달'과는 달리 '소유'와 '혜택'의 의미는 맥락(context)에 따라 취소될(cancelled) 수 있다고 보았다(박승윤, 2003: 113).
3) 기타 의미에는 '행위자의 이동'과 '수혜자의 피해'를 들고 있다.
4) 이런 관점에서 보는 전형적인 수여동사 목록에는 '주다' 외에 '가르치다, 받다, 보내다, 사다, 팔다' 등이 포함된다.

## 3.2. 수여동사의 논항구조

수여동사는 전통적으로 세 자리 서술어로 알려져 왔다. 따라서 수여동사 구문에서 주어를 포함한 목적어와 필수적 부사어 등을 필수 성분으로 다루고 있다. 즉, 수여동사는 세 논항을 필수적으로 요구한다는 것이다. 그럼 아래에 수여동사가 취하는 세 논항과 각 논항에 배당되는 의미역5) 에 대해 살펴보고 한국어 교육에 적용할 수 있는 수여동사의 의미역 구조6)를 정리해 보고자 한다. 이를 위해 수여동사 중에서 대표적이고 사용빈도가 높은 동사 '주다'7)를 예로 들기로 한다.

---

5) 의미역 설정의 문제와 관련하여 기존의 연구를 살펴보면 의미역을 기본 개념으로 보는 입장과 파생 개념으로 보는 관점으로 구분된다. 기본 개념으로 보는 입장에서는 의미역을 더 이상의 의미 성분으로 해체될 수 없다고 보는 것이다. 이에 비해 파생 개념으로 보는 입장은 의미역을 기본적인 개념으로 보지 않고 더 작은 의미 개념으로 쪼개서 분석할 수 있다고 보는 것인데 이처럼 해체 가능한 의미역으로 보는 것은 해당 언어 요소의 의미를 보다 정밀히 기술할 수 있다는 장점이 있지만 이러한 기술을 위해서는 보다 많은 의미역 설정이 필요하다는 단점이 있다. 그러나 기본 개념으로 보는 입장은 해당 언어의 전체적인 의미 이론의 필요에 따라 가능한 한 소수의 의미역만 설정하여 자의적인 의미역 사용을 피하며 간결한 의미 기술을 추구하고자 한다. 언어 교육 특히, 제2언어 내지 외국어 교육적 시각에서 볼 때 의미역을 기본 개념으로 보는 것이 유용할 수가 있다. 즉, 동사의 의미역 구조 설정에 있어 동사와 그 보충어들 간의 의미역 관계를 소수의 의미역 명칭으로 간결하게 정리해 주는 것이 학습자의 의미 처리를 보다 용이하게 하여 해당 항목의 습득을 촉진시킬 가능성이 있기 때문이다. 따라서 본고에서는 교육적 차원에 입각해, 의미역 기술에 있어 의미역을 기본 개념으로 보는 입장을 취하고자 한다.

6) 의미역의 목록에 대해서는 그간 다양한 유형이 제시되었는데 몇 가지 대표적인 의미역 목록을 보이면 아래와 같다.

Fillmore(1971): agent, counter-agent, object, experiencer, result, instrument, source, goal
Radford(1988): agent, theme(patient), experiencer, benefactive, instrument, location, source, goal
Spencer(1991): agent, patient, theme, experiencer, benefactive, instrument, location, source, goal

7) 언어보편적으로 기본 동사 범주에 속하는 '주다'류의 동사는 한국어의 사용빈도 조사에서 높은 순위로 나타났다. 문화관광부(2000)에 따르면 한국어 기초 어휘 빈도 순위에서는 총 1,862,976 어절 가운데서 동사 '보다'(11,300)가 가장 많이 쓰였고 그 다음이 '가다'(5497) 였고 세 번째로 '주다'(4680)로 나타났다. 또한, 국립국어연구원(2002)에 따르면 현대 한국어 사용빈도 조사 자료에서 총 1,531,966 어절 가운데서 '하다'(32,822)가 가장 쓰임이 많았고 다음은 '보다'(11,276)였고 세 번째는 역시 '주다'(6,418)로 나타났다. 따라서 동사 '주

먼저, 동사 '주다'로 이루어진 예문을 보이면 아래와 같다.

(2) ㄱ. <u>철수는</u> 영희에게 책을 주었다.
　　ㄴ. <u>아버지는</u> 어머니에게 선물을 주었다.
　　ㄷ. <u>어머니는</u> 나에게 용돈을 주었다.
　　ㄹ. <u>누나는</u> 동생에게 사탕을 주었다.
　　ㅁ. <u>삼촌은</u> 조카에게 장난감을 주었다.

위 예문에서 볼 수 있듯이 주어 자리에 오는 명사구는 '철수, 아버지, 어머니, 누나, 삼촌'으로 모두 유정물이다. 이들은 해당 문장에서 행위의 주체가 된다. 즉, 주어 논항은 동사 '주다'에 의해 '행위자'역을 배당받는다. 일반적으로 수여동사 구문의 주어 자리에는 '유정성(animate)'을 띤 대상만 논항으로 올 수 있다고 기존에 논의되었는데[8] 사실 아래와 같은 구문도 얼마든지 성립 가능하다고 본다.

(3) <u>대지는</u> 인간에게 풍요로움을 주었다.

위 예문에서 '주다' 구문의 주어 논항은 '대지'로 [-유정성]을 보인다. 그러나 문장의 문법성에는 아무런 문제도 없다. 즉, 무정물 주어 논항 '대지'에 의해 '주다' 동사의 의미가 은유적으로 확장되었다고 볼 수 있다. 따라서 수여동사 '주다' 구문에서 주어 논항에 의미적 제약을 둘 필요가 없다. 그러므로 수여동사 '주다'는 주어 논항의 의미 선택에 있어 비교적 자유롭다고 볼 수 있다. 이는 문장의 핵인 동사가 자신의 보충어를 선택함에 있어 해당 보충어의 의미 자질에 대한 선택 제약을 해소시킴으로써

---

다'는 한국어의 동사 가운데서 사용 빈도가 높은 기초적인 어휘임을 확인할 수 있다. 따라서 수여동사 '주다'는 한국어 교육에서 동사 교육 항목으로 선정하기에 알맞다.
8) 황봉희(2003)에서는 수여동사 구문에서 주어 자리에 [-유정성] 자질의 명사구가 오는 것은 불가능하다고 보았는데 이에 대해서는 재고의 여지가 있다.

보충어 위치에 오는 논항 선택의 폭을 확장할 수 있다는 이점이 있다. 이는 교육적 효용성에도 부합되는 것으로 보인다.

이처럼 본고는 수여동사의 주어 논항 선택에 의미 제약을 두지 않고 주어 논항의 의미 자질을 [±유정성]으로 보고자 한다. 이는 기존에 수여동사의 주어 논항에 배당되는 의미역을 '행위자'로 한정하여 본 것과는 달리 해당 논항의 의미역을 좀 더 포괄적인 개념으로 볼 수 있는 가능성을 시사한다. 이에 본고는 수여동사 '주다'의 주어 논항에 기존의 논의에서 제시되었던 '행위자'의 의미역보다는 좀 더 포괄적으로 함의할 수 있는 의미적 속성 즉, 의미역을 상정해 보고자 한다.9) 앞선 논의에서 살펴보았듯이 수여동사의 기본 의미를 '대상의 이동'으로 보면 수여동사가 나타내는 사건은 사건의미론의 입장에서 어떤 대상이 한 곳에서 다른 한 곳으로 이동하는 사건으로 파악할 수 있다.10) 이러한 견지에서 보면 주어 논항은 기존의 '행위자'역보다는 대상 이동의 '출발점(source)'역으로 보는 것이 타당할 수 있다.11) 이러한 의미역 설정 방식은 동사의 사건을 통해 해당 동사의 의미를 파악할 수 있어 학습자의 인지에 도움을 줄 수 있기에 교육적 효용성도 있을 것으로 본다. 따라서 본고는 이와 같은 발상에서 시작해 수여동사의 각 논항에 적절한 의미역을 부여해 보고자 한다.

---

9) 수여동사 구문에서 주어 논항의 의미역과 관련해 전정미(1999)에서는 주어 논항의 의미역으로 '행위자', '도구', '장소' 등으로 구분하였는데 이처럼 한 논항에 배당될 수 있는 의미역을 구분해서 제시하기보다는 일관된 의미역으로 포괄시켜 제시하는 것이 한국어 교육적 시각에서 의미가 있을 듯하다.

10) 동사의 의미를 이처럼 사건의미론적 입장에서 볼 때 해당 동사의 의미역 구조는 사건의 행위적 특성에 따라 설정하기보다는 사건에 참여하는 대상의 이동에 입각해 의미역을 설정하는 것이 인지적인 교육에 보다 더 부합될 것으로 본다.

11) 실제로 Jackendoff(1990)에서는 사건의 행위적 특성에 관련된 의미역들을 '행위-열(action tier)'이라고 명명하였고 사건의 처소 이동에 관련된 의미역들을 '대상-열(thematic tier)'이라고 명명하면서 아래와 같이 의미역을 두 부류로 구분하였다.

   가. 행위-열 의미역: 행동주, 피동주, 도구, 수혜자
   나. 대상-열 의미역: 대상, 착점, 기점, 처소

그럼 이제 목적어 논항의 의미역을 살펴보기로 한다.

수여동사의 목적어 논항은 이동하는 대상으로 일반적으로 '대상(theme)' 역이 배당된다. 앞서 든 예를 보면 목적어 논항으로 '책, 선물, 용돈, 사탕, 장난감' 등으로 모두 실제 이동한 대상으로 '주다' 동사에 의해 '대상'의 의미역이 부여된다. 그러나 이처럼 구체적인 대상뿐만 아니라 추상적인 대상도 목적어 논항이 될 수 있다. 이는 아래의 예문에서 확인할 수 있다.

(4) ㄱ. 아버지는 어머니에게 <u>사랑</u>을 주었다.
  ㄴ. 철수는 영희에게 <u>고통</u>을 주었다.
  ㄷ. 우리군은 적군에게 심한 <u>타격</u>을 주었다.
  ㄹ. 형님은 동생에게 마음의 <u>상처</u>를 주었다.
  ㅁ. 심사위원들은 오디션 참가자들에게 낮은 <u>점수</u>를 주었다.

위 예문에서 볼 수 있듯이 목적어 논항 자리에는 꼭 구체적인 대상뿐만 아니라 추상적인 대상도 올 수 있음을 보여준다. 그리고 앞서 주어 논항의 경우와 마찬가지로 목적어 논항의 의미 자질이 변함에 따라 서술어 동사 '주다'의 의미도 은유적으로 확장되어 전체적인 문장의 의미가 형성된다. 이렇듯 동사 구문의 의미 형성에는 동사의 개별적인 의미뿐만 아니라 그 논항의 의미도 영향을 미친다는 사실을 다시 확인할 수 있다.

그러나 목적어 논항이 구체적인 대상이든 추상적인 대상이든 그 의미역은 어디까지나 '대상'임에는 변함이 없다. 즉, 수여동사의 목적어 논항은 다른 동사와 마찬가지로 목적격 조사 '을/를'이 첨가되면서 일괄적으로 '대상'의 의미역이 부여된다.

마지막으로 부사어 논항의 의미역을 알아보자.

수여동사의 부사어 논항은 3.1에서 살펴보았듯이 필수 성분으로 간주된다. 그럼 아래에 구체적인 예문을 통해 부사어 논항이 수여동사 구문에서 어떤 의미역할을 하는지 살펴보자. 이를 위해 앞서 제시된 예문 (2ㄱ-ㅁ)

을 다시 가져온다.

> (5) ㄱ. 철수는 <u>영희에게</u> 책을 주었다.
> ㄴ. 아버지는 <u>어머니에게</u> 선물을 주었다.
> ㄷ. 어머니는 <u>나에게</u> 용돈을 주었다.
> ㄹ. 누나는 <u>동생에게</u> 사탕을 주었다.
> ㅁ. 삼촌은 <u>조카에게</u> 장난감을 주었다.

위 예문에서 볼 수 있듯이 부사어 논항으로 명사구 '영희, 어머니, 나, 동생, 조카' 등이 사용되었는데 이들은 모두 '주다' 행위 대상의 종착점으로 파악된다. 즉, 앞서 살폈듯이 '주다' 동사가 나타내는 사건을 대상의 이동으로 파악한다면 부사어 논항은 주어 논항인 출발점에서 이동이 시작된 대상이 닿는 도착점으로 이해된다. 기존의 논의에서는 이 부사어 논항에 '수혜주'역을 배당하는 것이 일반적이었는데 이외에도 앞서 제시된 예문 (4)에 나온 예들 가운데에는 이와 다른 의미역이 포착되는 것도 있다.

> (6) ㄱ. 철수는 <u>영희에게</u> 고통을 주었다.
> ㄴ. 우리군은 <u>적군에게</u> 심한 타격을 주었다.
> ㄷ. 형님은 <u>동생에게</u> 마음의 상처를 주었다.

위 예문에서 볼 수 있듯이 부사어 논항의 명사구 '영희, 적군, 동생'은 '주다'에 의한 행위를 겪게 되는 '경험주'역으로 해석된다. 따라서 부사어 논항은 문맥에 따라 복수의 의미역으로 해석되므로 이를 한국어 교육적 시각에 입각해 일괄적으로 기술할 필요가 있다. 즉, '에게' 논항에 행위에 의한 대상의 '도착점(goal)'역을 부여하는 것이다. 이는 앞서 제시한 주어 논항의 '출발점'역과 서로 맞물리는 관계로 수여동사 '주다'의 의미를 인

지적으로 이해하는 데 유용하고 또한 학습자의 의미 정보 처리에도 도움이 될 것으로 본다.[12]

이상의 논의를 종합하여 수여동사 '주다'의 의미역 구조를 정리해 표로 보이면 아래와 같다.

<표 1> 동사 '주다'의 의미역 구조

| 주어 | 목적어 | 부사어 | 서술어 |
|------|--------|--------|--------|
| 출발점 | (이동의) 대상 | 도착점 | 주다 |

이렇듯 수여동사 '주다'는 어휘부에 그 논항 정보로 <출발점, 도착점, 대상>의 의미역 구조를 가지게 되고 이러한 의미역 순서가 그대로 수여동사 구문의 기본 어순을 반영하게 된다.[13] 수여동사 '주다'의 논항 정보를 보이면 아래와 같다.

---

12) 이러한 방식의 의미역 구조의 제시는 학습자의 인지 과정과 결부되어 학습의 효과를 높일 수 있는 교육적 효용성이 있을 것으로 기대된다. 즉, 한 논항에 두 개 이상의 의미역을 부여하는 것보다는 단일한 의미역을 부여함으로써 인지적 부담을 덜게 하는 것이다. 그리고 제2언어 내지 외국어 학습자가 언어 선택을 함에 있어 의미 선택을 선행하고 다음 범주 선택을 하는 경향이 있다는 연구 사실도 동사 교육에서 의미역 구조를 활용하는 방법의 효용성을 뒷받침하는 근거가 될 수 있다.

13) 사실 수여동사 사건을 에너지 흐름의 인지론적인 시각에서 본다면 수여동사 구문의 성분 순서 즉, 어순은 [주어+목적어+여격어] 순으로 돼야 할 것이다. 그러나 실제로는 [주어+여격어+목적어] 순의 어순이 지배적인 어순으로 나타난다. 따라서 본고에서는 이 지배적 어순을 수여동사 구문의 기본 어순으로 보고자 한다. 이를 뒷받침하는 통계 수치로 전정미(1999:124)에서는 수여동사 구문의 어순 유형 비율에 있어 연구 자료의 60%가 '주어+여격어+목적어'의 어순을 보여 '주어+목적어+여격어'의 어순보다 비율적으로 좀 더 높게 나타났고 또한 임홍빈(2007:84-85)에서는 비록 수여동사 구문에 한해서 사용 빈도를 조사한 것은 아니지만 총 400만 어절 형태 분석 말뭉치 검색 결과 '에게' 성분이 포함된 구성의 어순 사용빈도에 있어 'X에게 Y를' 어순이 75.26%의 비율을 보였고 'Y를 X에게' 어순이 24.74%의 비율을 보였다. 비록 사용빈도수로 기본 어순을 결정하는 것에는 한계가 있을 수 있으나 이러한 사용상의 빈도수는 한국어 교육적 시각에서 볼 때 의미 있는 결과로 받아들여진다.

품사 : V
논항 정보 : <출발점, 도착점, 대상>[14]

위의 '주다' 동사의 논항 정보를 통해 알 수 있듯이 이러한 정보들은
학습자의 어휘부에 자동화된 지식으로 저장된다. 그러므로 학습자들은 이
러한 어휘부를 활성화시킴으로써 해당 동사의 구문을 자동적으로 생성해
낼 수 있는 산출 능력을 획득할 수 있다. 그리고 구문의 어순과 관련해 수
여동사 구문에서 여격어에 해당하는 '에게' 논항은 그 이동이 자유로운
관계로 목적어와의 위치 관계가 고정적이지 않고 유동적이다. 다만 여격
어가 목적어에 선행하는 것이 지배적인 어순이기에 이를 기본 어순으로
삼고 여격어가 목적어에 후행하는 어순을 2차적인 어순으로 간주하고자
한다. 따라서 수여동사 '주다'의 격틀 정보를 아래와 같이 두 가지로 나누
어 기술할 수 있다.

격틀 정보$_1$ : <NP$_1$ -이/가, NP$_2$ -에게, NP$_3$ -을/를>
격틀 정보$_2$ : <NP$_1$ -이/가, NP$_3$ -을/를, NP$_2$ -에게>

위의 격틀 정보에서 알 수 있듯이 동사 '주다'의 어휘부에는 어순과 관
련해 격틀 정보가 둘로 나뉘어 등재된다. 위에서 밝혔듯이 여기서 격틀

---

14) 동사가 그 어휘적 속성으로 선택하는 자질에는 두 가지 유형 즉, 의미역으로 표시되는
의미적 선택(semantic selection)과 명사구 등을 선택하는 범주적 선택(categorial selection)
이 있는데 범주적 선택자질에 명세된 것들이 바로 논항이다. 그러나 범주 선택과 의미
선택이 동사의 항가(valency, 項價)를 표시함에 있어 서로 중복되어 잉여적이고 의미 선
택만으로도 그 논항 선택까지를 표시할 수 있기 때문에 최근에는 주로 의미역만으로 논
항구조를 표시하고 있다. 선택 자질은 본래 하위범주화 자질(subcategorization feature)이
주어 논항을 포함하지 못하기 때문에 주어 논항도 어휘부에 명시하기 위해 채택된 개념
이었으나 이제는 범주 선택자질에 대해서는 별로 논의하지 않고 하위범주화 개념을 포
함한 의미 선택자질을 주로 사용하고 있다. 따라서 본고에서도 동사의 논항구조를 의미
역 명칭으로 표시하고자 한다. 이러한 표시 방식은 언어 선택에 있어 의미 선택의 중요
성을 말해주고 있는 것이다.

정보₁을 기본 어순으로 간주하고 격틀 정보₂는 2차적인 어순으로 간주하는데 이들은 구체적인 발화 상황에 따라 선택되는 것으로 이들의 구분 문제는 본고의 목적이 아니므로 더 이상 논의하지 않겠다.[15] 그러나 다음 장에서 논하게 될 교육 내용에 있어서는 이 두 어순을 모두 교육 내용에 포함하고자 한다. 이는 표현의 다양성과 해당 표현의 이해 차원에서 필요하다고 판단했기 때문이다. 단지 교수·학습 순서에 있어 기본 어순을 우선적으로 고려하고, 2차 어순을 포괄적으로 고려하는 교육적 입장을 취하고자 한다.

지금까지 동사 '주다'의 의미역 구조에 대해 알아보았는데 아래에는 '주다'와 밀접한 의미적 관계를 보이는 또 다른 수여동사 '받다'[16]의 의미역 구조에 대해 알아보도록 한다. 이를 기술하는 목적은 두 동사 항목의 의미 비교 속에서 서로의 의미를 파악하는 데 도움을 제공하고자 하기 때문이다.

동사 '받다'도 앞서 논의된 '주다'와 마찬가지로 한 논항에 두 개의 의미역이 배당되는 경우가 있는데 이는 '주다'와 '받다'의 의미적 연관성[17]으로 미루어 볼 때 당연한 귀결이다. '받다' 동사는 '주다' 동사와 관련해 의미적인 대립을 보이므로 그 의미역 구조도 '주다' 동사와 대립 구조를

---

15) 기본 어순은 일반 상황에서 가장 많이 쓰이는 어순이므로 그 쓰임이 비교적 자연스러운 데에 비해 2차 어순은 그 쓰임이 그리 자연스럽지 않은 것 같다. 또한 2차 어순의 사용은 구체적인 발화 상황에서의 '주제화', '초점화' 등 언어 현상과 관련이 있는 것으로 보이나 본고는 이에 대한 연구가 목적이 아니므로 여기서는 이에 대해 더 이상 논의하지 않기로 한다.

16) 논의에 따라서는 동사 '받다'의 의미구조가 엄밀한 의미에서 동사 '주다'의 의미구조와 다르기에 '받다'를 수여동사로 보지 않는 입장도 있지만 본고는 이 두 동사의 의미적 대립성에 치중하여 두 동사가 같은 의미구조를 가진 것으로 보고자 한다. 즉, 두 동사의 의미역 구조가 계층적 위계만 다를 뿐 구성 요소는 같기 때문이다. 이러한 관점은 한국어 교육적 시각에서 볼 때에도 유용하다고 판단된다.

17) 합성동사 '주고받다'의 의미에서 알 수 있듯이 동사 '주다'와 '받다'는 의미적으로 서로 대립되는 관계에 있음을 확인할 수 있다.

보이게 된다. 즉, 두 동사의 주어 논항과 부사어 논항의 의미역이 서로 뒤바뀌는 현상이 일어난다. 따라서 앞서 정리한 '주다'의 의미역 구조를 바탕으로 '받다'의 의미역 구조를 표로 보이면 아래와 같다.

<표 2> 동사 '받다'의 의미역 구조

| 주어 | 목적어 | 부사어 | 서술어 |
|---|---|---|---|
| 도착점 | (이동의) 대상 | 출발점 | 받다 |

이처럼 '받다' 동사의 논항에 배당되는 의미역은 '주다' 동사의 그것과 일치한다. 단지 같은 명사 논항이 서로 다른 동사의 어휘 개별적인 의미 특성에 따라 그 문법적 위치만 달리 했을 뿐 의미적인 측면에서는 전혀 변화가 발생하지 않고 그대로 유지된다. 따라서 동일한 수여동사인 '주다'와 '받다'는 그 의미적 대립성으로 말미암아 교수·학습 시 함께 제시하여 학습자들의 의미 이해에 도움을 제공할 수 있을 것으로 본다.

그럼 아래에 이상의 논의를 바탕으로 수여동사 '주다'의 교육 방안에 대해 전자사전의 활용을 중심으로 제안해 보고자 한다.

## 4. 어휘 정보를 활용한 동사 교육 방안

본고는 앞선 논의들에서 동사의 어휘적 속성에 주목해 왔는데 본 장에서는 이를 바탕으로 한 동사 교육 방안을 모색하고자 한다. 이에 앞서 동사 교육에 적절한 교육 자료로 사전을 활용하고자 한다. 사전에는 동사의 어휘적 속성을 반영하는 논항 정보가 담겨 있고 동사의 의미에 따른 다양한 용법의 실제 예문이 실려 있어 교육 자료로 매우 적합하다고 판단하였기 때문이다. 그리고 이러한 사전 중에서도 다양한 검색 기능이 가능한 전자사전을 택하고자 한다. 이는 전자사전을 통해 어휘의 총체적인 모습을 입체적으로 인지할 수 있고 다양한 방식으로 활용 가능하여 교실이나 종이사전이 가지는 물리적 한계를 극복할 수 있는 장점이 있기 때문이다.

사전에는 기본적으로 동사의 형태(음운) 정보로부터 시작하여 통사, 의미, 화용 정보까지 모두 포함되어 있다. 여기서는 동사의 어휘적 속성과 직결되는 통사, 의미 정보를 통한 동사 교수·학습 방안에 대해 알아본다.

먼저, 통사 정보를 활용한 동사 교육 방안에 대해 알아보기로 하자.

## 4.1. 통사 정보 활용

하나의 단어는 사전 안에서 독립적으로 존재하는 낱낱의 것이 아니라 문장이나 담화, 텍스트 안에서 일정한 구조 속에 놓일 때에 비로소 그 단어의 진정한 모습이 드러난다고 할 수 있다. 특히 동사는 고유한 통사 정보인 보충어 구조를 지니고 있는데 적격한 문장을 구성하기 위해서는 이러한 통사구조가 필수적으로 요구된다. 이에 동사의 통사 정보를 활용한 교수·학습의 목표와 내용을 아래와 같이 제시할 수 있다.

- 동사를 핵으로 하는 보충어의 배열 구조 파악

그럼 아래에 동사 '주다'를 예로 그 보충어 구조를 확인하기 위해 전자사전인 국립국어원의 『표준국어대사전』에 제시된 동사 '주다'의 검색 결과를 보이기로 한다.

주다 「동사」
[1] 【…에/에게 …을】

「1」 물건 따위를 남에게 건네어 가지거나 누리게 하다.

개에게 먹이를 주다/아이에게 용돈을 주다/왜 고기만 주니, 털도 주고 가죽도 주지.≪오정희, 중국인 거리≫

「2」 남에게 어떤 자격이나 권리, 점수 따위를 가지게 하다.

일등 항해사에게 가산점을 주다/외국인에게 투표권을 주다.

「3」 좋지 아니한 영향을 미치게 하다.

고통을 주다/상처를 주다/피해를 주다/어머니는 동생과 싸웠다고 나에게 핀잔을 주셨다.

「4」 실이나 줄 따위를 풀리는 쪽으로 더 풀어 내다.

연줄을 더 많이 줘라.

「5」 시선이나 몸짓 따위를 어떤 곳으로 향하다.

대문 위로 눈을 주니 가시철사가 쳐져 있었다.≪황순원, 카인의 후예≫

「6」 주사나 침 따위를 놓다.

엉덩이에 주사를 주다/발목이 삐었다고 하니 침을 좀 줘야겠군.

「7」 속력이나 힘 따위를 가하다.

손에 힘을 더 줘라.

「8」 다른 사람에게 정이나 마음을 베풀거나 터놓다.

그는 친구에게도 좀처럼 정을 주지 않는다.

위의 검색 자료를 통해 동사 '주다'의 보충어 구조를 한눈에 알아볼 수 있는데 '주다'가 '…에/에게 …을'이라는 통사구조를 지니고 있음을 강조할 필요가 있다. 또한, '주다' 동사는 언어보편적으로 세 개의 논항을 갖고 있는 세 자리 서술어로 학습자들로 하여금 모국어의 보편문법 지식과 연계해 한국어 동사 '주다'의 통사 정보를 쉽게 읽게 하는 인지적 교육 방식이 필요하다고 본다. 따라서 전자사전에 실린 아래의 예문을 보여주면서 학습자들이 동사 '주다'의 통사구조에 주목하도록 유도한다.[18]

---

18) Schmitt(1997)에서는 언어 학습의 첫 단계로 '주목하기(noticing)'를 들고 있는데 이는 형태 초점 교수법의 원리에 부합되는 것이다.

(7) ㄱ. 개**에게** 먹이**를** 주다

ㄴ. 아이**에게** 용돈**을** 주다

ㄷ. 일등 항해사**에게** 가산점**을** 주다

ㄹ. 외국인**에게** 투표권**을** 주다.

ㅁ. 어머니는 동생과 싸웠다고 나**에게** 핀잔**을** 주셨다.19)

위의 예문을 통해 학습자들이 동사 '주다'의 통사구조에 익숙해지도록 반복적으로 노출을 경험하게 한다. 그리고 수여동사 '주다'가 어떤 대상이 한 곳에서 다른 한 곳으로 이동하는 사건을 나타낸다는 점을 설명하여 학습자들로 하여금 자신의 인지 과정을 통해 자연스럽게 해당 동사의 논항 구조를 인식할 수 있게 한다. 이처럼 문장 자체를 구조로 터득하기보다는 인지 과정을 동반한 사건으로 터득하면 학습자들의 기억 처리에도 도움을 제공할 수 있을 것으로 본다.

그리고 앞서 3장에서 밝혔듯이 수여동사 구문의 기본 어순을 'NP₁ -이/가 NP₂ -에게 NP₃ -을/를'로 보고 'NP₁ -이/가, NP₃ -을/를, NP₂ -에게'는 2차 어순으로 간주하는데 우선적으로 기본 어순을 가르치고 나중에 2차 어순을 표현의 다양성과 이해 차원에서 가르치는 것이 바람직할 것으로 본다.

다음, 의미 정보를 활용한 교육 방안에 대해 알아보기로 하자.

## 4.2. 의미 정보 활용

한 문장의 의미가 '합성성의 원리(principle of compositionality)'20)에 의해

---

19) 이 예문에 나온 연어적 구성 '핀잔을 주다'에 대해 그 의미 설명이 어려워 해당 항목의 제시를 두고 이의가 제기될 수 있는데 이는 본 연어 표현의 의미를 학습자들에게 이해시키기 위함이 아니라 동사 '주다'의 통사구조를 인식시켜 주기 위한 것이므로 해당 표현의 의미 설명까지 교수 내용에 포함시킬 필요는 없다고 본다.

20) 이익환(1995: 13)에서는 문장의 의미는 진리조건적 의미론에 바탕을 둔다고 하였는데

형성된다고 보면 여기서 가장 중요한 요소는 바로 서술어의 의미이다. 특히 서술어로 쓰이는 동사의 의미는그 논항과의 의미 관계에 따라 은유적인 확장을 보이는데 이에 의해 전체 문장의 의미가 결정된다고 볼 수 있다. 그러므로 동사의 의미는 그 논항과의 관계를 통해 파악하는 것이 바람직하다. 이에 본고는 동사의 의미 교육과 관련해 아래와 같은 교수·학습 목표 및 내용을 설정하고자 한다.

  - 동사와 그 논항의 의미 관계 이해
  - 은유를 통한 동사의 의미 확장 이해

동사 '주다'는 기본 의미인 '물건 따위를 남에게 건네어 가지거나 누리게 하다'로부터 시작하여 점차적으로 의미가 확장되면서 의미 영역을 넓혀 가므로 그 의미 확장의 기제인 은유에 대한 설명이 필요하다. 구체적으로 동사 '주다'의 의미는 그 논항의 의미 자질에 따라 은유적 확장을 보이므로 동사의 의미를 설명하기 위해서는 동사와 논항의 결합 구성을 제시하는 것이 효과적일 수 있다. 이와 관련해 전자사전에는 실제 예문에 '명사-용언'형의 이른바 어휘적 연어가 많이 들어 있는데 이러한 연어 구성을 명시적으로 가르침으로써 동사의 의미 습득을 촉진할 수 있다.21)

---

이에 의하면 복합 표현 형식으로서의 문장은 이를 구성하고 있는 부분들 즉, 단어들 의미 간의 함수 관계에 따라 얻어진다고 볼 수 있다.

21) 이는 학습자의 연어 능력 향상에도 도움이 될 것으로 보는데 많은 언어 연구자들은 언어 지식은 실제로 연어적 지식과 깊은 관련이 있다고 주장한다. 이는 우리의 두뇌에 저장된 단어들의 연속체가 언어 학습, 지식, 사용의 기본이기 때문에 연어적 지식이 매우 중요하며 결국 언어 학습은 연속적으로 관찰되는 연어를 포함한 언어 항목 사이의 결합을 학습하는 것으로 볼 수 있다. 또한, McCarthy(1990)에 따르면 연어 지식이란 어떤 낱말들이 함께 결합할 가능성이 가장 높은지에 관한 지식으로 이는 전형성(typicality)에 대한 것이라고 주장한다. 따라서 연어 능력은 단순히 개별 단어에 대한 능력을 넘어 단어와 단어의 결합 관계에 대한 이해 능력으로 문법 구조와 언어 기능에 대한 능력이 포함되는 개념이다. 또한, 상당 부분의 문법 구조나 언어 기능은 어휘의 특성과 밀접한 관련이 있으므로 주로 어휘적 연어 능력은 어휘 간의 결합 능력을 포함하고 문법적 언어 능

(8) ㄱ. 먹이를 주다
 ㄴ. 자유를 주다
 ㄷ. 사랑을 주다
 ㄹ. 눈길을 주다
 ㅁ. 힘을 주다

위와 같은 공기 관계의 언어를 제시하여 동사 '주다'가 구체적인 명사와 결합하면서 기본 의미로 실현되다가 차츰 추상적인 명사와 결합하여 확장 의미로 실현되는 양상을 학습자들에게 인식시킬 필요가 있는데 이러한 인식은 '주다' 동사가 나타내는 사건에 대한 인식을 통해 보다 분명히 할 수 있다. 즉, 학습자로 하여금 동사 '주다'가 나타내는 사건을 장면(scene)으로 떠올려 공간적 배경을 바탕으로 한 시각적 인지를 통해 보다 용이하게 해당 동사의 전체적인 의미를 파악하게 하는 것이다. 제2언어 내지 외국어 학습자가 목표어를 생산할 때 먼저 의미를 떠올리고 다음 통사 구성을 고려한다는 연구의 가정을 생각해 보면 '장면 설정을 통한 의미 떠올리기'는 매우 유용한 언어 습득 기제로 작용할 것으로 보인다.

또한, 동사 '주다'와 의미상 밀접한 연관이 있는 동사 '받다'에 대한 의미 정보를 제시함으로써 학습자들로 하여금 양자의 의미 비교 속에서 의미 습득을 촉진시킬 수 있는 방법도 고려해 볼 수 있다. 앞서 3장에서 보인 '주다' 동사 예문 (4ㄱ-ㅁ)을 다시 가져와 이를 '받다' 예문과 비교해서 제시하면 아래와 같다.

(9) ㄱ. 아버지는 어머니에게 사랑을 주었다.
 ㄱ'. 어머니는 아버지에게(서) 사랑을 받았다.
 ㄴ. 철수는 영희에게 고통을 주었다.
 ㄴ'. 영희는 철수에게(서) 고통을 받았다.

---

력은 어휘와 문법 구조에 대한 능력을 포함하는 것으로 볼 수 있다.

ㄷ. 우리군은 적군에게 심한 타격을 주었다.

ㄷ'. 적군은 우리군에게(서) 심한 타격을 받았다.

ㄹ. 형님은 동생에게 마음의 상처를 주었다.

ㄹ'. 동생은 형님에게(서) 마음의 상처를 받았다.

ㅁ. 심사위원들은 오디션 참가자들에게 낮은 점수를 주었다.

ㅁ'. 오디션 참가자들은 심사위원들에게(서) 낮은 점수를 받았다.

이처럼 동사 '주다'와 '받다'의 대응문을 제시하여 학습자들에게 두 동사의 의미적 대립성을 통해 수여동사 '주다'의 의미를 더 쉽게 인지하고 기억할 수 있도록 도움을 제공할 수 있다.

요컨대, 전자사전에 반영된 동사의 통사·의미 정보에 대한 주목과 인지를 통한 동사 교수·학습은 학습자들의 인지력을 향상시켜 주는 진정한 학습자 중심의 교수·학습 방법이라 할 수 있다. 앞으로 동사의 어휘적 특성에 입각한 전자사전이 구축되어 일반화된다면 동사의 교수·학습에 보다 훌륭한 교육 자료가 될 것으로 기대한다.[22]

## 5. 결론

본고는 한국어 동사 교육의 일환으로 논항구조 인식을 통한 한국어 동

---

22) 양승현 외 3인(2000)에서는 표층문에서 통상 격표지로 표현되는 구문적 의존 관계뿐만 아니라 보어가 갖는 의미역 정보가 부착되어 있으며 시소러스 개념 분류 체계와 연동 가능한 한국어 술어의 하위범주화 사전의 구축에 대해 설명하고 있다. 여기서는 하위범주화 사전의 의미역 표현을 위해 총 25개의 의미역을 설정하고 있다. 이 의미역은 표층 격표지와 직접 연관되어 있기 때문에 통사적인 분석으로부터 직접 의미역 정보를 추출해서 의미 구조의 해석에 이용하는 것이 가능하다. 이 연구는 말뭉치에서 추출한 고빈도 술어 13,000 여개에 대해 하위범주화 사전을 구축하였는데 적용 범위 평가 실험에 의하면 이 하위범주화 사전은 말뭉치에서 발견된 술어의 72.7%에 대해 하위범주화 정보를 제공할 수 있다고 한다.

사 교육 방안에 대해 논하였다. 동사는 문장의 핵으로 문장 생성에 있어 핵심적인 역할을 한다. 이러한 핵심적인 역할은 동사의 고유한 통사·의미적 특성을 통해 드러나게 된다. 따라서 동사 교육의 내용은 해당 동사의 통사·의미적 특성을 제대로 반영해 구성하는 것이 바람직한데 구체적으로 수여동사 '주다'의 통사적 특성과 관련된 교육 내용에는 해당 동사가 취하는 논항들의 수와 이들의 격 실현이 제시되어야 하고 의미적 특성과 관련된 교육 내용에는 '주다' 동사의 의미역 구조가 제시돼야 하는데 이는 해당 동사의 사건 인식에 꼭 필요한 의미 정보이기 때문이다. 이에 본고는 수여동사의 의미역 구조를 [출발점+도착점+대상]으로 제시하여 수여동사의 의미 이해에 도움을 제공하고자 하였다. 그리고 이러한 의미역 구조의 통사적 실현을 기본 어순과 2차 어순으로 구분하여 격틀 구조로 제시하였다.

또한, 수여동사의 의미 파악에 있어 해당 동사의 사건 인식을 중요한 인지적 기제로 간주하였는데, 사건의 장면을 떠올려 해당 사건에 참여하는 참여자 구성원을 통해 동사의 논항구조를 인식하여 문장을 생성하는 인지 중심의 교육 방안을 제안하였다. 즉, 동사의 의미 인지를 토대로 해당 동사 구문의 통사적 실현을 이루는 이른바 의미-기반 동사 교육 방법을 시도하였다는 점에서 본 연구의 의의를 찾을 수 있겠다. 그러나 본고는 다양한 부류의 동사 가운데서 수여동사만 그 연구대상으로 한정하였기에 본 연구에서 제안한 동사 교육 방안의 일반화를 위해서는 타 부류의 동사에 대한 연구로 확장해야 비로소 본 교육 방안의 타당성과 보편성을 확보할 것으로 본다. 이에 대한 연구는 향후 과제로 남기고자 한다.

＊ 본 논문은 『한국언어문화학』 8-2에 게재된 것임.

## 참/고/문/헌

고영근·구본관(2008), 우리말 문법론, 집문당.

구현정(2003), 한국어 '주다'류 동사의 문법화 양상, 언어학 37.

국립국어연구원(2002), 현대 국어 사용 빈도 조사: 한국어 학습용 어휘 선정을 위한 기초 조사, 국립국어연구원.

김승곤(1989), 우리말 토씨 연구, 건국대학교 출판부.

김원경(1997), 한국어의 이해와 전망, 박이정.

문화관광부 한국어 세계화 추진위원회(2000), 한국어 교육을 위한 의미 빈도 사전의 개발, 한국어 세계화 사업보고서.

박승윤(2003), 국어 수혜격 구문의 문법화, 담화와 인지 10-1.

박양규(1975), '소유와 소재', 국어학 3.

박형익(1989), 동사 '주다'의 세 가지 용법, 한글 186.

서석룡(1998), 격이론 및 의미역이론과 NP 이동, 언어연구 2.

성광수(1999), 격표현과 조사의 의미, 월인.

성태수(2000), '주다' 동사에 관하여, 인문사회연구 2.

송복승(1994), 국어의 '에게' 구성에 대하여, 서강어문 10.

유현경(2003), '주다' 구문에 나타나는 조사 '에게'와 '에', 한국어학 20, 2003

이남순(1998), 격과 격표지, 월인.

이익섭·임홍빈(1983), 국어문법론, 학연사.

이익환(1995), 의미론 개론, 한신문화사.

조경순(2008), 국어 수여동사 연구, 한국어 의미학 27.

한정한(2001), 의미역 계층이론과 국어의 주격·대격, 한국어학 13.

허윤숙(2007), '주다'의 의미-기능적 변화, 담화·인지언어학회 학술대회 발표논문집, 2007.

황봉희(2003), 국어 수여동사 구문 연구, 경희대학교 석사학위논문.

Chomsky(1981), Lectures on government and binding, Dordrecht: Foris.

Fillmore, Charles J.(1971), Types of Lexical Information, In D. Steinberg and L. Jakobovits, eds., Semantics. Cambridge University Press. Cambridge: 370-392.

Jackendoff, R.(1990), Semantic Structure, MIT Press, Cambridge, MA.

Radford, Andrew.(1988), Transformational Grammar, Cambridge University Press.

Shibatani, Masayoshi(1999), Applicatives and benefactives: A Cognitive account, In M. Shibatani & S. Thompson. eds., Grammatical Constructions, Oxford: Oxford Univ. Press.

Spencer, A. J.(1991), Morphological Theory, Blackwell, Oxford.

# 한국어 피동사 교육 방안 연구

## - 한 · 중 대조분석을 중심으로 -

## 1. 서론

　본고는 한국어의 어휘 · 문법 교수 항목 중 피동에 대해 논하려고 한다. 한국어 피동에 관한 국어학적인 연구는 많이 이루어져 왔으나 아직까지도 피동 범주에 대한 명확한 구분이 정립되어 있지 않은 실정이다. 최근에는 의미가 중요하게 고려되어 피동의 의미를 나타내는 표현 모두를 피동의 범주로 인정하는 입장을 취하고 있는데 엄격한 형식주의 입장에서는 피동 접사 '-이, 히, 리, 기-'에 의한 파생적 피동만을 피동 표현으로 인정하여 매우 제한적인 입장을 취한다. 이렇듯 이론문법에서 피동 범주에 대해 서로 다른 입장을 취하고 있다는 사실은 한국어 교육에서 피동이 교육 항목으로서 일관되게 다루어지기 어려울 것이라는 문제점을 내포한다. 또한, 피동에 대한 논의가 형식적 논의에만 치중되어 피동의 의미나 기능에 대한 연구가 부족한 것도 또 하나의 문제점으로 꼽을 수 있다. 언어 교육에 대한 의사소통적 접근은 기능주의적 언어관을 배경으로 등장했는데 피동의 기능에 대한 연구의 부족은 피동을 의사소통의 차원에서 교수하기 어려울 것임을 시사한다.

　일반적으로 피동은 능동에 비해 사용빈도가 낮은데 한국어는 인구어와 비교할 경우 그 사용빈도가 더 낮은 것으로 나타난다.[1] 이러한 관계로 한

---

[1] 이상억(1993:480-1)에서는 한국어의 피동 표현 발생빈도가 4.63%라 하면서 10% 정도 되

국어 학습자들은 흔히 피동 표현 대신 능동 표현을 사용하는 경우가 많은데 간혹 피동 표현을 사용한다고 해도 오류를 범하기가 쉽다. 이에 본고는 피동 범주 중 피동사를 중심으로 한·중 피동의 대조분석을 통해 나타난 양 언어의 공통점과 차이점을 바탕으로 중국인 학습자를 위한 효율적인 한국어 피동사 교수·학습 방안을 제시하는 것을 목적으로 한다.

## 2. 피동 범주와 피동사

한국어 피동에 대한 초기의 논의는 Ridel(1881)과 Underwood(1890)을 들 수 있는데 Ridel(1881:120-34)에서는 "자르다-잘니다/울다-울니이다/죽다-죽이이다/숨다-숨기이다/잡다-잡히이다/씻다-씻기이다/노타-노히이다"와   같이 주로 접미 피동을 다루고 있다. 그리고 "붉어지다, 썩어지다"와 같이 "-어지"가 붙은 형태에 피동의 의미가 드러난다고 하였으나 이는 "지다"라는 보조동사를 설명하는 자리에서만 간략히 다루고 있다. 즉, 여기서는 한국어의 피동 범주와 관련하여 접미 피동만을 인정하고 있는 듯하다.

Underwood(1890:93, 262)에서는 "닷소, To shut - 닷치오, To be shut; 여오, To open - 열니오, To be open; 잡소, To seize - 잡히오, To be seized; 막소, To stop - 막히오, To be stopped"처럼 피동은 형태가 바뀌어 행위를 입는 의미를 나타낸다고 보고 있다. 여기서도 접미 피동 외에 "-어지다"로 이루어진 피동 표현을 언급하고 있으나 역시 접미 피동을 주로 다루고 있다.

---

는 영어에 비해 낮다고 했다. 이러한 현상에 대해 학자마다 서로 다른 견해가 나타난다. 박영순(1996:123-5)에서는 그 이유로 한국인이 사회심리적인 측면에서 대체적으로 능동적, 진취적, 도전적이라는 점을 들었고 홍재성(1999:149)에서는 기능-유형론적 논의를 언급하면서 한국어가 주제-주어적 특징을 가진 언어라는 점을 그 이유로 내세웠다. 주어 중심 언어(subject-prominent language)는 피동 규칙이 발달하고 주제 중심 언어(topic-prominent language)는 피동 규칙이 중요하지 않거나 없다고 한다.

그 이후 유길준(1909), 주시경(1910), 최현배(1937) 등에 의해 피동이 본격적으로 논의되었는데 최현배(1937:420)에서는 피동(입음)을 '월의 임자가 스스로 제 힘으로 그 움직임을 하지 아니하고 남의 힘을 그 움직임을 하는 것'이라 정의하였다. 그리고 최현배(1937:423-9)는 피동을 나타내는 방법을 다음과 같이 세 가지로 나누었다. "첫째 입음법이란 여늬(普通의) 남움직씨에 입음 도움줄기 '히' 또는 '기'를 더하여 입음(被動)을 만드는 법을 이름이니라.", "둘째 입음법은 '하다 따위 움직씨'의 남움직씨에 쓰이는 법이니, 곧 '하다 따위 움직씨'를 입음으로 만듦에는 '하다'에 입음의 뜻을 나타내는 제힘움직씨 '되다', '받다', '당하다'의 줄기 '되', '받', '당하'를 그 '하다'의 '하' 대신에 갈아 넣어서 만드는 법을 이름이니라.", "셋째 입음법은 모든 움직씨의 감목법 어찌꼴 '-아'에 도움움직씨(補助動詞) '지다'를 더하여 입음을 만드는 두루 통하는 법이니라."고 하였다. 그는 또 피동의 의미를 '이해 입음(利害 被動)', '할 수 있는 입음(可能的 被動)', '절로 되는 입음(自然的 被動)'으로 해석하면서 아래와 같은 예를 보여 준다.

(1) ㄱ. 고기가 잡<u>히</u>다. (이해 입음)
ㄴ. 감금<u>되다</u>, 감금<u>받다</u>, 감금<u>당하</u>다.(할 수 있는 입음)
ㄷ. 자꾸 가<u>아 지</u>다. (절로 되는 입음)

김민수(1981:109-112)에서는 접사 피동 이외에 '되다, 받다, 당하다'와 '-어지다'에 의한 표현이 피동의 의미를 갖기에 피동으로 보아야 한다고 주장하였다.

이익섭·임홍빈(1986:197-203)에서는 이른바 접사 피동만을 전형적인 피동으로 보고 '되다, 받다, 당하다'나 '-어지다'에 의한 표현은 피동의 범주에서 제외되어야 한다고 보았다.

배희임(1988:102)에서는 일부 동작성 타동사 중에 피동 접사에 의한 피동이 이루어지지 않는 동사들이 있는데 이런 공백을 대신하기 위해 '-어지다'에 의한 피동이 이루어진다고 보고 '-어지다'에 부분적인 피동성이 있음을 인정하였다.

우인혜(1997:161-8)에서는 한국어의 전형적인 피동은 접사에 의한 접미 피동이고, 그 밖의 '되다, 받다, 당하다'나 '-어지다'에 의한 표현은 피동으로 볼 수 없다고 지적하였다.

이정택(2001:101-2)에서는 일정한 성격의 타동성 체언과 결합하는'되다, 받다, 당하다'가 피동이 될 수 있음을 확인하였고 '되다, 받다, 당하다' 동사의 의미와 용법, 상호관계 및 피동성 등을 작용성 체언('하다' 동사의 어근이 되는)과의 관계를 통해 검토하였다.

이렇듯 피동에 대한 논의는 구조주의와 변형생성문법 등 연구 방법론이 도입되면서 활발하게 진행되어 왔으며 지금까지도 형식적 범주에 대한 논란이 끊이지 않고 있다. 이상의 한국어 피동에 관한 기존의 논의를 통해 한국어의 피동은 일반적으로 다음과 같이 네 가지 형식으로 이루어진다고 볼 수 있다.

> (2) ㄱ. '-이, 히, 리, 기-'에 의한 피동
> ㄴ. '되다, 받다, 당하다'에 의한 피동
> ㄷ. '-어지다'에 의한 피동
> ㄹ. '-게 되다'에 의한 피동

먼저, (ㄱ)은 피동에 대한 논의가 시작되면서부터 줄곧 전형적인 피동으로 인식되어 왔고 현행 학교문법에서도 이를'단형 피동'으로 규정하여 피동법으로 기술하고 있다. 때문에 이들 표현은 당연히 한국어의 피동으로 받아들여져야 한다.

또한, (ㄴ)은 성광수(1976:71)에서 피동사의 공백을 지적하면서 '의사피

동'이라는 개념을 도입한 이후 많은 논의를 거쳐 현재는 대체적으로 피동 범주로 인정되고 있다(이상억, 1993; 이정택, 2001; 권재일, 1993).

그리고 (ㄷ)은 논자에 따라 '피동성'보다는 '기동성'으로 기술하여 피동의 범주에서 제외시키는 입장(임홍빈, 1978; 이익섭·임홍빈, 1983; 우인혜, 1997)을 취하고 있지만 또 한편에서는 이들 형태가 가지는 피동의 의미에 초점을 두면서 이들을 피동의 범주에 포함시켜야 한다는 입장(김석득, 1970; 이기동, 1976; 배희임, 1988; 이정택, 1994)을 취한다. 그리고 학교문법에서도 타동사와 '-어/아지다'의 결합을 '장형 피동'으로 규정하고 이를 피동의 범주에 포함시키고 있다.

마지막으로 (ㄹ)에 대해서는 아직도 논란이 계속되고 있다. 우선 최현배(1937)에서 입음 도움움직씨로서 '-어/아지다'와 '-게 되다'를 거론한 후, 남기심·고영근(1993:236)에서도 '-게 되다'를 피동의 보조동사로 처리했다. 최규수(1999:152)에서는 '-게 되다'를 사동의 '-게 하다'에 대응되는 피동법이라 했는데 이에 대해 이정택(1992:174)에서는 '-게 되다'가 사동과 관련하여 피동의 의미를 지니는 경우가 있는 것은 사실이지만 이는 '되다' 동사의 의미적 특징에 기인한 것이지 통사적 현상 자체가 피동법을 실현하는 것은 아니므로 피동법이라 할 수는 없다고 지적하였다.

이상에서 살펴본 바와 같이 한국어의 피동은 일찍부터 연구되어 왔고 언어 연구방법의 전개에 따라 다양하게 논의되어 왔음을 알 수 있다. 그러나 아직까지도 피동 범주에 대한 논란은 계속되고 있는 가운데 피동 접사 '-이, 히, 리, 기-'에 의해 파생된 피동사로 이루어진 구문은 공통적으로 전형적인 피동으로 인정된다.[2]

본고는 한국어 피동 범주의 설정과 관련하여 해당 범주의 의미적 특성

---

[2) 그러나 이들 파생적 피동의 분포가 너무 제한적이어서 비교적 결합이 자유로운 '되다, 받다, 당하다'에 의한 어휘적 피동과 '-어지다'에 의한 통사적 피동도 대체적으로 피동 범주로 인정되고 있다.

을 고려하여 접사에 의한 파생적 피동은 물론 '되다, 받다, 당하다'에 의한 어휘적 피동, 그리고 '-어지다'에 의한 통사적 피동까지 모두 피동 범주로 보는 입장을 취한다. 그러나 본고는 이 중에서 파생적 피동의 결과인 피동사에 국한하여 한국어의 피동사와 이에 대응되는 중국어의 피동 표현을 대조 분석하여 양자의 공통점과 차이점을 밝히고 나아가 이를 통한 효과적인 한국어 피동사 교수·학습 방안을 제시하고자 한다.

## 3. 한·중 대조분석

본 장은 한국어의 피동사와 이에 대응되는 중국어의 표현을 대조분석하여 이들 사이의 공통점과 차이점을 살펴봄으로써 한국어 피동사의 의미적, 문법적 특성을 보다 분명히 하고자 한다. 이에 한·중 대조를 형태론적, 통사론적, 의미론적인 세 측면으로 나누어 진행하기로 한다.

### 3.1. 형태론적 대조

먼저, 피동의 형태적인 면을 파악하기 위해 한국어의 피동사 구문과 이에 대응되는 중국어 표현을 살펴보기로 한다.

    (3) ㄱ. 도둑이 경찰에게 <u>잡혔다</u>.
        ㄴ. 小偸<u>被警察</u>抓住了。

위의 예문 (3)을 보면 한국어의 피동사 구문은 피동의 의미가 서술어인 '잡히다'에 의해 실현됨을 알 수 있다. 즉 이와 대응되는 능동 표현의 서술어인 타동사 '잡다'에 피동 접사 '-히-'가 결합되어 피동사가 되면서 피동의 뜻을 나타내게 된다.

반면에 중국어의 피동은 그 피동의 의미가 서술어의 형태에 의해 결정되는 것이 아니라 '被'라는 형태에 의해 실현된다. 즉 이 '被'가 능동주의 앞에 와서 그 능동주를 이끌어 내는 동시에 전체 문장이 피동의 의미를 갖게 되는 것이다. 그리고 교착어인 한국어에 비해 고립어인 중국어는 동사의 변형 형태가 없기 때문에 한국어에서처럼 서술어로 피동사가 쓰이는 것이 아니라 능동 표현의 능동사가 그대로 쓰인다. 그러므로 중국어에서 피동의 의미 기능은 오로지 '被'에 의해서만 수행된다.3)

한국어의 피동 접사 '-이, 히, 리, 기-'가 동사와 결합하여 피동사를 이룬다 하여 모든 동사와 자유롭게 결합되는 것은 아니다. 양정석(1995:177-8)에서는 접사에 의한 피동사의 수효가 많지 않은바 실제 피동에 쓰이는 피동사는 170여 개에 지나지 않는다고 하면서 접사 피동의 제한된 생산성을 지적하였다.4) 또한, 피동 접사 '-이, 히, 리, 기-'가 각각 어떤 음운론적인

---

3) 중국어에서 이러한 피동표현을 '被字句'라 한다. '被字句'란 중국어에서 피동의 의미를 나타내는 일종의 문형이다. 이 문형에서는 '被'라는 피동 형태를 사용하게 되는데 이 '被'가 존재함으로써 문장이 피동의 의미를 가지게 된다. 그리고 이 '被'는 동시에 능동주 표지의 역할도 하는데 능동주의 앞에 오면서 행위의 주체인 능동주를 이끌어 내는 기능을 수행한다. 피동 형태로 '被'가 쓰였기 때문에 이들 표현을 '被字句'라 한다. 중국어의 피동 표현에서 피동 형태로는 오직 '被' 하나뿐이다. 단, 구어에서는 '叫, 讓, 給' 등 다른 피동 형태가 쓰일 수 있는데 이들 모두를 통틀어 '被字句'라 부른다.

4) 양정석(1995:176-178)에서는 피동사의 목록을 다음과 같이 보여주었다.

'-이-'계
낚이다, 누이다, 닦이다, 드러쌓이다, 들이끼이다, 깎이다, 깨이다, 꾀이다, 끼이다, 짚이다, 핥이다, 훑이다, 죄이다, 메이다, 미이다, 볶이다, 부치이다, 쏘이다, 쓰이다(마음이), 쓰이다, 엮이다, 보이다, 놓이다, 쌓이다, 모이다, 섞이다, 묶이다, 끊이다, 휩싸이다, 싸이다, 덮이다, 엿보이다, 둘러싸이다, 꺾이다(기가), 꺾이다, 트이다, 뜨이다, 뒤덮이다, 치이다, 들여다보이다, 들여다뵈다 등.

'-히-'계
되먹히다, 들이박히다, 긁히다, 꼽히다, 집히다, 잊히다, 접히다, 받히다, 밟히다, 업히다, 옭히다, 잡히다(기틀이), 잡히다(물이), 잡히다(발목을), 잡히다(일손이), 잡히다(자리가), 잡히다(전당을), 잡히다, 막히다, 묻히다, 얽히다, 뽑히다, 갇히다, 박히다(못이), 박히다(인이), 박히다, 굽히다, 사로잡히다, 붙잡히다, 적히다, 읽히다, 맺히다, 걷히다, 찍히다, 파

조건으로 동사와 결합하는지에 대해 규칙화하기도 어렵다는 문제가 존재
한다.5)

  그러나 중국어의 피동은 앞서 제시하였듯이 동사의 변형 형태가 없기
때문에 한국어의 피동 서술어에 비해 비교적 단순한 편이다. 중국어 피동
은 능동 표현에서의 변형 시 구조적인 변화만 있을 뿐 서술어의 형태에는
변화가 없다.

## 3.2. 통사론적 대조

  피동 표현은 일반적으로 능동 표현에서의 변형으로 이루어진다고 보는
견해가 일반적이다. 따라서 피동 표현은 대응되는 능동 표현이 있는데 한
국어와 중국어도 이러한 대응 관계가 성립된다. 그러나 이들의 대응 관계
에 있어서 한·중 피동은 서로 간의 공통점과 차이점을 가지고 있다. 아
래에 이에 대해 좀 더 구체적으로 살펴보기로 한다.

  한·중 피동은 경우에 따라 행위의 주체인 능동주를 생략할 수 있다.

  (4) ㄱ. 백화점의 옷이 (점원들에 의해) 많이 팔렸다.

---

문히다, 닫히다, 뒤집히다, 짓밟히다, 먹히다, 들이꽂히다 등.
'-리-'계
까불리다, 내둘리다, 널리다, 막걸리다, 맞걸리다, 꿇리다, 헐리다, 발리다, 빨리다, 쓸리
다, 엇물리다, 열리다, 달리다(꼬리표가), 달리다, 걸리다, 들리다, 팔리다(정신이), 팔리다,
풀리다(속이), 풀리다, 날리다, 울리다, 몰리다, 물리다, 불리다, 말리다, 쏠리다, 실리다,
떨리다(속이), 떨리다(이가), 매달리다, 밀리다, 벌리다, 깔리다, 갈리다(이가), 갈리다, 물
리다, 눌리다, 딸리다(뒤가), 뚫리다, 거슬리다, 휩쓸리다, 이끌리다, 끌리다, 뒤틀리다 등.
'-기-'계
끊기다, 돌곰기다, 삶기다, 신기다, 심기다, 씻기다, 앗기다, 빼앗기다, 담기다, 안기다, 잠
기다(손이), 잠기다, 벗기다, 쫓기다, 꼴리다, 뺏기다, 감기다, 튀기다 등.
5) 배희임(1988)에서는 어간 말음을 기준으로 음운론적인 규칙화를 시도하였으나 의미론적
  제약에 의해 규칙 적응이 불가능한 것들이 많아 규칙의 일반화는 성립되기 어려움을 보
  여 주었다.

ㄴ. 百貨店的衣服被 (店員門) 賣了很多。

(5) ㄱ. 그가 (국민들에 의해) 대통령으로 당선되었다.
ㄴ. 他被 (國民) 当選爲總統。

(6) ㄱ. 문이 닫혔다.
ㄴ. 門被關了。

예문 (4)와 (5)는 행위의 주체인 능동주를 굳이 얘기하지 않아도 예측 가능하기에 능동주가 생략된 경우이고 예문 (6)은 행위의 주체인 능동주의 상정이 어려워 능동주가 쓰이지 않고 생략된 경우이다.

이처럼 한·중 피동은 각각 그에 대응되는 능동 표현의 상정이 가능하고, 경우에 따라 행위의 주체인 능동주가 생략되기도 한다. 그러나 아래와 같은 한국어의 피동은 그에 대응되는 능동 표현의 구성이 어렵다.

(7) ㄱ. 손이 칼에 베였다.
ㄴ. *칼이 손을 베었다.

(8) ㄱ. 그는 항상 강박관념에 쫓긴다.
ㄴ. *강박관념이 항상 그를 쫓는다.

위의 예문 (7)과 (8)을 보면 피동 표현은 성립되나 이에 대응되는 능동 표현은 비문을 이루게 된다. 그러나 이들을 중국어로 옮기면 피동은 물론이고 능동 표현까지도 성립이 가능하다.

(7)' ㄱ. 手被刀划了。(손이 칼에 베였다.)
ㄴ. 刀划了手。(칼이 손을 베었다.)

(8)' ㄱ. 他總是被强迫觀念所逼着。(그는 항상 강박관념에 쫓긴다.)
     ㄴ. 强迫觀念總是逼着他。(강박관념이 항상 그를 쫓는다.)

그리고 한국어의 능동 표현은 성립되나 그에 대응되는 피동이 성립되지 않는 경우도 가끔 존재한다.

(9) ㄱ. 그는 빚을 전부 갚았다.
    ㄴ. *빚이 그에 의해 전부 갚아졌다.

(10) ㄱ. 철수는 모든 정력을 시험공부에 몰두하였다.
     ㄴ. *모든 정력이 철수에 의해 시험공부에 몰두되었다.

그러나 이들 표현 역시 중국어로 옮기면 다음과 같이 능동 표현과 피동이 모두 성립됨을 알 수 있다.

(9)' ㄱ. 他把債全部還淸了。(그는 빚을 전부 갚았다.)
     ㄴ. 債被他全部還淸了。(빚이 그에 의해 전부 갚아졌다.)

(10)' ㄱ. 哲洙把所有的精力投入到考試夏習之中。(철수는 모든 정력을 시
        험공부에 몰두하였다.)
      ㄴ. 所有的精力被哲洙投入到考試夏習之中。(모든 정력이 철수에 의
        해 시험공부에 몰두되었다.)

이러한 현상은 한국어의 피동과 그에 대응되는 능동 표현이 일대일의 대응을 보이는 것이 아니라 일정한 제약이 있음을 설명한다. 이러한 제약이 있는 경우를 살펴보면 대체적으로 피동사의 주어가 무정물인 경우로 이는 아마 한국어에서 문장 주어로 일반적으로 인격적(personal)이고 유정적(animate)인 것을 더 많이 사용하는 경향과 일정한 연관이 있는 듯하다.

이러한 관계로 한국어의 피동은 능동 표현과의 대응 관계에 있어 일정한 제약이 존재한다고 볼 수 있다. 반면, 중국어는 문장 주어로 유정물이든 무정물이든 별다른 제약 없이 자유롭게 쓰이기에 한국어에서 비문으로 받아들여지는 표현들이 중국어에서는 정문으로 받아들여질 수가 있는 것이다.

그리고 중국어에는 독특하게 전치사 '把'를 이용하여 피동주를 이끌어 내는 문형이 있다.

　　(11) 小偸被警察抓住了。(도둑이 경찰에게 잡혔다.)

위의 예문 (11)과 같은 중국어의 피동을 능동표현으로 바꾸는 데는 두 가지 방식이 있다. 하나는 피동의 능동주를 주어로 하고 피동주를 목적어로 하는 보편적인 방식이고 다른 하나는 피동의 능동주는 그대로 주어로 하고 피동주는 전치사 '把'에 이끌려 문장의 부사어로 되면서 능동 표현을 이루는 방식이다. 즉, 아래의 예문 (11ㄱ, ㄴ)'와 같이 각각 실현된다.

　　(11)' ㄱ. 警察抓住了小偸。(경찰이 도둑을 잡았다.)
　　　　 ㄴ. 警察把小偸抓住了。(경찰이 도둑을 잡았다.)

그리고 한국어의 피동은 아래와 같이 부정(否定) 부사의 쓰임이 자유롭지 못하다.

　　(12) *도둑이 경찰에게 못 잡혔다.

위의 예문 (12)는 비문으로 받아들여지는데 이는 한국어의 피동에서 부정 부사인 '못'이 피동사인 '잡히다'와 공존하지 못함을 시사하고 있다. 그러나 중국어에서는 이와 달리 아래와 같이 부정 부사가 자유롭게 쓰인다.

(12)' 小偸沒被警察抓住了。(도둑이 경찰에게 못 잡혔다.)

이상으로 한·중 피동의 통사적인 측면을 살펴보았는데 전반적으로 한국어의 피동은 그에 대응되는 능동 표현과 일대일의 대응을 이루는 것이 아니라 일정한 제약이 있음을 알 수 있었고 이에 반해 중국어의 피동은 능동 표현과의 대응 관계가 별다른 제약 없이 비교적 자유로움을 알 수 있었다.

### 3.3. 의미론적 대조

능동 표현은 일반적으로 서술의 초점이 행위의 주체인 문장 주어에 있듯이 피동도 서술의 초점이 행위의 대상인 문장 주어에 있게 마련이다. 아래의 능동 표현과 그에 대응되는 피동 표현을 비교해 보자.

(13) ㄱ. 아이가 꽃을 꺾었다.
ㄴ. 꽃이 아이에 의해 꺾였다.

(14) ㄱ. 우리는 이상한 소리를 들었다.
ㄴ. 이상한 소리가 우리에게 들렸다.

(15) ㄱ. 점원들이 많은 물건을 팔았다.
ㄴ. 많은 물건이 점원들에 의해 팔렸다.

위의 예문에서 능동 표현은 행위의 대상에는 별다른 관심이 없고 단지 행위자의 행위 자체를 기술하는 데 초점이 모이고 피동 표현은 행위의 대상인 피동주의 상태변화에 서술의 초점이 맞춰져 있음을 알 수 있다.

　중국어의 경우도 이와 비슷하다. 중국어의 능동 표현과 피동 표현이 나타내는 의미 차이를 예문을 통해 살펴보면 다음과 같다.

(16) ㄱ. 狼吃掉了兔子。(승냥이가 토끼를 먹었다.)

　　 ㄴ. 兔子被狼吃掉了。(토끼가 승냥이에게 먹혔다.)

(17) ㄱ. 老師贊揚了我。(선생님이 나를 칭찬하였다.)

　　 ㄴ. 我被老師贊揚了。(내가 선생님에게 칭찬받았다.)

(18) ㄱ. 弟弟打碎了玻璃。(동생이 유리를 깼다.)

　　 ㄴ. 玻璃被弟弟打碎了。(유리가 동생에 의해 깨졌다.)

이처럼 한국어와 중국어의 피동 모두 행위의 대상인 피동주에 관심이 집중된다.

　그러나 아래와 같은 경우에 한국어는 피동으로 쓰이는 것이 자연스러운 반면 중국어는 그렇지 못하다.

(19) ㄱ. 저기가 잘 보인다.

　　 ㄴ. 소리가 잘 들린다.

　　 ㄷ. 밥이 잘 먹힌다.

예문 (19ㄱ-ㄷ)은 한국어의 피동으로 자연스럽게 쓰일 수가 있지만 이를 중국어로 옮기면 비문이 되고 만다.

(19)' ㄱ. *那邊被看淸。

　　 ㄴ. *聲音被听淸。

　　 ㄷ. *飯被吃得很好。

이런 경우에 능동 표현으로 나타내는 것이 오히려 자연스럽다.

> (19)″ ㄱ. 那邊看清。 (저기가 잘 본다.)
> ㄴ. 聲音听清。 (소리가 잘 듣는다.)
> ㄷ. 飯吃得很好。(밥이 잘 먹는다.)

이는 중국어 예문 (19ㄱ-ㄷ)″의 서술어인'看(보다), 听(듣다), 吃(먹다)'가
그 행위의 기준을 행위의 주체인 능동주에 두었기 때문인 것으로 보인다.
이러한 관계로 한국어의 피동 표현을 중국어로 옮길 경우 반드시 중국
어의 피동 표현으로 옮겨야 되는 이유는 없을 것 같다. 원문의 표현을 그
대로 옮기려고 하다가는 오히려 의미 전달에 이상이 생기는 비문으로 번
역될 가능성이 있기 때문이다. 이러한 한·중 피동의 대응에서 나타나는
문제점은 관용화된 한국어의 피동 표현을 중국어로 옮기는 과정에서도
많이 나타나는 것으로 보인다. 아래와 같은 표현은 중국어의 피동으로 옮
기기보다는 능동으로 옮기는 것이 자연스럽다.

> (20) ㄱ. 날씨가 많이 풀렸다.
> ㄱ'. 天晴多了。
> ㄴ. 동생이 감기에 걸렸다.
> ㄴ'. 弟弟感冒了。
> ㄷ. 비가 내린 후 더위가 한풀 꺾였다.
> ㄷ'. 下雨之后，酷暑减退了一分。

이상에서 한·중 피동을 의미론적 측면에서 대조해 보았다. 대조 결과
한·중 피동은 모두 서술의 초점이 문장 주어인 피동주에 있다는 공통점
을 알 수 있었다. 그러나 한국어의 일부 피동 표현을 중국어로 옮길 경우
중국어의 피동 표현으로 나타내기보다 능동 표현으로 나타내는 것이 자

연스러움을 알 수 있었다. 특히, 능동주의 상정이 어려운 한국어의 관용화
된 피동 표현은 중국어의 능동표현과 자연스럽게 대응된다.

## 4. 피동사 교육 방안

접사에 의한 피동에서 서술어 동사는 피동 접사 '-이, 히, 리, 기-' 등 다
양한 형태에 의해 실현되지만 중국어의 피동은 이러한 피동사의 파생 과
정 없이 능동 표현의 서술어 동사가 그대로 쓰인다. 그러므로 한국어의
피동 교수 시 접사에 의한 피동사의 파생 과정에 대한 설명이 반드시 필
요하다고 본다. 또한 한국어의 피동사 구문은 중국어에 비해 통사적인 변
화가 다양하므로 이들을 구문 구조에 따라 유형화해 제시해야 할 필요가
있다.6)

이렇듯 한국어 피동사 구문이 형태와 통사적인 면에서 복잡성을 보이
기에 중국인 학습자에게는 이러한 형태와 구조의 습득이 쉽지 않다. 따라
서 피동사 구문과 상응하는 중국어 번역문을 함께 제시하여 두 문장을 대

---

6) 양정석(1995:178-182)에서는 접미사 '-이, 히, 리, 기-'가 결합된 문장 형식에 따라 이들 피
   동사를 유형화하려는 시도를 하였는데 이들의 통사적인 형식을 예로 들면 다음과 같다.

   (1) 가. [NP이 V] 내 코가 막혔다.
       나. [NP이 NP에 V] 빨래가 나뭇가지에 걸렸다.
       다. [NP이 NP로 V] 고속도로 수원-서울 구간이 차량들로막혔다.
       라. [NP이 NP이 V] 찬수는 갑자기 숨이 막혔다.
       마. [NP이 NP라고 V] 그는 척척박사라고 불리운다.
   (2) [NP이 NP에게 V] 도둑이 순경에게 잡혔다.
   (3) 가. [NP이 NP에게 NP를 V] 경애가 철수에게 가방을 빼앗겼다.
       나. [NP이 NP에 NP를 V] 아이가 벌에 팔을 쏘였다.
   (4) 가. [NP이 NP에 NP이 V] 아이가 장난감에 정신이 팔렸다.
       나. [NP이 NP에게 NP이 V] 포수가 범에게 팔이 물렸다.

   그러나 피동사 형태에 따라 문장 형식이 다양하고 특정 피동사가 취하는 문장 형식이 둘
   이상인 경우도 흔해서 이들을 통사적으로 규칙화하기 어렵다고 설명하였다.

조하는 방법을 통해 한국어 피동사의 형태적, 통사적 특성을 파악하도록 하는 것이 효과적일 수 있다.

중국어 피동 표현의 서술어 동사는 능동 표현의 동사를 그대로 쓰는 반면, 한국어 피동사 구문의 동사는 능동 표현에 쓰인 동사에 피동 접사 '-이, 히, 리, 기'가 결합되어 피동사가 되면서 그 피동 구문의 서술어로 실현된다. 그러나 이러한 피동 접사 '-이, 히, 리, 기-'가 각각 어떤 음운론적인 조건으로 타동사의 어간과 결합하는지에 대한 규칙화7)가 어렵다는 이유로 한국어 교육 현장에서는 이들 파생 접사에 의한 피동사는 어휘적인 차원에서 형태 중심으로 제시하는 것이 일반적이다.8) 그러나 이러한 교수 방법은 학습자들에게 비교적 큰 부담을 주게 된다. 이에 본고는 『표준국어대사전』과 기타 연구 자료를 바탕으로 타동사의 어간말음을 기준으로 사용 빈도가 비교적 높은 피동사의 목록을 아래와 같이 제시해 본다.

<표 1> 타동사 어간말음에 따른 피동사의 목록

| 접미사 | 어간말음 | 피동사 |
|---|---|---|
| 이 | 모음 | (물이)고이다, 나누이다(나뉘다), 바꾸이다(바뀌다), 모이다, 매이다, 보이다, 베이다, 짚이다, (길이)트이다, (봇물이)패이다, 차이다, 치이다, (새끼가)꼬이다, (반지가)끼이다, (잠이)깨이다, (말에)꾀이다, (바늘이)꿰이다, (눈이) 뜨이다, (포장이)싸이다, 쏘이다, (신경이) 쓰이다, (글씨가) 쓰이다, (물건이) 쓰이다, (글이)짜이다, (모이가)쪼이다 등 |
| | ㅍ | 덮이다 등 |

---

7) '-이, 히, 리, 기-'는 일반적으로 고유어 타동사와 결합하여 피동사를 이루는데 570여 개 정도 되는 고유어 타동사 중에서 피동 접미사에 의해 파생된 피동사는 150여 개에 불과하다(우인혜, 1993; 기타무라 다다시, 1997). 게다가 다양한 피동 접미사의 분포 환경이 아직 명시적으로 기술되지 않아 이들 피동사들은 어휘적인 차원에서 다루어질 필요가 있다고 보는 견해가 일반적이다.

8) 조현용(2000)에서는 학습자들이 사용할 가능성이 많은 피동사를 우선적으로 배열하고 의미적 관계를 고려하여 교수하는 것이 효과적이라고 지적하였다.

| | ㅎ | 놓이다, 쌓이다 등 |
|---|---|---|
| | ㄲ | 낚이다, 닦이다, 묶이다, 섞이다, 엮이다, 볶이다, 깎이다, 꺾이다 등 |
| 히 | ㄱ | 막히다, 먹히다, 박히다, 적히다, 찍히다 등 |
| | ㄷ | 걷히다, 닫히다, 묻히다, 받히다 등 |
| | ㅂ | 꼬집히다, 뒤집히다, 씹히다, 뽑히다, (붙)잡히다, 접히다, 업히다 등 |
| | ㅈ | 꽂히다, 맺히다, 잊히다 등 |
| | ㄺ | 긁히다, 얽히다, 읽히다 등 |
| | ㄼ | 밟히다 등 |
| 리 | ㄹ | (옷이) 걸리다, (시간이) 걸리다, (병에) 걸리다, (마음에) 걸리다, 날리다, 널리다, 눌리다, 달리다, 들리다, 덜리다, 둘리다, 물리다, 밀리다, 발리다, 불리다, 붙들리다, 실리다, 잘리다, 졸리다, 질리다, 털리다, 틀리다, 헐리다, 헝클리다, 깔리다, 꺼둘리다, 끌리다, 빨리다, 썰리다, 쓸리다, 찔리다 등 |
| | ㅀ | 꿇리다, 뚫리다 등 |
| 기 | ㄴ | 안기다 등 |
| | ㄷ | 뜯기다 등 |
| | ㅁ | 감기다, 담기다 등 |
| | ㅅ | (빼)앗기다, 씻기다 등 |
| | ㅈ | 찢기다 등 |

위의 <표 1>에서 나타나듯이 피동 접사 '-이, 히, 리, 기-'의 생산성이 극히 제한적임을 알 수 있다. 그러나 한국어에서 접사에 의한 피동의 사용 빈도를 고려하여 볼 때 외국어로서 한국어를 배우는 중국인 학습자에게 이러한 목록을 보여 주는 것은 피동사의 정확한 사용에 일정한 도움을 제공할 수 있다고 본다.

또한, 한·중 피동을 대조해 보면 한국어의 피동사 구문은 '피동주+[-이/가]+능동주+[-에게, -에 의해, -에]+피동사' 구조로 나타나는데 이들은 모두 중국어 피동 표현의 '피동주+被+능동주+동사' 구조에 대응된다.

즉, 중국어 피동의 '被+능동주' 구성이 한국어 피동에서 '능동주+[-에게, -에 의해, -에]'와 같이 다양한 능동주 표지의 쓰임으로 나타난다. 여기서 일반적으로 '-에게'는 문장 주어인 피동주가 유정물일 경우에 쓰이고 '-에 의해'는 문장 주어인 피동주가 유정물과 무정물일 경우 모두 쓰이며 '-에' 는 문장 주어인 피동주가 무정물일 경우에 쓰인다는 것을 제시해야 한다.9)

그리고 앞서 3장에서 밝혔듯이 피동은 서술의 초점이 피동주에 있기에 능동주가 생략되는 경우가 많다는 것도 설명할 필요가 있다. 또한, 목적어 를 가지는 피동사 구문도 교육 내용으로 다루어질 필요가 있다.10)

(21) ㄱ. 영희가 철수에게 손목을 잡혔다.
ㄴ. 英姬被哲洙抓住了手腕儿。

(22) ㄱ. 아이가 개에게 다리를 물렸다.
ㄴ. 小孩儿被狗咬傷了腿儿。

(23) ㄱ. 그녀가 강도에게 지갑을 빼앗겼다.
ㄴ. 她被强盗搶走了錢包。

위의 예문 (21ㄱ-23ㄱ)은 '-을/를'을 표지로 하는 목적어를 수반하고 있

---

9) 능동주 표지 '-에 의해'는 문장 주어인 피동주가 유정물과 무정물일 경우에 모두 사용될 수 있는데 피동주가 유정물일 경우에는 일반적으로 능동주 표지로 '-에게'가 사용되지만 만약 문장에 '-에게'와 동일하거나 유사한 격이 동시에 출현하는 경우에는 '-에게'의 쓰임이 제약되고 대신 '-에 의해'를 사용하게 된다. 이정택(2006)에서는 이러한 제약을 '격 충돌 회피의 원리'로 해석하였다.

10) 목적어가 있는 피동표현에 대해 다양한 각도에서 많은 연구가 이루어져 왔다. 피동표현 의 '-을/를'구를 이중목적어문에서 목적어가 있는 피동표현이 형성된 결과 잔류된 목적어 로 보는 '잔류 목적어 가설'(서정수, 1994; 송복승, 1995; 우인혜, 1997), 동사구 안의 목 적어로 보는 '동사구 목적어 가설'(고창수·시정곤, 1991; 시정곤, 1998), 주제화나 초점 화의 성분으로 보는 '주제화 성분 가설'(임홍빈, 1983; 유혜원, 1999), 사동문의 구조를 갖는 문장이 피동표현의 의미로 해석된 것으로 보는 '사동문적 구조 가설'(이광호, 1988), 타동문의 목적어로 보는 '타동문 목적어 가설'(이상억, 1970; 고광수, 2001)이 있다.

다. 이에 대응하여 중국어의 피동 표현도 예문 (21ㄴ-23ㄴ)과 같이 목적어를 수반하는데 이런 경우 목적어는 일반적으로 주어의 일부분이나 소유물로 간주된다. 피동 구문은 특성상 자동사문의 성격을 갖고 있어 원칙적으로 목적어의 수반이 허용되지 않는 것이 일반적인데 피동사 구문은 예외로 목적어를 수반할 수 있는 특수한 경우에 속하므로 이를 교수·학습 내용에 반영할 필요가 있다.

마지막으로 앞서 밝혔듯이 피동사 구문 중 이에 대응되는 능동 표현을 상정하기 어려운 경우가 있는데 이들을 중국어로 옮길 때에는 중국어의 피동 표현으로 옮기기보다는 능동 표현으로 옮기는 것이 자연스럽다. 이는 두 언어의 피동 구문에서 서술어의 기준점이 다름으로 인해 생기는 현상으로 한국어의 피동사는 그 행위의 기준점을 주어인 피동주에 두고 이에 대응되는 중국어의 서술어는 그 기준점을 행위의 주체인 능동주에 두기 때문인 것으로 볼 수 있는데 이러한 표현상의 차이점 또한 유의하여 설명할 필요가 있다고 본다.

이상의 논의를 바탕으로 한국어 피동사의 교수·학습 내용을 정리하여 표로 제시하면 아래와 같다.

<표 2> 피동사의 교수·학습 내용

| 교수요목 | 교수내용 |
|---|---|
| 형태 | - 고유어 타동사 어간에 피동 접사 '-이, 히, 리, 기-'가 결합됨을 제시한다.<br>- 능동주 표지 '가·에게, -에 의해, -에'등과 같이 다양하게 쓰인다. 일반적으로 피동주가 유정물일 경우 그 표지로 '-에게'가 쓰이고, 피동주가 유정물이나 무정물일 경우 그 표지로 '-에 의해'가 쓰이며, 피동주가 무정물일 경우 그 표지로 '-에'가 쓰임을 제시한다.<br>- 능동주 표지로 쓰이는 '-에게, -에 의해, -에'가 중국어 피동 표현의 능동주 표지인 '被'와 대응됨을 제시한다. |
| 통사 | - 능동 표현에서 피동 표현으로의 변형 관계를 제시한다. |

| | |
|---|---|
| | - 대응되는 중국어의 피동 표현을 제시하여 피동사 구문의 구조적인 특징을 파악하게 한다.<br>- 서술의 초점이 피동주에 있기에 능동주를 생략하는 경우가 많다는 것을 제시한다.<br>- 능동주의 상정이 어려운 경우는 일반적으로 관용 표현으로 이는 중국어의 피동이 아닌 능동 표현과 대응됨을 제시한다.<br>- 특수한 경우로 목적어를 가지는 경우가 있다. 이때의 목적어는 주어의 일부분이나 소유물로 인식되는데, 목적어 표지로 '-을/를'이 사용됨을 제시한다. |
| 의미 | - 문장의 주어가 행위의 주체인 능동주에 의한 행위의 영향을 피동적으로 수용하는 피동주가 됨을 설명한다.<br>- 능동 표현과 달리 문장 서술의 초점이 피동주에 있음을 설명한다. |

## 5. 결론

지금까지 한국어 피동사의 교육 방안에 대해 살펴보고 이들 피동표현을 중국어 피동표현과의 대조분석을 통해 양자 사이의 공통점과 차이점을 찾아내어 이를 한국어의 피동표현 교수에 반영하여 최종적으로 중국어권 학습자를 위한 효과적인 한국어 피동표현 교수방안을 마련하고자 하였다.

지금까지 한국어 피동사의 교육 방안에 대해 논의하였다. 본고는 한국어 피동사의 교육을 위해 한·중 대조분석을 통해 양 언어 피동의 공통점과 차이점을 밝히고자 하였고 이를 바탕으로 효과적인 한국어 피동사의 교수·학습 방안을 마련하고자 하였다.

이를 위해 먼저 2장에서는 한국어 피동의 범주를 살펴보고 이 중에서 가장 전형적인 것으로 인정되는 접사 피동 즉 피동사를 본고의 연구 대상으로 삼았다.

이어 3장에서는 효과적인 피동사 교수·학습 방안의 제시를 위한 기초 작업으로 한국어의 피동사와 이에 대응되는 중국어의 피동 표현을 대조 분석하였다. 대조 분석은 형태론적, 통사론적, 의미론적인 세 측면에서 진행하였다.

마지막으로 4장에서는 앞서 이루어진 한·중 피동의 대조 분석을 바탕으로 효과적인 한국어 피동사의 교수·학습 방안을 마련하고자 하였다. 이를 위해 형태, 통사, 의미적인 차원으로 나누어 제시하였다. 이러한 대조 분석을 통한 한국어 피동사 교수·학습 방안의 제시는 한국어 학습자들의 모국어에 대한 언어적 지식을 한국어 교육 현장에 적극 활용하여 한국어 피동사를 보다 쉽게 이해하고 사용하는 데에 도움을 제공할 수 있을 것으로 본다.

요컨대, 한국어 피동에 대한 형식적 논의는 피동사 교육에 필요한 내용을 제공하는데 앞으로는 피동에 대한 기능적, 담화적 논의도 교육 내용에 포함되는 것이 바람직하다고 본다. 이는 한국어 피동사의 체계적인 교수·학습 방안의 마련을 위한 것일 뿐만 아니라 학습자의 의사소통 능력과 유창성을 향상하는 데에도 유용한 것이다. 이 과제는 차후의 지속적인 연구를 통해 해결하고자 한다.

* 본 논문은 『국어교육연구』 29에 게재된 것임.

## 참/고/문/헌

김유정(1998), 외국어로서의 한국어 문법 교육: 문법 항목 선정과 단계화를 중심으로, 한국어 교육9-1, 국제한국어교육학회, 19-36쪽.

김제열(2001), 한국어교육에서 기초문법 항목의 선정과 배열 연구, 한국어 교육 12-2, 국제한국어교육학회, 93-121쪽.

권재일(1993), 한국어 피동법의 역사적 변화, 언어학 15, 언어학회, 25-43쪽.

김민수(1981), 국어의미론, 일조각.

남기심·고영근(1993), 표준국어문법론(개정판), 탑출판사.

노대규(1996), 한국어의 입말과 글말, 국학자료원.

박양규(1978), 사동과 피동, 국어학 7, 국어학회, 47-70쪽.

박영순(1996), 한국어 의미론, 고려대학교 출판부.

배희임(1988), 국어 피동 연구, 고려대 민족문화연구소.

백봉자(2001), 외국어로서의 한국어 교육문법: 피동·사동을 중심으로, 한국어 교육 12-2, 국제한국어교육학회, 415-445쪽.

서정수(1996), 국어문법사전, 학연사.

성광수(1976), 국어 간접피동에 대하여, 문법연구 3, 63-87쪽.

양정석(1995), 국어 동사의 의미 분석과 연결이론, 박이정.

우인혜(1997), 우리말 피동 연구, 한국문화사.

우형식(1996), 국어 타동 구문 연구, 박이정.

유동준(1983), 국어의 능동과 피동, 국어학 12, 국어학회, 193-212쪽.

이기동(1976), 한국어 피동형 분석의 검토, 인문과학논총 9, 건국대학교 인문과학 연구소, 25-41쪽.

이상억(1993), 국어사 자료와 국어학의 연구, 문학과 지성사.

이익섭·임홍빈(1986), 국어 문법론, 학연사.

이정택(1992), 용언 '되다'와 피동법, 한글 218, 한글학회, 89-118쪽.

_____(2001), 피동성 표현에 관한 연구-'되다, 받다, 당하다'를 대상으로-, 한글 251, 한글학회, 143-166쪽.

_____(2004), 현대 국어 피동 연구, 박이정.

이해영(1998), 문법 교수의 원리와 실제, 이중언어학 15, 이중언어학회, 411-438쪽.

임홍빈(1978), 국어 피동화의 의미, 진단학보 45, 95-115쪽.

최규수(1999), 입음월의 기능과 구조, 부산대학교출판부.

최길시(1998), 외국인을 위한 한국어 교육의 실제, 태학사.

최현배(1937), 우리말본, 정음사.

홍재성(1999), 21세기 세종계획: 전자사전 개발, 문화관광부.


黃伯榮・廖序東(2005), 『現代漢語』, 高等教育出版社.

劉丹靑(2005), 『語言學前沿与漢語硏究』, 上海敎育出版社.

劉叔新(2003), 『現代漢語理論敎程』, 高等敎育出版社.

劉順(2005), 『現代漢語語法的多維硏究』, 社會科學文獻出版社.

呂叔湘(2006), 『現代漢語八百詞』(增訂本), 商務印書館.

沈家瑄(2005), 『現代漢語語法的功能、語用、認知硏究』, 商務印書館.

王建華・張涌泉(2007), 『漢語語言學探索』, 浙江大學出版社.

王遠新(2006), 『語言理論与語言學方法論』, 敎育科學出版社.

徐 杰(2005), 『漢語硏究的類型學視角』, 北京語言大學出版社.

周建設(2002), 『現代漢語敎程』, 人民敎育出版社.

朱慶明(2005), 『現代漢語實用語法分析』, 淸華大學出版社.


Brown, H. D.(1994), Teaching by Principles: an Interactive Approach to Language Pedagogy, Prentice HallRegents.

Doughty, C. & J. Williams(1998), Focus on Form in Classroom Second Language Aquisition, Cambridge University Press.

Ridel, F. C.(1881), Grammaire Coreenne, 김민수・하동호・고영근 편 2부 19책, 1979.

Riggenbach, Heidi(2000), Perspectives on Fluency, The University of Michigan Press.

Underwood, H. G.(1890), 『한영문법』, 김민수・하동호・고영근 편 2부 11책, 1979.

# 틀의미론 기반의 한국어 동사 교육 방안 연구

- 상거래 동사 '사다, 팔다'를 중심으로-

## 1. 서론

동사는 문장 구성에서 중추적인 역할을 하므로 동사의 관련 정보를 이해하는 것은 매우 필요한데 그 중에서도 특히 의미 정보가 중요하다고 볼 수 있다. 최근 인지적 관점의 언어 연구에서 의미론이 통사론을 결정한다는 인지언어학적 견해는 동사 범주에도 마찬가지로 부합되는데 즉, 동사의 의미가 통사까지 예측하고 포함할 수 있다는 것이다. 따라서 동사의 의미 기술에 대한 적절한 틀을 확보한다면 이를 통해 그 의미를 제대로 인지할 수 있는데 이에 본고는 동사의 의미를 파악하는 데에 유용한 이론적 도구로 찰스 필모어(Charles. Fillmore)의 틀의미론을 채택하고 이에 기반한 효과적인 동사 교수·학습 방안을 모색하는 것을 목적으로 한다.

그럼 먼저, 2장에서 틀의미론의 개념 및 특성을 살펴보고 다음, 3장에서 틀이 동사의 의미 기술에서 지니는 이론적 효용성을 확인하기 위해 이를 상거래 동사 '사다'와 '팔다'에 적용하며 마지막으로 4장에서 틀을 활용한 동사 교수·학습 방안에 대해 논의하고자 한다.

## 2. 틀의미론의 개념 및 특성

동사는 기본적으로 사건(event)을 기술하는 역할을 하므로 동사의 의미를 이해하려면 해당 사건에 참여하는 참여자들 간의 상호작용을 이해할 필요가 있다. 이러한 상호작용은 이른바 틀의미론(frame semantics)의 틀 구조(frame structure)로 포착할 수 있다. 그럼 먼저 틀의미론의 개념 및 특성에 대해 알아보기로 하자.

Fillmore(1975)는 의미의 점검표이론(checklist theory of meaning),[1) 즉 범주화의 고전이론의 한계를 극복하고자 틀이라는 개념을 언어학에 소개한다.[2) 틀의미론에서 낱말의 의미는 세계에 대한 경험 토대적 도식화(experience-based schematization)인 틀에 의해 규정된다. 틀의미론은 낱말이 그것과 관련된 백과사전적 지식인 전체적인 틀을 상기시키며, 그 틀을 바탕으로 낱말 의미가 정의되고 이해된다고 주장한다.

Fillmore(1975: 124)는 틀[3)의 개념을 초기에 사용할 때, 이를 "장면의 원형적 보기와 연상되는 언어적 선택의 체계"로 정의했으며, 가장 쉬운 경

---

1) 의미의 점검표이론에서는 언어의 의미가 그것이 적절하게 혹은 진리적으로 사용되기 위해 충족되어야 하는 조건의 점검표에 의해 기술된다.

2) 틀이라는 개념의 이론적 토대는 Fillmore(1968)의 격문법(case grammar)에서 찾을 수 있다. 그는 동사를 중심으로 소위 주격, 목적격 등의 표층격(surface case)이 아닌 심층격(deep case)에 근거하여 어휘와 어휘 사이의 의미관계를 분석하는 격문법(case grammar) 이론을 주장하면서 의미 중심 문법의 기틀을 확립하게 된다.

3) 틀의 개념은 여러 학문 분야에서 다양한 용어로 사용된다. Minsky(1975)는 '틀(frame)'로, Rumelhart(1975)는 '스키마(schema)'로, Schank & Abelson(1977)는 스크립트(script)'로, de Beaugrande & Dressler(1981)는 '전체적 유형(global pattern)'으로, Lakoff & Johnson(1980)은 '체험적 게슈탈트(experiential gestalt)'로, Lakoff(1987)는 '이상화된 인지모형(idealized cognitive model)'으로, 그리고 Langacker(1987)는 바탕(base)으로 부르고 있다. 이러한 용어는 다양한 방식으로 사용되고 있는데, 학자에 따라서는 이들 용어를 구별하여 사용하기도 한다. Fillmore(1975)에서도 개념적 측면은 '장면(scene)'으로 그리고 언어적 측면은 '틀(frame)'로 구별하여 사용하기도 하였다. 그러나 현재는 틀의미론에서 이 '틀(frame)'이라는 용어를 위의 용어들이 나타내는 개념들 전체를 아우르는 통합적인 용어로 사용한다.

우는 낱말의 집합이지만, 문법 규칙이나 언어적 범주의 선택도 포함하는 것으로 보았다.[4] 즉, 여기서의 틀은 언어적 구성물로 간주되었다.

그러나 그 후 틀에 대한 정의가 언어적인 것에서 점차 인지적인 것으로 해석되기에 이른다. Fillmore(1982: 111)는 틀을 "하나의 개념을 이해하기 위해 그 개념이 속한 전체 구조를 이해해야 되므로 서로 관련된 개념들의 체계"로 정의하였고, 또 Fillmore(1985: 223)는 틀을 "지식의 특정한 통합적 체계나 경험의 일관성 있는 도식화"로 규정하였다. 그리고 Fillmore & Atkins(1992: 75)는 틀을 "인지적 구조이고, 낱말로 부호화되는 개념이 이 구조에 대한 지식을 전제한다."고 보았다. 이러한 틀에 대한 정의와 설명은 틀이 언어적 구성물이 아닌 인지적 구성물로 간주됨을 보여 준다.

요컨대, 틀의미론의 핵심 내용은 낱말 의미란 그 의미를 동기부여하는 틀과 관련하여 정의된다는 것이다. 틀의미론은 의미론과 통사론을 통합하는 이론으로, 낱말의 의미는 세계에 대한 지식 구조를 표상한다고 볼 수 있다.[5] 따라서 틀의미론에서 낱말의 의미는 해당 의미의 준거가 되고 이를 뒷받침하는 개념구조(conceptual structure) 또는 개념도식(conceptual schema) 즉, 틀을 참조함으로써 가장 잘 이해될 수 있다. 따라서 낱말의 의미 기술은 이러한 기저의 의미구조인 틀을 포착함으로써 이루어진다는 것이다.[6]

인지적 구성물로서의 틀 개념을 바탕으로 하는 틀의미론은 낱말의 의미를 어떻게 이해하고 기술할 것인가에 대한 하나의 접근법이라 할 수 있

---

4) 이와 관련하여 Palmer(1996: 63)는 틀을 다음과 같이 해석한다. 즉, 틀은 화자가 다양한 도식의 면을 상기시키는데 사용되는 일련의 낱말이나 관례적인 문법적 구문으로 구성되어 있다고 본다.

5) 틀의미론은 상황 모델(situation model)에 기반하는 것으로, 여기서의 상황 모델은 Graesser & Tipping(1998: 325)에 따르면 "텍스트가 이야기하는 내용 또는 미시 세계"를 가리킨다. 그리고 이 상황 모델에는 '인물, 사물, 공간적 상황, 행위, 사건, 인물의 지식 상태, 인물의 감정적 반응' 등이 포함된다고 한다.

6) Minsky(1985: 246)에 의하면 틀은 낱말이 표상하는 개념 도식이며, 하나의 틀은 하위 틀을 갖거나 상위 틀을 가지거나 또 다른 틀과 관련된다. 그리고 이러한 관련된 틀들은 서로 결합하여 하나의 틀 체계를 구성하게 된다.

다. 틀의미론은 언어 사용자가 낱말의 의미를 이해하기 위해서는 그 낱말이 주어진 언어에서 존재하게 되는 방식 및 그 낱말이 담화에서 사용되는 방식에 대한 배경과 동기를 부여해 주는 틀이라는 개념구조에 대한 지식을 먼저 가지고 있어야 한다고 가정한다. 이러한 가정을 전제로 틀은 특정하고 빈번하게 되풀이되는 상황의 지식과 신념을 표상하는 인지모형(cognitive model)의 한 유형으로 간주된다.

틀의미론으로 낱말의 의미를 기술할 경우 먼저, 해당 낱말과 그 낱말을 포함한 문장이 표현하는 혹은 상기하는 현상, 경험 혹은 시나리오와 같은 틀을 식별해 내야 한다. 즉, 사건 틀(event frame)을 구분해야 한다. 다음, 그 틀의 각 구성 요소에 특정 명칭을 부여해야 한다. 틀을 이루는 구성 요소를 틀 요소(frame element)라 하고, 이들 틀 요소는 하나의 틀 요소 집단(frame elements group)을 형성한다. 마지막으로, 해당 낱말이 그 틀의 구성에 어떤 방식으로 기여하는지를 기술해야 한다.[7]

틀은 정형화된 상황들의 속성들을 지니고 있고 화자들은 이 상황 내에서 일어나는 사건들과 사태들을 예측하고 포착한다. 틀은 이러한 실세계 지식의 상당 부분을 도식화된 형태로 부호화(encoding)하고 있다. 그러므로 화자들의 정형화된 특정 상황에 대한 지식은 이 상황에 관여하는 틀로 표상될 수 있다. 이와 같은 틀은 적어도 두 가지 장점이 있다고 볼 수 있는데,[8] 첫째는 하나의 틀로 다양한 문장의 실현을 타당하게 설명할 수 있다

---

7) Fillmore & Atkins(1992: 76-77)는 틀의미론이 의미장(semantic field) 이론과 여러 측면에서 다르다고 지적한다. 의미장 이론은 선택된 일련의 낱말들을 연결하는 계열관계(paradigmatic relation)와 통합관계(syntagmatic relation)의 집합을 제시한다. 이 이론은 주로 낱말들 사이의 내적 관계를 분류하며, 그런 관계에 의해 구조화되는 어휘 집합을 특징짓는 데 국한된다. 반면에, 인지적 틀 혹은 지식 도식에 바탕을 두는 틀의미론에서 한 낱말의 의미는 그 의미를 이해하기 위한 일종의 개념적 필수조건인 경험, 신념, 관습의 구조화된 배경을 참조해서만이 이해될 수 있다고 본다. 그러므로 낱말들 또는 낱말의 의미들은 서로 직접적으로 관련되는 것이 아니라, 공통적 배경인 틀과의 관련성에 기초하여 개별 낱말의 의미가 틀의 어떤 특정 요소를 부각시키는지에 의해 서로 간접적으로 관련된다.

8) 틀의미론의 설명력에 대해 Fillmore & Atkins(1992: 75)는 "틀 기반의 사전에서 개별 낱말

는 것이고, 둘째는 동일한 하나의 틀을 공유하는 다른 낱말의 의미 기술
에도 적용된다.

본고는 틀의 이러한 기술적 장점을 동사의 의미에 적용하고자 한다. 그
럼 아래에 틀의미론의 틀에 입각한 동사의 의미 기술에 대해 살펴보기로
하자.

## 3. 틀과 동사의 의미

동사는 하나의 사건을 기술하므로 그 사건에 대한 틀을 상기시키는데
이 사건 틀(event frame)에는 해당 사건의 참여자(participant)에 대한 틀 요소
가 있다. 각각의 틀 요소는 하나의 틀 요소 집단을 구성한다. 한 예로 한
국어 동사 '사다'를 보면, 이 동사는 상거래 사건 틀(commercial event frame)
을 상기시키는데 다음과 같은 여러 단계를 가진다. 처음 단계에서 구매자
는 돈을 소유하고 있고, 판매자는 구매자가 원하는 상품을 소유하고 있다.
사건의 두 참여자가 상품의 가격에 대해 합의를 끝내면 구매자는 해당 금
액의 돈을 판매자에게 주고 판매자는 구매자에게 해당 상품을 넘겨준다.
마지막 단계에서 구매자는 상품을 소유하고, 판매자는 돈을 소유하게 된
다. 이런 점에서 동사 '사다'는 적어도 네 가지 틀 요소, 즉 구매자, 판매
자, 상품, 돈을 포함하는데 이들 네 요소는 서로 상호작용하면서 상거래
틀을 형성한다. 이와 관련하여 화자는 물건을 사고파는 전형적인 상황에
서는 언제나 사는 사람과 파는 사람 그리고 상품과 돈이 개입되며, 상품

---

의미, 다의적 낱말의 의미들 사이의 관계, 의미적으로 관련된 낱말들의 (의미들) 사이의
관계는 인지구조(혹은 틀)와 관련될 것이고, 인지구조에 대한 지식은 낱말들이 부호화하
는 개념들에 의해 전제된다."고 말한다. 이는 틀의미론이 틀에 입각하여 개별 낱말의 의
미, 다의적 낱말의 여러 의미들 사이의 관계, 의미적으로 관련된 낱말들 사이의 관계를
설명할 수 있다는 것이다.

과 돈의 교환에 의해 상거래가 이루어진다는 사실을 알고 있다. 바로 이러한 일련의 사건과 사태에 대한 도식화된 지식 구조가 상거래 틀을 형성하는 것이다.

이와 같은 상거래 틀은 앞서 2장에서 이미 논의하였듯이, 상거래 동사가 포함된 다양한 문장의 실현을 설명할 수 있고, 또 동일한 틀을 공유하고 있는 다른 동사에도 적용할 수 있다.

먼저, 하나의 틀은 다양한 문장의 실현을 설득력 있게 인지적으로 설명할 수 있다. 동사 '사다'의 구문을 예로 들어 보자.

> (1) ㄱ. 철수는 티셔츠를 샀다.
> ㄴ. 철수는 백화점에서 티셔츠를 샀다.
> ㄷ. 철수는 백화점에서 티셔츠를 3만 원에 샀다.

위의 예문 (1)에서 각 문장은 상거래 틀의 각 틀 요소가 서로 다른 통사적 위치에서 언어적으로 표현된다. (1ㄱ)에서 구매자(철수)가 주어로, 상품(티셔츠)은 목적어로 실현된다. 그리고 (1ㄴ)에서 구매자(철수)가 주어로, 상품(티셔츠)은 목적어로, 그리고 판매자(백화점)는 부사어로 실현된다. 마지막으로 (1ㄷ)에서 구매자(철수)가 주어로, 상품(티셔츠)은 목적어로, 판매자(백화점)는 부사어로, 그리고 돈(3만 원)은 또 다른 부사어로 실현된다. 즉, 상거래 틀의 기본적인 틀 요소가 문장 성분에 그대로 반영된 것이다.

둘째, 동사 '사다'에 의해 상기된 상거래 틀은 이와 의미상 밀접한 관련이 있는 다른 동사 '팔다'에도 마찬가지로 적용된다. 다음 예문을 보자.

> (2) ㄱ. 아버지는 집을 팔았다.
> ㄴ. 아버지는 집을 지인에게 팔았다.
> ㄷ. 아버지는 집을 지인에게 헐값에 팔았다.

위의 '팔다' 구문들도 '사다' 구문들의 경우와 마찬가지로 상거래 틀의 각 요소가 서로 다른 통사적 위치에서 각각 문장 성분으로 실현된다. 틀의 입장에서 보면 동사 '사다'와 '팔다'는 단지 사건을 기술하는 관점에서만 차이가 날 뿐 전체적인 틀은 상거래 틀로 동일한 것이다. 이와 관련된 문제는 뒤에서 좀 더 자세히 다루기로 한다.

요컨대, 틀은 한 동사의 의미와 통사를 기술하기 위한 유용한 도구일 뿐만 아니라, 동일한 틀의 다른 동사에도 똑같이 적용된다. 그리고 관련된 동사들의 차이는 동일한 틀 속에 있는 틀 요소들 중에 어떤 틀 요소에 윤곽부여(profiling)를 하는가에 있다. 예컨대, 동사 '사다'는 구매자 요소에 윤곽부여 함으로써 상거래 틀을 기술하는 반면, 동사 '팔다'는 판매자의 관점에서 동일한 상황을 묘사한다. 아래에 상거래 틀에 기초하여 동사 '사다'와 '팔다'의 의미에 대해 좀 더 살펴보기로 하자.

앞서 논의하였듯이 동사 '사다'와 '팔다'는 모두 상거래 동사이므로 하나의 상거래 틀을 공유하고 있다. 즉, 이 두 동사는 구매자와 판매자가 돈과 상품을 교환하면서 소유권이 이전되는 상거래 틀 속에 놓여 있다고 볼 수 있다. 이러한 두 동사의 의미를 좀 더 구체적으로 살펴보기 위해 국립국어원의 전자사전인 <표준국어대사전>에서 동사 '사다'와 '팔다'의 예문을 검색한 결과를 보이기로 한다.

먼저, 동사 '사다'의 예문으로 아래와 같은 것들이 있다.

(3) ㄱ. 문구점에서 학용품을 사다.
　　ㄴ. 중고 시장에서 자가용을 사다.
　　ㄷ. 친구한테서 싼값으로 책을 샀다.

위에 나온 동사 '사다'의 예문을 살펴보면 틀의 입장에서 볼 때 기본적인 틀 요소로 구매자, 판매자, 상품, 돈을 들 수 있다. 물론 발화 상황에 따라 특정 성분 예컨대, 주어가 생략되어 이에 대응되는 판매자 요소가 언어적으로 실현되지 않을 수 있지만 판매자가 '사다'의 틀 요소인 것만 은 분명하다. 이는 동사 '사다'가 구매자의 관점에서 상황을 기술하기 때 문에 당연한 것이다. 따라서 구매자 요소는 주어로 실현되고 상품 요소는 목적어로 실현된다. 그리고 판매자와 돈 요소는 부사어로 실현되기도 하 는데 이는 일반적으로 상황에 대한 묘사의 정도와 관련된다. 틀 요소가 통사적으로 많이 실현될수록 상황에 대한 묘사가 상세해진다고 볼 수 있 다. 그러므로 동사 '사다'의 기본적인 네 가지 틀 요소 외에 잠재적인 요 소로 '방식, 수단, 장소, 시간, 수혜자, 기간, 목적, 이유, 수량' 등과 같은 틀 요소를 얼마든지 설정할 수 있다. 이는 틀이 언어적 구성물보다는 인 지적 구성물임을 보여 주는 것이다. 즉, 문장에 실현되는 통사적 범주 외 에 언어적으로 실현되지는 않지만 동사의 의미에 기여하는 인지적 범주 의 존재를 확인할 수 있다. 즉, 동사의 의미는 이러한 인지적 범주들의 상 호작용에 의해 형성되는 것이다.

다음, 동사 '팔다'의 예문으로 아래와 같은 것들이 있다.

(4) ㄱ. 학생들에게 책을 팔다.
　　ㄴ. 정부에 땅을 팔다.
　　ㄷ. 그는 사람들에게 재주를 팔아서 먹고 산다.

위에 나온 동사 '팔다'의 예문을 살펴보면 틀의 입장에서 볼 때 기본적 인 틀 요소인 판매자, 구매자, 상품, 돈이 서로 다른 통사적 위치에서 각 각 문장 성분으로 실현된다. 물론 '사다'의 경우와 마찬가지로 '팔다' 구 문에서도 주어와 같은 특정 성분이 경우에 따라 생략되어 판매자가 언어 적으로 실현되지 않을 수 있지만, 해당 요소 역시 '팔다' 틀의 한 요소임 에 틀림없다. 이는 '팔다'가 판매자의 관점에서 상황을 기술하기 때문에 또한 당연한 것이다. 그리고 '팔다'도 '사다'와 동일한 틀을 공유하기에 기본적인 틀 요소 외에 잠재적인 요소로 '방식, 수단, 장소, 시간, 수혜자, 기간, 목적, 이유, 수량' 등을 가질 수 있는데, 이것도 상황에 대한 묘사의 정도에 따라 그 언어적 실현 여부가 결정된다.

이처럼 틀에 입각한 동사의 기술은 동사의 인지 범주 간의 상호작용을 포착함으로써 동사의 의미를 파악할 수 있다는 점에서 그 이론적 효용성이 인정된다. 그럼 아래에 이러한 틀에 기반한 효과적인 동사 교수·학습 방법에 대해 논의해 보기로 하자.

## 4. 틀을 활용한 동사 교육 방안

앞서 2장의 틀 개념에 대한 해석에서 틀을 언어적 구성물보다는 인지적 구성물로 보고자 했다. 이러한 틀에 대한 인지적 해석은 원근법[9]의 개념에 대해서도 타당한 설명력을 가진다고 본다. 즉, 모든 문장이 동사와 그것이 지배하는 특정한 통사적 패턴의 선택에 의해 어떤 상황에 인지적 원근법을 환기시킨다고 볼 수 있다. 우리가 어떤 상황을 바라보는 원근법은 무엇이 우리의 주의(attention)를 끄는가에 의존하게 된다. 따라서 상거래 사건을 기술할 때도 청자의 주의를 구매인과 상품에 돌리고 싶을 때는 동사 '사다'를 사용하고, 주의의 초점이 판매인과 상품에 있을 때는 동사 '팔다'를 사용한다고 볼 수 있다. 그리고 동사에 대한 틀 접근법은 상거래

---

9) 원근법은 인지과정을 안내하는 원리 중의 하나이다. Langacker(1995: 9)에 따르면, 인지과 정을 안내하는 원리로 현저성(saliency), 상세성(specificity), 원근법(perspective) 등 세 가지를 들고 있다. 여기에서 원근법은 관점 배열(viewing arrangement)이라고도 부르는데, 관점 배 열에는 규범적 관점 배열(canonical viewing arrangement)와 자기중심적 관점 배열(egocentric viewing arrangement)이 있다. 이에 대한 보다 상세한 내용은 Langacker(1987: 122-132)를 참조하기 바란다.

사건 틀의 인지적 요소 중에서 현저하지 않아서 언어로 표현되지 않는 인지적 범주까지 포착해 내므로 틀은 인지적 범주에 대한 배경을 제공하고 이에 의해 연상되는 인지적 문맥을 기술하는 유용한 방법이다.

틀의미론의 틀과 관련하여 동사의 의미를 규정하는 데는 의미에 대한 개념적 접근이 필요하다고 본다. 개념적 접근법(conceptual approach)에서는 단어의 의미를 인지체계 안에서 단어가 접근하는 개념으로 본다. 이 경우 언어 표현의 의미는 언어 사용자의 마음속에서 일어나는 개념화와 동일시된다. 이 접근법은 인지언어학의 일환인 개념주의 의미론의 관점으로서 의미 즉, 개념은 객관적인 실재의 복제가 아니라 그것을 기초로 하여 개념 주체가 선택하고 만들어가는 동적인 과정임을 의미하는데, 이는 틀의미론에서 틀에 기초한 동사의 의미 규정과 사실상 일치함을 알 수 있다. 따라서 동사의 의미를 개념주의 의미론이라 할 수 있는 틀의미론의 관점에서 규정해 보면, 개념화자가 동사의 의미 틀에 속한 인지적 범주를 인식하고 서로 상호작용하는 이들 범주들을 선택하는 동적 과정으로 볼 수 있다. 그러므로 동사의 교육에 대해 이러한 틀에 대한 인지적·체험적 접근법(cognitive-experiential access)을 제안할 수 있다. 즉, 틀을 하나의 게슈탈트(gestalt)로 인식하고, 이 전체적인 개념 구조(conceptual structure)를 통해 동사의 의미를 파악하는 것이다. 의미에 대한 이러한 접근법은 인지적 연결망(cognitive network)에 대한 통찰력을 얻을 수 있다는 인지언어학의 견해에 부합되는 것으로 보인다.

앞서 3장에서 논의하였듯이 서로 상호작용하는 인지 범주들의 상호작용, 즉 상거래 틀을 가정하면 이 틀로 다양한 문장의 통사적 실현을 인지적으로 설명할 수 있고 같은 틀을 공유하는 다른 동사에도 마찬가지로 적용할 수 있다. 논의의 편의를 위해 앞에서 예로 든 예문 (1ㄷ)과 (2ㄷ)을 다시 가져오기로 한다.

(5) ㄱ. 철수는 백화점에서 티셔츠를 3만 원에 샀다.
    ㄴ. 아버지는 집을 지인에게 헐값에 팔았다.

위의 두 예문을 보면 상거래 틀의 기본적인 네 가지 틀 요소 모두가 서로 다른 통사적 위치에서 언어적으로 표현되었음 알 수 있다. 예문 (5ㄱ)에서 구매자인 '철수'는 주어, 상품인 '티셔츠'는 목적어, 판매자인 '백화점'은 부사어로, 돈인 '3만 원'은 또 다른 부사어로 표현된다. 이와 유사하게 예문 (5ㄴ)도 판매자인 '아버지'는 주어, 상품인 '집'은 목적어로, 구매자인 '지인'과 돈인 '헐값'은 각각 부사어로 표현된다. 이처럼 동사 '사다'와 '팔다'의 선택에 의해 지배되는 통사적 역할의 할당을 문장의 통사적 원근법(syntactic perspective)이라 볼 수 있다. 즉, 동사 '사다'를 선택함으로써 틀 요소인 구매자과 상품을 각각 주어와 목적어로, 그리고 판매자와 돈을 부사어로 원근법하게 된다. 이와 마찬가지로 동사 '팔다'를 선택함으로써 틀 요소인 판매자와 상품을 각각 주어와 목적어로, 구매자와 돈을 각각 부사어로 원근법화 한다.

따라서 문장의 원근법 개념과 관련하여 동사 '사다'와 '팔다'의 차이를 보면 이는 단순히 동일한 틀 내에서 원근법을 달리하는 데 있다. 즉, 동사 '사다'는 구매자의 원근법으로부터 상거래 사건을 기술하는 반면, 동사 '팔다'는 판매자의 관점에서 동일한 장면을 원근법화 한다.

이와 같은 틀과 원근법의 개념은 동사의 교육 내용과 교육 방법을 제시하는 데 매우 유용한 것으로 판단된다. 예컨대, 먼저, 상거래 동사 '사다'와 '팔다'의 의미 정보를 틀과 관련하여 아래와 같이 설정할 수 있다.

- 사건 틀: 구매자와 판매자가 돈과 상품을 교환하는 일.
- 기본적 틀 요소: 구매자, 판매자, 상품, 돈
- 잠재적 틀 요소: 방식, 수단, 장소, 시간, 수혜자, 기간, 목적, 이유, 수
  량 등

다음, 원근법과 관련하여 위에서 설정한 상거래 동사의 틀을 개별 동사에 따라 '사다'와 '팔다'의 원근법을 아래와 같이 각각 설정할 수 있다.

### 동사 '사다'의 원근법

- 구매자를 주어로 취함.
- 상품을 목적어로 취함.
- 기타 요소는 상황(묘사 정도)에 따라 수의적 성분으로 취할 수 있음.

### 동사 '팔다'의 원근법

- 판매자를 주어로 취함.
- 상품을 목적어로 취함.
- 기타 요소는 상황(묘사 정도)에 따라 수의적 성분으로 취할 수 있음.

이처럼 동사 '사다'와 '팔다'의 틀을 설정하면 개념화자로서의 학습자는 해당 동사의 인지적 범주를 쉽게 파악할 수 있게 된다. 또한 개별 동사의 원근법은 해당 동사의 인지적 범주들을 학습자의 표현 의도에 따라 자기중심적 관점(egocentric viewing)으로 배열함으로써 자유로운 발화를 생성하는 데 도움이 된다. 즉, 학습자는 먼저 자신이 사용하려는 동사의 인지적 틀을 통해 해당 동사의 의미를 전체적으로 파악하고 이를 토대로 상황(장면)에 대한 자신의 주관화(subjectification)를 통해 상황의 묘사에 필요하다고 판단되는 인지적 틀 요소를 통사적으로 타당하게 배열함으로써 다양한 언어 표현을 생성할 수 있다. 이는 의미를 개념화(conceptualization)로 보면서 언어의 의미에 대해 게슈탈트 개념화를 통해 접근하고자 하는 인지언어학적 견해에 부합된다. 또한 이러한 접근의 교수·학습 방법은 학습자 자신의 고유한 인지체계(cognitive system)를 활용하는 것으로 언어능력(linguistic competence)을 인지능력(cognitive ability)의 일부로 간주하는 인지언어학적 견해에도 부합된다.

그러므로 실제 교육 현장에서는 동사의 교수·학습 내용 및 방법에 인지적·체험적 접근법을 도입하는 것이 필요하다고 본다. 이를 위해 우선 학습자들의 동사의 틀에 대한 의식을 강화하기 위해 실제 코퍼스 문장을 예로 제시하면서 해당 동사의 인지 범주에 어떠한 것들이 있는지에 대한 인지적 연습이 필요하다. 이러한 연습 과정은 학습자의 개념화 과정과 맞물리게 된다. 그리고 이러한 동사의 인지 범주를 상황에 맞게 그리고 학습자 자신의 표현 의도에 맞게 언어적으로 배열하는 연습 또한 요구된다. 즉, 학습자의 개념화와 주관화에 도움이 되는 방향으로 동사 교수·학습 내용과 방법이 마련되어야 한다고 본다. 이는 결국 의미(개념화) 중심의 교육으로서 진정한 학습자 중심의 교육으로 이어질 가능성이 높을 것으로 기대된다.

## 5. 결론

본고는 동사 교육과 관련하여 의미 중심의 교육을 지향하고자 하였다. 따라서 이러한 연구 목적에 맞게 상거래 동사를 예로 먼저 동사의 의미 파악을 위해 해당 동사의 의미 틀을 설정하였고, 이 틀을 바탕으로 개별 동사의 원근법을 설정하였다. 이 두 가지의 설정은 결국 언어 사용자의 개념화와 주관화 과정을 반영하는 것으로 학습자의 인지과정과 맞물린다. 본고는 이처럼 개념화자로서의 학습자의 인지능력을 적극 활용하는 개념주의적 동사 교육 방법을 제안하고자 하였다. 이러한 교수·학습 방법은 인간의 고유한 인지체계(인지구조)를 바탕으로 학습자가 주체적으로 개념 체계를 형성해 나감으로써 자신의 전반적인 의사소통 능력을 향상시키는 데 매우 유용할 것으로 본다. 그러나 동사의 인지 범주들을 어떻게 타당하게 배열하여 정확하고도 적절한 문장을 생성해 낼지에 대한 문제는 좀 더 고민을 해 봐야 될 것 같다. 이에 대해서는 차후의 지속적인 연구를 통해 보다 자세히 밝히고자 한다.

* 본 논문은 『한국(조선)어교육연구』 12에 게재된 것임.

# 참/고/문/헌

강현화(2011), 한국어 어휘 교육 연구방법론 동향 분석, 이중언어학 47, 453-479쪽.
고영근·구본관(2008), 우리말 문법론, 집문당.
구본관(2011), 어휘 교육의 목표와 의의, 國語敎育學硏究 40, 27-59쪽.
김광해(2008), 어휘 현상과 교육, 박이정.
김동환(1999), 틀의미론과 의미구조 언어과학연구 16, 73-101쪽.
남경완·이동혁(2004), 틀의미론으로 분석한 '사다'와 '팔다'의 의미 분절 양상, 언어 29-1, 1-24쪽.
민현식(1999), 국어 문법 연구, 역락.
신현숙(2011), 의미망을 활용한 한국어 어휘 교육, 한국어문학연구 56, 449-479쪽.
이관규(2011), 문법 교육과 어휘 교육, 國語敎育學硏究 40, 127-158쪽.
이동혁·이봉원(2005), 영역 온톨로지에 기반한 동사 어휘망 구축에 대하여, 한국어 의미학 17, 1-20쪽.
이숙의(2010), 어휘 교육 자료로서의 어휘의미망 활용에 관하여, 한국어 교육 21-2, 141-165쪽.
장동식(2010), 효율적인 어휘 교수, 학습에 대한 접근 방법 및 실제, 영어영문학21 23-3, 159-182쪽.
정희정(2011), 한국어 문법교육 방법론의 연구 동향 및 과제, 이중언어학 47, 481-506쪽.
최경봉(2001), 지식기반 구축을 위한 어휘의 의미 분류, 담화와 인지 8-2, 275-303쪽.

Fillmore, Charles J.(1968), 'The case for case'. In: E. Bach and R.T. Harms, eds, Universals in Linguistic Theory, London: Holt, Rinehart and Winston, 1-88.
_____(1975), 'An alternative to checklist theories of meaning'. In: C. Cogen, H. Thompson, G. Thurgood and K. Whistler, eds, Proceedings of the Berkeley Linguistic Society, Berkeley: Berkeley Linguistic Society, 123-131.
_____(1982), 'Towards a descriptive framework for spatial deixis'. In: R. J. Jarvella and W. Klein, eds, Speech, Place and Action, Chichester: John Wiley and Sons, 31-59.
_____(1985), 'Frames and the semantics of understanding'. Quaderni di Semantica Ⅵ, 222-254.
Fillmore, Charles J. & Beryl T. Atkins(1992), 'Toward a frame-based lexicon: The semantics of RISK and its neighbors' in Adrienne Lehrer and Eva Kittay, eds, Frames,

Fields, and Contrasts, Hillsdale, NJ: Lawrence Erlbaum Assoc., 75-102.

Geeraerts, Dirk. & Cuyckens, H.(2011), 인지언어학 옥스퍼드 핸드북, 김동환 옮김, 로고스라임.

Langacker, Ronald W.(2005), 개념·영상·상징: 문법의 인지적 토대, 나익주 옮김, 박이정.

René, Dirven. & Marjolijn, Verspoor.(1999), 언어와 언어학: 인지적 탐색, 이기동 외 옮김, 한국문화사.

Taylor, John R.(2002), Cognitive Grammar, Oxford: Oxford University Press.

저자 김 용

중국 상해상학원(上海商学院) 외국어대학 한국어학과 전임강사.


주요 논문

「개념적 은유 기반의 한국어 동사 의미 교육 연구」
「논항구조 인식을 통한 한국어 동사 교육 방안 연구」
「한국어 피동사 교육 방안 연구」
「틀의미론 기반의 한국어 동사 교육 방안 연구」
「한국어 동사의 은유적 의미 교육 연구」

## 한국어 동사 의미 교육 연구

초판 1쇄 인쇄 2019년 4월 11일
초판 1쇄 발행 2019년 4월 16일
저 자 김 용
펴낸이 이대현
편 집 홍혜정
표 지 김보연

펴낸곳 도서출판 역락
주 소 서울시 서초구 동광로 46길 6-6 문창빌딩 2층
전 화 02-3409-2058, 2060
팩 스 02-3409-2059
등 록 1999년 4월 19일 제303-2002-000014호
이메일 youkrack@hanmail.net
홈페이지 www.youkrackbooks.com

ISBN 979-11-6244-382-8 93710

* 파본은 구입처에서 교환해 드립니다.
* 책값은 뒤표지에 있습니다.

· 上海高校青年教师培养资助计划의 지원을 받음.

이 도서의 국립중앙도서관 출판예정도서목록(CIP)은 서지정보유통지원시스템 홈페이지(http://seoji.nl.go.kr)와
국가자료공동목록시스템(http://www.nl.go.kr/kolisnet)에서 이용하실 수 있습니다.(CIP제어번호: CIP2019013320 )